ミ　サ

J. A. ユングマン

福地幹男訳

オリエンス宗教研究所

目次

第二部　ミサのこころ——その本質と体系的表現

第三部　ミサのかたち——その典礼形態

第四部　ミサと生活――その霊性と司牧

本文中の段落の間に挿入された＊印つきの文は、本書が書かれた時点以後の変化や、日本における適応の部分を訳者が補足したものである。

序文

ものごとが変化するのは、現代の特徴となっている。それはどんな聖所の前でも止まることなく、また祭壇の前でも止まらなかった。教会も制度も、その本質に忠実であり続けると同時に、絶えず変化する周囲の状況に適応していかなければならない。それは生きているのである。そうして出来たものをそのなかに見分けないような人は、こうした変化にただ驚くばかりである。そういった適応がミサという聖域でおこなわれたのは、なにも現代が初めてではない。それは本質的に、同時に恒常的に、その都度いろいろな程度で、いろいろなリズムでだが、どの時代にもおこなわれてきた。キリストは、エウカリスチアの秘義を歴史の流れのなかに設けた。それは教会の意識のなかで概念的に把握され、また教会の典礼の形をとり、教会生活に組みこまれていった。そのようすを時代を通じてたどることが、本書の課題である。そうしてはじめて、時を越えたゆるぎない本質のかたまりは、いっそう印象的に照らしだされる。

タイトルの「ミサ」という概念が表わすように、まさに主がこれをしなさいと命じたものが成ったもの、すなわち感謝の祭儀の実践に注目していく。

この仕事を通して本書に貢献するように招かれたのは、わたしには思いがけない光栄であるばかりでなく、特別な喜びでもあった。主として典礼の観点から、独特の生命活動の主内容となっているものの全体像をスケッチできるし、しかも第二バチカン公会議によって開かれ、またそこから始まった刷新が開いてくれた新たな視点を活かすことができるからである。

この本が英語の装いをとれたのは、我がイエズス会の同僚ジュリアン・フェルナンデス神父のおかげである。わたしたちはいっしょに苦労することで、めんどうな神学上の難点に対する、役にたつ打開策が得られると希望している。

イエスの創立されたものを、教会は世紀を通じて、恭《うやうや》しい手でかかえてきた。それが現代でも、適切な語彙とますます深まる理解にめぐりあい、キリスト教生活の生き生きとした中心となり、影響力をますます発揮できるように、この本がお役に立てば。

アーノルド・トインビーは門外漢ではあるが、教会の奉献が発揮するヴァイタリティーの特徴を、うまい言葉で表わしている。『試練に立つ文明』という本のある章で彼は、キリスト教と文化の登場・衰退の関係を論じ、その中で、カトリック教会は二つの制度、すなわち教皇をいただく位階制度(奉仕のための制度)とミサ奉献によって、たしかに秀でており、「地上でこの世の最強の制度もこえて残る」、ということを突きとめようとしているようである。したがってこの歴史家は、経験的な手段で、聖パウロが先見の明をもって述べたことと同じ認識に達している。この秘義によって、教会は主の死を告げ知らせる、「主が来られるまで」(一コリント11・26)。

一九七〇年待降節、インスブルックにて

第一部　ミサの歴史

第一章　制定

ミサを神学的に研究するには、その制定叙述の解釈から始めなければならない。最後の晩餐のいきさつについては、新約聖書では二とおりにしるされている。一つは一コリント11章23－25節のパウロによるもので、若干異なるものがルカ22章19－20節にも出てくる。もう一つはマルコ14章22－24節のもので、本質的にはマタイ26章26－28節のものと同じである。

二つの叙述には共通点がある。その文体には、前後の文章の文体とは異なるいささか厳粛なひびきがあり、セム語の特徴がとくに色濃く出ている。ヨアヒム・エレミアス(1)は、ギリシア語マルコ福音書の三つの節に、セム語法を十四個確認している。彼はマルコの叙述を最古のものと考えたが、他のほとんどの学者はパウロのもののほうが古いと思っている。つまりパウロの文章は、最初に（五四年ごろに）文書に書きとめられたものであるのみならず、伝承されてきたものをパウロが受けついだもの(2)だからである。このギリシア語版のテキストは、パウロが四四年ごろ出入りしていたことのあるアンティオキア教会にまで、さかのぼって見ていかなければならない(使11・26)。

このテキストにも、エルサレムの原始教団のものとおぼしきセム語のひびきがある。パウロとルカの叙述では、ごちそうが感謝の儀式を二つに分けていた状況も伝えられている。これは最古の伝承のしるしである。はじめにパンの儀式があり、食事のあとに杯の式がある。このことは、すでにコリントでは、食事をすませてから二つの儀式を続けておこなっていた、と指摘されているけれども、なおさら当を得ているといえよう。あらかじめミサの前に食べたり飲んだりしておく習慣は、この受けとめかたからも、すぐにそれとわかる。

本質的なものにしぼって伝えられたものが、忠実に受けつがれた。また、いささか耳なれない表現が、畏敬の念をこめてたいせつに残されている。こういうことは、それが教会の中で受けつがれ確立された伝統だということを、ものがたっている。二つの叙述は、諸教会の典礼でおこなわれていた祭儀を記述したものである。もちろん元になった一つの叙述を復元しようという試みがなかったわけではないが、提案されたものは あまりにもまちまちである。わたしたちの目的のためには、単なる文法上の相違はここでは重要ではない。だからその点にはかまわずに、二つの叙述をとにかく並べて比較するのが最善だろう。

マタイ26章26―28節　**マルコ14章22―24節**

一同が 食事をしているとき、
イエスは パンを取り、
賛美の祈りを唱えて〔それを〕裂き、
弟子たちに
与えて言われた。

ルカ22章19―20節　**一コリント11章23―25節**

それから、　主イエスは、引きわたされ
イエスはパンを取り　る夜、パンを取り
感謝の祈りを唱えてそれを裂き、
（使徒たちに）
与えて言われた。

「取って食べなさい。　「取りなさい。
これは
わたしの体である。」

また 杯を取り、
感謝の祈りを唱え(て)、 彼らに(お)わたし
て言われた。　になった。
「皆、この杯から　彼らは皆その杯から
飲みなさい。　飲んだ。そして、
「これは、　イエスは言われた。
罪が赦されるように
多くの人のために流される
わたしの血、契約の血である。」

マタイ26章26－28節

マルコ14章22－24節

「これは
あなたがたのため
に与えられる　の
わたしの体である。
わたしの記念としてこのように行いなさい」
と言われました。
食事を終えてから、　また食事の後で、
杯も同じようにして、
言われた。
「この杯は、
あなたがたのために
流される、
わたしの血による 新しい契約である。
飲む度に私の記念として
このように行いなさい」
と言われました。

ルカ22章19－20節

一コリント11章23－25節

最後の晩餐は過越の食事？

共観福音書は、聖体が制定された食事の状況を若干伝えている。過越祭にまつわる宴会がとりあげられている。弟子たちは、師弟そろって過越の食事のできる部屋を見つけなければならなかった。共観福音書の表現からは、じっさいこれが過越の食事だったのだと読みとれるだろう（マルコ14・12―17、ルカ22・15）。

だがそれとともにヨハネ18章28節によれば、ピラトにイエスを告訴したあの律法に忠実なユダヤ人たちが、その翌日の金曜日に過越の食事をすることにしていた、という事実がある。

それでもイエスの食事は、（おそらく先どりされた）過越の食事でもあったという様子が、かなり出ている。たとえば過越の食事の一連の規則が守られているのである。大混雑しているというのに、食事はエルサレム市内でおこなわれた。おまけに普段のように午後ではなく、晩になってからである。普段は座るものなのに、横になって食卓に着いている。ふつうパンを裂くのは、食事を始める時である。だがここでは、食事が進むなかでしている。またぶどう酒を飲んでいる。貧しい人に施すものを取っておかなければならない。賛美の歌で食事を終える。

この食事は、本来の過越の食事ではなかったとしても、過越祭の雰囲気に包まれていたのは確かだし、過越祭の特色も帯びていた。だが過越祭の食事そのもののなりゆきについては、新約聖書はふしぎなことに何も語っていない。その代わりに、イエスが新たに制定したもののことを語っている。そしてそれが、過越の小羊のいわんとするものを実現するものだということを、ほのめかしているのである。

イエスこそ、まことの過越の小羊。ふつう初代教会ではそう思われていた。パウロは説明を加えるまでもなく、「キリストがわたしたちの過越の小羊としてほふられた」と言えたのである（一コリント5・7）。ヨハネは19

章36節で、十字架につけられた方をめぐって過越の小羊に関する規定が守られた、と見ている。「その骨を折ってはならない」(出12・46)。だから十字架上の主の死は、過越の小羊によってあらかじめ描かれていたものの成就だ、と見なされたのである。『黙示録』の小羊も、イエスを「神の小羊」とよぶことも、こういう考えを押し進めたものなのである。われわれは「彼の血によって」救われたというよく知られた言いまわしも、その延長線上にある。それは「傷や汚れのない小羊」の血である(一ペトロ1・19)。

ルカ22章15—18節(ルカがあとから挿入したもの)に見られる最後の晩餐の短い叙述では、新たな飲食を過越の小羊を飲食することに、はっきり対比させている。これらの語句はたしかに、「新しい契約によって実現された過越の食事を叙述したもの」なのである。[3]

最後の晩餐が過越の食事だったと受けとってもよいことは、そのことばと儀式からも裏づけられる。

ユダヤの過越の食事には、一定の進めかたがあった。

1．祭りの祝福(キドゥシュ)と家父による第一の杯の祝福で始まる。次に前菜をとる(苦菜とジャム)。

2．続いて、本来の過越祭の儀式がおこなわれる。子どもがその日の特別の祭りの意義をたずねる。「エジプトのハレルヤ」の前半(詩113、114)を歌う。

第二の杯を飲む。

3．過越の食事の本番が始まる。まずパンの上に祝福を唱える。次にパンが裂かれ、くばられる。

過越の小羊を食べる。

次に第三の杯、「祝福の杯」が満たされ、食卓の祈りの元になった祈りを、家父が唱える。

4．結びに「エジプトのハレルヤ」の後半(詩114—119)と「大ハレル」(詩136)を歌い、第四の杯の上に賛美を唱

える。(4)

イエスは十中八九、過越の小羊を食べ始める儀式を用いて、つまりパンの上に祝福を唱えて、新しい神秘にみちたパンを、弟子たちに与えようとしている。また「食事ののち」同じようにして、第三の杯とぶどう酒の上に唱えることばを結びつけたのである。

聖別のことばと新しい契約

さてこれらのことばは、もっとくわしく見ておく必要がある。

パンとぶどう酒について、これは主のからだと血の現存を表わすものだと確認するだけでは、その意義は言いつくされたとはいえないのである。それはとくに、杯の上に唱えることばで明らかになる。ここでは血（ハイマ）は、ただ人体の成分ばかりではないし、生命という点から見た人間を表わすだけのものでもない。それは流される血、(5)契約の血を表わすものなのである。なるほどパウロとルカでは、契約のことがかなり力説されている。杯が、端的に契約、すなわち、神と新しい神の民の間にあるべき きずなの基盤とよばれている。こうしてシナイでの契約締結（出24・5―8）との関連が、明らかにされる。そこではモーセが神法の布告後、「旧約」の仲介者として登場する。そして、ほふられていけにえにされた雄牛の血の半分を、祭壇に振りかけてささげ、残りの半分を民に振りかけ、こう言っている。「これは、主がこれらのことばにもとづいて、あなたたちと結ばれた契約の血である」。つまり、ここに出てくるディアテーケーというギリシア語には、(6)こんにち通説となっているように「遺言」という意味はない（ヘブライ9章16―17節では、すでに「遺言」と解釈しなおされているが、ルターがそれを制定句にまで当てはめたのは、まと外れだった）。そもそも原語の「ベリット」は契約のことである。けれどもこの概念は、二人の相手が対等の立場であることを、前提するとはかぎらない。むしろ救いの歴史の流れのなかでは、神と民との関わりかたというものは、神のほうから定められることなのである。

この契約は、新しい契約とよばれている（パウロとルカの文書で）[7]。これはエレミヤが予告していた契約である（エレミヤ31・31―34）。その契約は、先祖たちが破った古い契約を更新するにとどまらない。それは新しいありかたのものでもある。もはや石の板に書かれたものではなく、神が「新しい律法を心におき、その魂にしるす」のである。シナイ契約のことは、もうまれにしか預言書で回想されなくなっていたし、エジプト脱出のイメージも、人々の意識から影を潜めていた。それだけに、こうして契約がイエスの口から強調されたことは、なおさら重要である。しかし過越の食事では、モーセのことがたびたび回想される。だから契約をほのめかしているのは、すぐわかった。

ここでいわれている血とは、契約を結ぶために流される血のことである。つまり、いけにえの血である。そのことを表わすのに祭儀のイメージが使われる。これは「過越の小羊をほふる」[8]日（マルコ14・12）、人々がいたる所で過越のいけにえの食事に集合する日には、とくに真に迫るものがあった。「流される」[9]という語が現在形になっているのは、元になるアラマイ語に未来形がないからで、じつは未来のことを意味している。それは十字架上の死を示している。最後の晩餐の時ではなく、十字架上の死によって、この契約は結ばれるのである[10]。つまりイエスはこのことばで、自分の血の流される自分の死が、奉献の死であると予告したわけである。彼は、自分の血をすすんでさし出したのである。聖書の考えでは、血は神のものであって、人間が意のままにできるものではない。「血には魂が」、命があるからだ（申12・23）。つまりすでに予告のとおり、イエスはこのことばで、自分の命を投げ出したことになる（ヨハネ10・18）。

けれども杯に唱えられたことばは、命をささげる意味をも明らかにする。血は「あなたがたのために」、「多くの人のために」、「罪のゆるしを得させるために」流されるのである。これらは「第二イザヤ」で、エベッド・ヤーウェ（神のしもべ）に用いられた表現である（イザヤ53・5、11―12）。ちなみに「契約」という言葉も同様である（同42・6、49・8、53章）。この謎にみちた神のしもべという人物とイエスとが、福音書のいくつもの箇所で関連づけられている（マタイ8・17、12・18―21、ヨハネ12・38）。イエス自身も、そのことをはっきり口にしている。ルカ22章37節のことは、杯のことばにもはっきり出ている。それとともに、自分をささげることは、和解の苦しみだとされている。けれども十字架の死は、伝統的な祭儀上の意味でのいけにえだとするがわから、口にされたわけではない。過越の小羊と同一視するのとは、わけが違うのである。[11]

もうすでに主は自分の血を弟子たちに飲ませている。そうして彼らは、主の命にあずかり、契約に加入することになる。ここには今すでに、ささげものと奉献の食事がある（出24・11、一コリント10・16参照）。マルコ福音書で「彼らはみなその杯から飲んだ」とはっきり書き足されているのは、偶然ではない。というのもユダヤ人キリスト者には、エウカリスチアの杯をいただくことに、抵抗感があったらしいのである。それは徐々にしか消えなかった。[12]

パウロとルカでは、神のしもべ流の自己奉献のことばが、パンのときにも出てくる。「あなたがたのための」、「あなたがたのために与えられる」（イザヤ53・12参照）。「与えられる」という概念は、いけにえ用語の意味にとるべきものとはかぎらない。それは贈り物やたまものという、もっと一般的な意味にもとれる。条約や契約の締結には、贈り物は付き物である。ところでいけにえこそは、神への贈り物である。ちなみにこの「与えられる」を、「与えた」という語に合わせて弟子たちへの贈り物のことと解するにせよ、この贈り物は決定的な十字架上の奉献を始めるもの、先どりするものであった。このことが、あらゆる時代の信者への贈り物によって、続いて[13][14][13][15]

いくのである。これはヨハネ6章51節cで、「わたしが与えるパンとは、世を生かすためのわたしの肉のことである」と言われたものにほかならない。

からだと血のシンボル

パウロとルカによれば、パンのことばは、食前に唱えられたもので、杯のことばからは時間的に離れていたことになる。そこで当然、パンのことばでからだと血が分けられる、と受けとったのだろうかという疑問がわこうというものである。「からだ」（ギリシア語でソーマ[16]、アラム語のグフィ〔私のからだ〕）には、さしあたり「血」（ハイマ[17]）と対立するものはなく、同じ程度によく、その人全体を意味するものであった。だから弟子たちも、血との対立を読みとることはできなかったわけである。けれどもマルコとマタイでは、食事が間に入っているとは、もう述べられていない。同様に、二つの儀式をすぐに続けてした典礼の伝統では、ソーマとハイマはいけにえ用語として対立している。肉（ただしソーマよりもむしろサルクス[18]）と血は、一組でいけにえを表わす概念である（レビ17・11―14、申12・23、出29・16―18、ヘブライ13・11参照）。おまけに伝承の一部には、一コリント11章24節の「あなたがたのための、わたしのからだ」という原文に「裂かれた[19]」という語を加え、パンのことばに、犠牲の死という象徴的な意味を持たせているほどである。

感謝の祭儀

新約聖書的伝統では、秘跡のことばは独立したものではなく、儀式の一部である。

ユダヤの慣習では、食事のはじめに、過越の日には食事がすでに始まったあとで「一同が食事をしている時」、家父がパンを取り、賛美を唱えて祝福し、裂いていっしょに食事している人にくばる。過越の食事でもどの祝宴でも、本来の食卓の祈りが唱えられたのは、その結びの「第三の杯」に対してである。それから一同は各自の杯から飲んだ。

最後の晩餐では、いちじるしく慣例から外れたことが、ここのところで報告されている。パンを手わたしたのと同じように、主は今度は、自分の杯を弟子に手わたし、それから飲むように勧めたのである。こんなことは、客を特別丁重にもてなす時にしか、平生《へいぜい》はしないものだった。「みなはそれから飲んだ」。このように、この杯は主からじきじきにいただいたものだという価値が、強調されている。これにまつわることばが、その説明となった。

食事のはじめにパンの上に唱える賛美は、短いことばであった。「大地の実りたるパンをもたらされた世界の王、われらが神、ヤーウェに賛美」[20]。マルコとマタイの特徴は、二番めの杯にはエウカリステーサス[21]をあてる一方で、短い賛美の祈りのほうによく合うものとして、エウロゲーサス[22]という表現を用いることである。主はほかの時にもそうするように、パンを裂く時にも彼一流のことばで祈ったものと思われる。エンマウスの弟子たちが、パンを裂くことでイエスだとわかったのも、そのためである（ルカ24・30、35）。さらに食後の祈りも、あれこれ付け加えるにはよいチャンスとなった。

イエスの時代には、食後の祈り（ビルカト・ハ・マツォン）は「祝福の祈りを唱えましょう」という招きで始まる、三部構成のものであった。最初に、神がいつくしみとあわれみで宇宙を支えてくださることを、賛美して祈る。二番めに、神がその民に相続分としてお与えになった「土地のゆえに、賛美」して祈る。さらに三番めに、エルサレムのための賛美、というよりはむしろ取り次ぎの祈りが続く[23]。

重点はまん中の文句におかれていた。これは感謝を表わす性格のもので、すでにユダヤの習慣でも、神がしてくださったことへの感謝を、あれこれ加えることになっていた。このようにことばを加えることは、すくなくともあとの時代には、とくに過越の食事でよくおこなわれていた。そこで主が、この食後の祈りに感謝をこめることにしたのも、当然のなりゆきだった。神のはからいで世界の救いのためにおこなわれたこと、また、いま自分でやり遂げることになったことのすべてについて、感謝するのである。主はこの祈りで、自分の行動と来たるべき苦難の意味と目的を、すでに明らかにしている。だからこそ伝えられたことばが、本質的なことをきわめて簡潔に表わすだけなのもうなずける。

マルコとマタイは、最後の晩餐でのこの食後の祈りに、エウカリステーサスという語を使う。こうしてこの祈りが、ややあいまいなパンの場合のエウロゲーサスに比べると、より重要なもので、感謝を特徴とするものであったことを強調している。ところでパウロとルカは、同じエウカリステーサスを一度だけ、最初の部分で使う。[24] 自分たちのよく知っていた習慣に、おそらく習ったものだろう。セム語の原文では、エウロゲインとエウカリステイン[25]の間に区別などは認められない。この種の祈りを表わす用語は、エウロゲインというギリシア語に対応する「バラク」である。だからこういう祈りは、のちの時代には「ベラカー」とよばれ、ラビたちはそのためのきちんとした規則を設けたのである。もちろんイエスの時代に、ベラカーのきまった形がすでにあった、と証明できるわけではない。[26]

この食後の感謝のための儀式の形も、定められていた。満たされた杯を家父が取り、食卓から手の幅ほど持ちあげることになっていた。このように持ちあげるのは、どうも奉納の儀式のようである。同じ儀式を詩編作者が語っている。「わたしは救いの杯を挙げる」[27]（詩116・13）。この「挙げる」は、持ちあげることを表わすヘブライ語に対応する。それは旧約聖書全体のみならず、新約聖書にもしみこんでいる考えかたを、具体的に表現したにすぎない。つまり食べ物も飲み物も、神の手からいただいたたまものであり、わたしたちの命を支える物である。

だからそれをいただく前に神にさし上げ、神を賛美して、飲み食いできるものにする（「自由にする」）。そのために感謝するものなのである。

そのために出来たしきたりは、神が最高の主であることを認めるいけにえの儀式と同根である。またそれと同じ根本思想にもとづいている。生き物をほふる旧約聖書の理解には、これがはっきり出ている。すなわち、新約聖書の時代にいたるまで、ほふる時に流される血は、神にささげられねばならないという考えと、結びついていたのである。生命基盤である血は、神のものである。だから契約の幕屋の前に注ぐか、地面に撒くか、することになっていた。ペトロは幻のなかで、不浄な動物を「ほふって」食べなさい[28]と命じられた（使10・13）。この「ほふる」には、「いけにえの含みをもつひびきがこもっている」[29]。

主はこのように最後の晩餐で、翌日の奉献をあらかじめ行動で示し、奉献の儀式に合わせて先どりしただけではない。この儀式こそ、のちに感謝の祭儀が出来ていくなかで、教会の奉献の重要な発端となったものなのである。

奉献祭儀

杯を持ちあげることだけが、すでに最後の晩餐でゴルゴタの奉献を表現し、現在化するかなたに、神に向かううごきを思わせる唯一の儀式ではない。パンの儀式でも、同様のものがありそうである。それは、「取る」[30]という語がかなり強調されていることからもうなずける[31]（ユダヤの食事習慣上の、パンにまつわるこういう動作は、ずっとあとの時代にしか書き残されていない[32]。四、五世紀のバシレイオス典礼や、ヤコブ典礼の伝統で目だつのは、聖書に出てくる「取る」[33]という語を、「持ちあげる」[34]という意味にとっていることである）[35]。だがなによりも注目すべきは、おのおのの儀式を始める感謝の祈り自体もすでに、きわめて明確に、神に向かう特徴をおびていることである。もともとエウロゲインとエウカリステインという言葉は、どちらも賛美する、感謝するという自動詞である。しかしあるものを対象にして使われると、それを聖化し聖別する、という意味にもなった。そこですでにユスティノスは、エウカリステインを他動詞にしている。

だからこの二つの言葉は、よく試みられたように、本来のいけにえ用語ととるまでもない。神に向かううごきに、供えものをとりこめばよいのである。[36] つまり、もっぱら旧約の飲食物のいけにえの線からのみ、最後の晩餐での制定を説明しようというゲッツの試みは、当然否認される。[37] しかし見落としてはならないことは、最後の晩餐の感謝の祭儀には、教会もともに奉献することを、のちに表現するものになりうるような儀式がすでにあった、ということである。

聖書解釈の名目で問われてきたのは、はじめからエウカリスチアが奉献と理解されていたのかどうか、だけではない。エウカリスチアで表現されるイエスの十字架上の死に関しても、同じことがいえる。[38]

「奉献（いけにえ）」を旧約の儀式規則の意味でとるなら、それも当然である。古い概念は、新しい出来事には類比的な意味でしか使えない。まさに新しい契約には、もうレビ族の祭司職も神殿もないのと同様、もはや古い意味でのいけにえも存在しない。しかし、とらえなおされて一新され、洗練された考えかたにそった奉献というものは、ある。

すでに述べたように主自身、旧約的ないけにえ用語を用いて、自分のことを語っている。小羊や血や契約の血は、いけにえ用語の最たるものである。[39] だからまぎれもなく最初から、いけにえ概念は神人のしごとにも、あてはめられたのである。そのことをそのまま、エフェソ5章2節が語る。「キリストはあなたがたを愛し、ご自分をわたしたちのために、神へのささげもの、供えものとしておささげになった」。『ヘブライ書』10章ではついに、古い神殿祭儀の比喩による、新しい奉献の考えかたが主題となる。

主は、手にしているパンと杯のことを、「これは、あなたがたのために与えられるわたしのからだである、あなたがたのために流されるわたしの血である」と説明しながら、この瞬間に十字架上の奉献のことを持ちこみ、先どりする。ただいまの自分のこの行動は、奉献であり、すくなくとも唯一の奉献への幕開けとなるものだと言う。彼が勧める飲食は、だから奉献の食事なのである。

いけにえの食事は、古い契約を固めるいけにえをしめくくるものでもあった（出24・11）。人々のつどう過越の食事も、いけにえの食事であった。

しかしいま、実体が影に取って代わる。パウロが、悪霊の食卓や神々に供える肉に対比させている主の食卓は、このいけにえの食事のことである（一コリント10・21）。またヨハネ6章51節の話に出てくることばも、さげられる肉のことが明言されている。「わたしが与えるパンは、世界の命のためのわたしの肉である」（ヨハネ6・51）。

記念祭儀

「これを、わたしの記念としておこないなさい」という命令が、叙述にある。パウロは二つの儀式で両方とも引用しているが、マルコとマタイにはない。厳密にいえば、その命令は諸教会の典礼実践で守られていたので、いまさらそのことばを書きとめるまでもなかったのである。本来の式文にそえる典礼注規（ルブリカ）のようなものである。しかもこのことばは、別れの食事でイエスのしたことが、守り続けるべき慣習を定め、始めるものだったということを明言するものである。それは、間ぢかに迫る死に弟子の注意を向けさせ、覚悟をもたせようとするような、単なる象徴的な儀式ではなかったのである。

だからまた最後の晩餐は、外から客を招くような公式の宴会ではなかった。新しい神の民を代表する十二人との、内輪のものだった。彼らにだけ、命令が与えられた。新約聖書に残された叙述も、単なる物語ではない。二つの儀式の本質的なものに限って伝える、祭儀の叙述である。また教会のつどいでくり返し、主の記念をいつまでも保つための式文である。

そのことばが、初代教会以来くり返されてきたことは、周知の事実である。そこで、そのことについて、あるいはすくなくともそれを命じたことばについて、説明を求めざるをえなかった。ギリシア文化圏の資料から、その説明が見つかると思われた。その中に、定期的に特定の日に記念祭（アナムネシス）(40)をおこなうよう求める、女性創立者の文書が実在するのである。しかしそうするまでもなく、ユダヤ教ではちょうど過越の祭りについて、毎年「記念して」おこなわなければならないと、大昔から書かれているのである（出12・14）。

記念の意味するものについては、ほとんど疑問の余地がない。たしかにエレミアスが次のようなくり返し命令の解釈を提案したこともある。「神が　わたしを思い出してくださるように、再臨の時にメシアの王国をもたらしてくださるように、これをおこなえ」。けれどもこの提案にはほとんど賛同が得られず、異議が多かった(41)。弟子たちが主を思いおこし、その記念によって主に結ばれることを望んだのである。当然のごとくそう受けとるのをやめる、というのは根拠がない。そのさい十字架上の自己献身を現在化する、イエスのした二つの儀式に習ってする行為が強調されている。

パウロは叙述を進めながら、はっきり同じことをうちだす。「このパンを食べ　この杯を飲むたびに、主の死を告げ知らせる（カタンゲレテ）(42)」（一コリント11・26）。「主が来られるまで」主の死をことばでも告げ知らせるようにということは、ここではじめて出てくる命令ではなく、すぐ前に出てきた命令の理由を説明するものである

（この箇所は「だから」という言葉で始まっている）。しかも新しい設定は、主の栄光に輝く再来までの全期間を通じて有効だ、とはっきり確認されている。言うまでもなく、告知のことばは外面的な動きにともなうもので、儀式の一部となっている。そう、感謝や賛美をささげることも（エウロゲイン・エウカリステイン）、まぎれもなく命令の対象の一部である。ほんとうの食事は別である。食事には、もうふれられていない。パウロは「食事の面を切り離した感謝の祭儀理解」から論じているのである。(43)

第二章　初代教会からヒッポリュトスまで

何が起きたのか、使徒たちがすっかりわかったのは、復活と聖霊降臨の出来事のあとであった。最後の晩餐でイエスが制定したものの意味も、いまこそ明らかになった。状況は一変した。最後の晩餐でイエスの死の奉献を告げ知らせ、また先どりしていたものが、いまや記念さるべきものとなった。最後の晩餐で主自身がしたことを、今度は彼らが、命じられたとおり主の名においておこなうことになった。

彼らはそうした。しかもできるだけ忠実に、主の命令を果たそうとつとめた。そのことは、新約聖書が伝える制定叙述の事実からも、またその特徴からも明らかである。その独特の語り口は、エルサレムの初代教会にまでさかのぼる。

使徒たちは、命じられたことをどのように果たしたのか。また主の制定されたものを 若い教会の生活にどう組みこみ、その行為をどう受けとめたのか。そのことについては、新約聖書にはわずかな手がかりが散在するのみである。

ここで重大な決定が必要になった。どういう枠内で、どんなおりに、どんな参加者の仲間で、新しいものを祝えばよいか。さらに、委任された責任者がリードするのか、それとも 対等な仲間で囲む食卓なのか。だがその問題に対して、新約聖書には不じゅうぶんな答えしか出ていない。

はっきりしていることは、ただ一つ。若い教会は最初から、驚くべき確信をもって広範にやりかたを統一し、等しく真に受けて祭儀をしていたことである。どこからこの確信が来るのかは明らかである。復活後の主の出現は意図的であった。そのさい「神の国について」[1]（使1・3）使徒たちに語り、さらに最後の晩餐で制定したものを確認し、たち入った説明をほどこさなかったはずがないのである。

パンを裂くこと

『使徒言行録』は、初代教会でパンを裂くことがおこなわれたと証言している。『ディダケー（十二使徒の教え）』（14・1）でもイグナティオスの『エフェソへの手紙』（20・2）でも、パンを裂くことは、明らかに感謝の祭儀のことを表わしている。しかし、すでに一コリント10章16節に出てくる「わたしたちが裂くパン」も、感謝の祭儀のことにほかならない。同様にトロアスの教会では「週の初めの日、パンを裂くために集まっている」と（使20・7）、わかりきった慣習のように、ついでに言われている。さらにそのさい、とくに「パンを裂く」のはパウロである（20・11）。だからそれは感謝の祭儀のことにほかならなかった。そこでルカがこの表現を、使徒言行録2章42節と46節で同じ意味で用いていると推測するのは、じゅうぶん根拠がある。たぶんそれといっしょに、ごちそうもあったが（2・46）。

「パンを裂く」。この専門用語は、ユダヤ教の（家父がパンを裂いて）食事を始める儀式を表わすのに、よく使われた。それとともに、パンを裂くときに唱える賛美の祈りと、食卓を囲む一同に手わたすことを意味してもいた。まさにこの儀式が、感謝の祭儀でとりあげられて、その価値を高められたのである。そこで「パンを裂く」ということばは、外部の目から覆い隠すには絶好の名称だということで、急速に広まった。だから若い教会の信者は、小人数でちょうどいい部屋のある家に集まっては、晩の食事をともにしたのであろう。それは、友人どうし仲間うちの会食（「カブラー」）として、ユダヤ教でふつうに行われていたものである。現代には伝わっていない特定の日には、感謝の祭儀をいっしょにしたことだろう。「彼らは使徒の教え、相互の交わり、パンを裂くこと、祈ることに熱心であった」（使2・42）。

ここにも、ある程度の式の段取りが暗示されているようである。最初に使徒のことば、復活の証言で始まる。ここでの交わりとは、ただいっしょにいるだけのことではなさそうである。進んで分かちあおうとすること。何も自分のものだといって私物化したりしない、あの兄弟愛の気もちである（使4・32）。「洗礼が信仰を前提とするように、感謝の祭儀は 愛を前提とする」(2)。「喜びと真心をもって」いっしょに食事をしたのである（2・46）。

勝利を収めた復活者を知り、彼との交わりをおぼえる。だからこそ、うれしさが こみあげてくる。彼らは知っていた。自分たちが集まる時、とりわけ感謝の祭儀を祝う時に、あの方が自分たちのまん中にいるのだと（マタイ18・20）。彼らは知っていた。在世中、そしてまた復活後も、弟子たちが楽しんだ主との食卓のまじわりが、ここで続いているのだと（ルカ24・41―43、ヨハネ21・12―13、使10・41）。彼らは、主がたとえでお話しになった救い主の祝宴の始まりと神秘的な先どりを、自分たちの聖餐に見たのである。

だからまた初代教会は、集会で「マラナ・タ、主よ来てください！」と叫ぶ。これは、彼らの典礼の元の言いかたを今に伝える、わずかなことばの一つである（一コリント16・22、ディダケー10・16、黙22・20参照）。彼らはキリストが自分たちの「主」、キュリオスだと知った。彼こそ、目には見えないがともにいる、彼らの食卓の主人なのである。その手ずから一同は、彼の肉と血をいただくのである。

夕食をいっしょにする

初期のころ、感謝の祭儀と食事が いっしょに行われていたことは、疑問の余地がない。一コリント11章17節

―34節は、五十年代のコリント教会の件で、このことを証言している。「主の晩餐」という名称は、二つのものが結びついていたことを意味するものである。だから一世紀の終わりごろはまだ、感謝の祭儀は食事といっしょに行われていた。それも、祈りのともなう食事を先にしてから、感謝の祭儀に入るようなやりかたをしていたらしい（『ディダケー』9章と10章参照）。

このことを祈りの文句が、じゅうぶんはっきり示している（10章6）。「恵みがおとずれ、この世がすぎ去りますように、アーメン。ダビドの家にホザンナ。聖なる者がいるなら来させ、そうでない者がいるなら悔い改めますように。マラナ・タ、アーメン」(3)。さらに『使徒たちの書簡』（一八〇年以前）15章は、復活徹夜祭の特例をとりあげて、主に「アガペー（愛餐）とわたしの記念」（コプト語訳写本では「わたしの記念とアガペー」）と言わせている(4)。明白だとはいえそうもない前述の場合以外には、感謝の祭儀といっしょに行われる食事がアガペーとよばれた例は、見あたらない。この用語は、三世紀以来教会のなかに出来た別のしきたり、すなわち貧者への給食を表わすためにだけ使われた(5)。けれども古い食事の習慣のなごりは、復活徹夜祭の時にだけずいぶん長く続けられた。ヒッポリュトスの『使徒伝承』(6)によれば、新受洗者はキリストのからだをいただいたのち、ぶどう酒の杯を受ける前に、（幼子食である）乳と蜜を混ぜたものの入った杯、さらに水の入った杯を手わたされたのである（B・ボットの批判版による初訳、土屋吉正訳、再版　オリエンス宗教研究所）。

この食事は、ある程度儀式化されているので、感謝の祭儀に関連があると考えられるようになった。だが、年に一度だけ特別の儀式によっておこなえるような、過越の食事であったはずはない。だから典礼の制定叙述は、あの最後の晩餐のこまかいことについては、何もいわないのである。しかしそれは、家庭で安息日を始めたり、また別のおりには友人どうし仲間うちで開いたりする、祝宴だった可能性がある。こんなときにも、はじめにパンを裂くことや、しめくくりに杯を祝福するのも行われていたからである。

いずれにせよ、主が制定したものとしてくりかえされることになったものは、食事ではなかった。それはグレゴリ・ディクスが、元の形を七段階の儀式とよんだものであった。すなわち①主はパンを取り、②感謝をささげ、③それを裂き、④ことばを唱えながらくばり、それから⑤杯を取り、⑥感謝をささげ、⑦弟子に手わたす。実情に合わせる第一歩は、二部構成の儀式をすぐ続けてすることにあった。マルコとマタイによる制定叙述は、そういう典礼実践を念頭においているようである。

やがて四段階の儀式が出来た。①パンとぶどう酒の準備、②感謝の祈り、③パンを裂くこと、④まじわり。(7) それ以来おこなわれているミサの構成の輪郭が、すでにここにあるのがわかる。

さてこうしてまとまりがつくと、祭儀は、かならずしも食事といっしょにする必要はなくなり、食事の前かあとにできるようになった。今度は第二歩になるが、食事から切り離すこともできた。この二歩めがふみ出された時点は、地域の条件次第でいろいろだが、いずれにせよ二世紀には完了していた。

それと同時に、主が制定したものの表わしかたにも、全体のとらえかたにとっても、重大な決断が下された。広間から食卓が姿を消し、パンとぶどう酒を置く台が一つ残ったのである。食堂は宗教的集会の場に変わった。実際の食事を連想させる「パンを裂くこと」や「主の晩餐」というような名称は、もう使われなくなった。食事から切り離された秘跡典礼に「聖餐式（晩餐）」という名称を使いだしたのは、十六世紀の宗教改革者たちである。

新しい時と新しい名称

食事をしないことになると、主の記念を始める時間も(8) 変更されることになった。一日のおもな食事は、ユダヤ人の習慣でも ギリシア人の習慣でも、夕食であった。感謝の祭儀は、食事とは別になるので仕事の時間以外の、別の時間にするしかなかった。世間では、日曜日もほかの日と変わらぬ仕事の日だったからである。そこでおのずと朝の時間になった。

こうして朝の時間におこなうことには、もう一つ利点があった。日曜日を選ぶ決め手となったものと同じ理由である。つまり、週の初めの日の朝早く起こった、主の復活の記念なのである。この理由は、少しあとでキュプリアーヌスがはっきり挙げている（『カエキリウスへの手紙』[9]）。

聖書朗読で感謝の祭儀を始めるやりかたが、ユダヤ教礼拝集会にならってとり入れられた。またここで理由が出来た。その朗読による礼拝は、安息日の朝おこなわれるものだったからである。プリーニウス総督が一一一〜一一三年ごろトラーヤーヌス皇帝に報告している「きまった日の……夜明け前に[10]」おこなわれるキリスト者の集会とは、感謝の祭儀のことにまずまちがいない[11]。

この時点から前面に出てくる名称は、「エウカリスチア」である（イグナティオスの『スミルナへの手紙』7・1、8・1、『エフェソへの手紙』13・1、『フィラデルフィアへの手紙』4・1）。個々の儀式のなかでも、もっとも印象的なものが感謝の祈りである。パンとぶどう酒の形で聖体を拝領するところに、食事の要素が残っている。しかしこの時以来、根本的な形を決定するのは、もはや食事ではなく、パンとぶどう酒の上に唱えられる、この感謝の祈りである。祭儀全体は、もはや食事とはいえないのである。「そのやりかたはすっかり様式化され、その自然の意味内容はなくなり、まったくのシンボルになった」からである[12]。またもともと会食による交わりは、イエスが制定したもののすべてではなく、ただ本質的な部分の一つだったのである。

感謝の祈りには、自分のことを記念するようにとの主の命令、また最後の晩餐での主の模範がもりこまれた。キリストのしごとによってもたらされた救いと解放に、感謝を表わす。このような祈りの要点は、使徒書のいくつかの節に出てくる。たとえばコロサイ1章12—22節、フィリピ2章5—11節、一テモテ3章16節、一ペトロ3章18—21節。パウロの書簡のほとんどが感謝の祈りで始まる。『黙示録』の賛美の歌も（4・11、5・9—14、11・17—18、15・3—4）、ヨハネ13—17章の主の告別説教も、こういう祈りの好例とみてよい。

こんにちもまだ、なん人もの学者は、『ディダケー』の9章と10章にある祈りには、ユダヤ人キリスト教徒の祝宴の祈りであるばかりか、感謝の祭儀での祈りでもあったものが見られると考えている[13]。

奉献と理解される

奉献は、祭儀の特徴を表わしている。『ディダケー』（14章1）でも強調されているとおりである。「主の日には一同が集まって、ささげもの（トゥシア）[14]が清いものになるようにまず罪を告白してから、パンを裂き、感謝の祭儀をおこないなさい」。さらに、清いささげものに関するマラキの預言（1・11、14）も引用されている。この文書は、感謝の祭儀が日曜日に祝われたことを確認するほかにも、ここで奉献思想を確立している点で注目に値する。同時に、誤解のないようにもしている。つまり外面的にとりおこなわれるだけの儀式を、問題にしているのではない。奉献は清いものでなければならない、つまり心をこめておこなうものである。だからこそ開祭の時に罪を告白して心を清める。一ペトロ2章5節のことばも、たしかにこれと同じである。キリスト者は、生ける石となって霊の神殿に築きあげられ、聖なる祭司となって、イエス・キリストにより、神に喜ばれる霊的な奉献[15]をささげるべきものである。ここで彼の描いているのは、単なる典礼の進めかたなどではなく、むしろ絶えずキリストの奉献に統合されていくキリスト教生活のことを、いわんとしている。

『ヘブライ人への手紙』の中でも、共同体の集会（3・12）のことだけを述べているのではなく、離反への警告と、とくに「祭壇」[16]（13・10）という語で感謝の祭儀のことをいわんとしているのかどうかは、まだ論議の的である。(17) そこから確かな結論を引き出すことはできない。

ごく初期の伝統的スタイル

従来の伝統的な感謝の祭儀を見ると、その個々のやりかたの多くは、初代教会に由来する要素が 伝えられてきたものであることが わかる。その構成員の多くは、まだユダヤ人キリスト者たちであった。のちの諸典礼に見られる独特の祈りのスタイルは、ここからのものである。

祈りは、「主はみなさんとともに」とか、「平和がみなさんとともに」というあいさつで始まる。どちらも聖書的へブライ的なあいさつのしかたであり、初代教会の生活に由来するものである(ルツ2・4、マタイ10・12―13、ルカ1・28、10・5、ヨハネ20・19、21、26)。「また司祭(あなたの霊)とともに」という伝統的な返事も同様である(ガラテア6・18、フィリピ4・23、フィレモン25)。次に「祈りましょう」、「感謝をささげましょう」といった祈りへの招きが続く。これと似たものも、ユダヤ教の祈りの実践にある。会衆の承認を表わす「アーメン」は、こんにちまでへブライ語のままである。これは「ホザンナ」や「アレルヤ」と同じく、どの典礼様式のミサにも、そのまま出てくる。神の永遠を指摘して結ばれる栄唱や、栄唱的なことばで祈りをしめくくるのも、シナゴーグに由来する習慣である。

キリスト教典礼は、以上のものやそれ以外の伝統的なものを、エルサレムの典礼習慣からとり入れた。それは初代教会の信者が、使徒たちのように神殿やシナゴーグに通っていたことからも、すぐわかる。彼らは旧約聖書を受けつぎ、詩編唱和の習慣を続けただけではなかった。旧約の神の民の当時の生きた実践からもくみとっていたのである。

もちろん教会は、ユダヤ人キリスト者の地域でばかりでなく、さらにギリシア的な風土でも、生き生きと発展していった。そこでまず一、二世紀の間におこなわれた感謝の祭儀について教えてくれる最重要文献を、ひととおり見ることがたいせつである。

ローマ司教クレーメンス

クレーメンス一世教皇の『コリント教会への手紙』（九三〜九七年ごろ）では、感謝の祭儀のことは、ついでにふれられているにすぎない。混乱を起こすような一部の連中に向かって、彼は次のことを力説する。教会には、キリストから使徒を通じて任命された聖職者がいる。彼らを勝手に解任したりすることはできない（42章、44章参照）。彼らのいちばんたいせつな仕事は神聖に「供えものをささげる」(18)ことである（44・4）。別の面からこの供えものに光が当たる。キリストが「わたしたちのささげものの大祭司」(19)とよばれていることである（36・1）。それは、わたしたちのささげものである。つまり教会の奉献なのである。それをささげることこそ、キリストから任命された者がまず果たすべき任務である。しかしそれでも究極的には、ほんとうの祭司はキリスト自身である。

アンティオキア司教イグナティオス

アンティオキアのイグナティオスの『書簡集』は、彼が猛獣の餌食とされる死刑を宣告され、ローマへ護送される途中で出した、惜別の手紙である（一一〇年ごろ）。この書簡には、感謝の祭儀のことがなん度も出てくる。この状況だけからも、それが教会生活のなかで、信者の意識のなかで、いかに重要な位置を占めていたかがわかる。信者はその祭儀を祝うためによく集まって来た。安息日の代わりに、日曜日が集会の日に選ばれた（マグネシヤへの手紙9・1）。こういう集まりで、感謝の祭儀がおこなわれた。たくさんの箇所でそうよばれている。

また司教や、司教が権限をゆだねた人の司式する感謝の祭儀だけが、有効と認められた[20]（スミルナへの手紙8・1）。イグナティオスは、司教と司教を囲む司祭団の一致を、おおいに力をこめて強調する。司教が教会全体といっしょにする祈りにこそ、効果がある。「祭壇（つまり祭壇の置かれた場所[21]）から遠ざかる者は、神のパンに飢えるのである」（エフェソへの手紙5・2）。

キリスト者のなかには、エウカリスチアや共同の祈りから遠ざかる者がいた。彼らは聖別されたパンが、生身の体で苦しみ復活したキリストの肉だとは、信じなかった（スミルナへの手紙7・1）。これはキリスト仮現論者のことである。彼らは愛餐を拒んだ。だからイグナティオスみずからが、感謝の祭儀のことを「アガペー」とよぶ（同8・2）。この愛餐において一つのパンが裂かれる。このパンは「不死の霊薬」である（エフェソへの手紙20・2）。キリストのからだである神のパンのほかに、彼の血である飲み物にもふれている（ローマへの手紙7・3）。

感謝の祭儀が奉献だとは明言されていないが、すこしも否定されたわけでもない。ギリシア語の「テュシアステーリオン」は、祭壇であるとはかぎらない（エフェソへの手紙5・2、マグネシヤへの手紙7・2、フィラデルフィアへの手紙4・2参照）。それでもなおこの言葉は、自分の教会とともにいる司教が、ある意味でささげられる場なのだ、と考えられていたことを述べているのである。神に向かうごきは、すでに「エウカリスチア」（感謝）という名称にもあらわれている。パンとぶどう酒にまつわる表現は、こうした素材も、このうごきに関わっていることを思わせる。

殉教者ユスティノスの報告

殉教者ユスティノスの『第一護教論』[22]（紀元一五〇年ごろ）は、感謝の祭儀について具体的に描写した最初のものである。しかも二重の報告になっている。最初は洗礼式の結びにおこなわれた祭儀、二番めは主日のミサに関するものである。これは、広く旅して回った著者が、全教会で一般に確立され、使われている式文を、そこで単に説明しようとしているものである。それだけになおさら重要なので、ここに本文をそのまま引用しておく。

65章1　わたしたちと同じ信仰を 受けいれて、わたしたちに加えられた人々に、こうして洗礼を授けてから、兄弟とよばれる人々のもとに連れてゆき、そこでわたしたち一同とともに、わたしたち自身のため、照しを受けた人のため、また世界中の他の人々のために 共同祈願が唱えられる。……

2　祈りが終わると、互いに親睦のあいさつを交わす。

3　それから兄弟たちの司会者に、パンと水の混ざったぶどう酒の杯が運ばれる。司会者はこれを受けとって、子と聖霊との名によって万物の父に賛美と栄光を帰し、父からいただいたこのたまもののために、ゆっくり感謝の祈りを唱える。

祈願と感謝の祈りがおわった時、全会衆は「アーメン」と叫ぶ。

4　「アーメン」とはヘブライ語で「そうなるように」との意味である。

5　司会者が感謝の祈りをおえ、全会衆が応唱したのち、「助祭」とよばれる人々が エウカリスチアとなったパンとぶどう酒と水を出席者全員にくばり、欠席者にも運んで行く。

66章1　そして、この食物は、わたしたちのもとで「エウカリスチア」とよばれている。わたしたちの教えることを真実のものと信じ、罪のゆるしと新たに生まれるための洗礼を受けており、キリストが教えられたように生活している者でなければ、感謝の典礼に参加することは許されない。

（中略）

67章3　太陽の日といわれる日に、町や村に住むわたしたちの仲間は、みなひとつの所に集まり、時間のゆるすかぎり、使徒の記録、あるいは預言者の書物を読む。
4　朗読者が読みおわると、司会者が、これらの美しい教えを学ぶように勧め、励ます話をする。
5　それから、みないっしょに立って祈る。祈りがおわると、先に述べたように、パンとぶどう酒と水が運ばれる。司会者は、祈りと感謝とを、自分に与えられた力によってささげ、みなはアーメンと答える。こうしてエウカリスチアとなったものが、一人一人にくばられ、欠席者にも助祭によってくばられる。
6　豊かな人は、望むなら、好きなものを寄付することができる。すべての寄贈物は、司る者の前に集められ、彼は、囚人、旅人をも除外せず、やもめ、孤児、また病気やその他のために必要とする人々を助けるように配慮する。

ユスティノスの報告に現れるミサの諸要素

たくさんのこまかい点が、その後のミサの歴史のいたるところでくりかえされ、大部分こんにちまで存続しているのを、ここではじめて知るのである。たとえば日曜日は集会の日であり、感謝の祭儀を最優先する日である。ここでは、旧約新約の聖書朗読からなる典礼を先にする。つづいて司会者（前に立つ者）が説教し、共同祈願をおこなう。これは、安息日の朝のシナゴーグの礼拝に相当する習慣をとりいれたものである。朗読と呼びかけのことばのことは、福音書（ルカ4・16—30）と使徒言行録（13・15—16）に出ている。しかしこの朗読の典礼は、ユスティノスのころは、まだ感謝の儀式に固く結びついてはいなかった。だから洗礼式を代わりにすることもできた。

共同体の祈りも、シナゴーグの礼拝に由来する。のちのいわゆる「十八祈願」の元をなすものは、使徒時代にさかのぼる。(23) キリスト教の教会が各人のため、また「すべての人のために」する祈願については、ユスティノスはほかの箇所でも語っている（『ユダヤ人トリュフォンとの対話』96・3、133・6）。

司会者に手わたされる供えものには、パンとぶどう酒のほかに水もあった。このことはユダヤ教の伝統に由来する習慣である。ギリシア語で「クラマ」(24) とよばれるもの（『第一護教論』65・3）がぶどう酒だけのことであるのは、他の並行箇所67章5で裏づけられている。イエス時代のパレスチナでは、ぶどう酒を水で割るのがふつうだった。(25) のちにキュプリアーヌスがこの水の混和を強調しているのは、それが最後の晩餐に由来する伝統的なやりかただ、と思っていたことを示すものである。

感謝の祈りを唱える時の「司会者」の役わりが、はっきり描かれている。朗読に続く祈願の場合とは異なり、この場合、司会者だけが声を出して唱える。共同体は「アーメン」と応えて賛同する権利がある。司式者はエウカリスチア（感謝）とともに、エウカイ(26)（あきらかに取り次ぎの祈りのことである）も唱える。ユスティノスは『対話』117章2と5でも、この点を強調している。祈願と感謝の祈りは、「子と聖霊の名によって」、または別の箇所で述べられているように「十字架につけられたイエスの名によって」、司会者が神にささげる（対話117・5）。しかし力点は「感謝すること」におかれている。

感謝のまとは「わたしたちが、これらのものに値すると見なされた」ことである（『第一護教論』65・3）。つまり、キリスト教の恵みに招かれたということである。このことがまさに『対話』41章1で描かれているのである。わたしたちにエウカリスチアのパンが与えられるのは、「世界とその中にある万物を、人間のために創ってくださったこと、わたしたちを生まれついての悪から解放してくださったこと、進んで苦しみを受けた方によって、支配と権力を完全に征服してくださったこと」を、神に感謝するためである。『対話』117章3も、キリスト者が固形と液体の食物の記念祭儀によって、「彼らのために、神の子が耐え忍ばれた苦しみを思いおこしている」と述べている。また70章4では、パンを人と成られたことの記念に、感謝の杯を血の記念に、密接に結びつけている。

さらに重要なのは、感謝の表明が憩いの祈りなどではないことである。それは、いましがた引用した箇所でもそうであるように、司会者が先に「受けとった」パンとぶどう酒に、たびたびはっきりと関係づけられている（『第一護教論』65・3）。それは「パンと杯に関する感謝」である（『対話』117・1）。だからパンは「感謝のパン」（41・1・3）、杯は「感謝の杯」とよばれている（41・3）。いいかえるとパンと杯は、感謝を表明するとき、神に向かうきのなかに持ちこまれる。それらは神にささげられる。だからユスティノスが『ユダヤ人トリュフォンとの対話』の中でなん度も、マラキの預言が感謝の祭儀において成就したと述べ、またすぐ続いてエウカリスチアを奉献（トゥシア）[27]とよぶのも、意外なことではない（41・3、117・1）。

エイレナイオス

ユスティノスがおもに感謝の祭儀の典礼形態を描写しているのに対して、エイレナイオスは感謝の祭儀の本質を本格的に省察している。もちろんグノーシス主義者相手の論争の色彩が、全面に出ているものではある。『異端駁論』[28]第4巻では、新しい契約が古い契約と矛盾するどころか、まさにその完成なのだということを、うちだそうとしている。同じことが奉献についてもいえる。キリストは弟子たちに指示を与えている。

「被造物の初穂を神にささげなさい。神が必要となさるからではなく、弟子たちが実を結ばなかったり、感謝しなかったりすることのないために。そこで被造物で出来たパンを取り、感謝して仰せになった。『これはわたしのからだである』。同じように……杯を取り、自分の血と言明され、新しい契約の新しい奉献であると教えられた。これを教会は使徒から授かり、全世界で神にささげているのである」(17章5)。

このあとに続いてマラキ1章10—11節が引用されている。

エイレナイオスはここに述べたことを さらに詳述しながら、その中でいくつかの点を強調している。神はささげものを必要とはしない(18・1、6)。新約のささげものは、この(グノーシス主義者の軽蔑する)大地の恵みで出来た物なのである。エイレナイオスは、ささげものがシンボルであることをとくに力説している。つまり「清く汚れのない心で」それをささげねばならないのである。「ささげものが人間を清めるのではない。ささげる人の良心が、捧げ物を聖化するのである」(18・3)。わたしたちは「清い気もちで、ごまかしのない信仰によって、ゆるがぬ希望をもって、愛に燃えて」神に供え物をささげ、「わたしたちの創り主である神に 感謝していることを表わす」べきである(18・4)。

エイレナイオスは、ささげものの意味を広げる。それを敬意と称賛のしるしとして王に献上される贈り物にたとえる(18・1)。贈り物を受けとってもらえることは、同時に贈る人の名誉になる(同)。神がわたしたちの善意を受けとってくださるのも、恩恵でわたしたちに報いてくださるためである(18・6)。新約のささげものは、もはや奴隷の供えるものではない。自由な人、持てるすべてをいと高き主に喜んでゆだねる人々が、ささげるものである(18・2)。

具体的な儀式のやりかたについては、多くは読みとれない。ただなん度もなん度も「エウカリスチア」(29)、感謝することという言葉が出てきている。ついでに一度、こんなことが言われている。パンは神への呼びかけを受けると、もはや並のパンではなくなり、エウカリスチアになる（18・5）。

ところでエウセビオスの『教会史』（5・24、27）には、エイレナイオスのヴィクトル一世教皇への手紙の断片がのっているが、これが参考になる。一六〇年ごろのことである。ローマを訪れたスミルナ司教ポリュカルポスに、アニケトゥス教皇がエウカリスチアを譲ったという。(30) あきらかに司式をひきうけてくれと頼んだわけである。感謝の祭儀の理解の点でも典礼形態上も、ローマと小アジアが本質的に一致していた明らかなしるしである。

グノーシス派の感謝の祭儀

リヨンの司教の闘いは、その当時のグノーシス主義者に向けられている。ここで彼らに注意を向けるのも必要である。エイレナイオスは、彼らも物質敵視のたてまえ上、やめてしまうはずなのに、感謝の祭儀をまだやっていることをほのめかしている。グノーシス派のものである文書が残っていて、どんなぐあいに感謝の祭儀をしていたかがうかがえる。偽典とされる多数の使徒行伝中の『ヨハネ行伝』（二世紀中ごろ）と『トマス行伝』（三世紀）である。その中で感謝の祭儀は重要な位置を占めている。(31) それと結びつけられた祈りが、そこにしるされている。『ヨハネ行伝』によれば、使徒ヨハネが故人の墓の上でパンを取り、これを裂き、キリストに向けられた祈りを唱え、そのなかで「あなたに感謝いたします(32)」となん度もくりかえし、それから兄弟全員に「主のエウカリスチア（聖体）」を分かち与える（85章、86章、109章参照）。『トマス行伝』によれば、「封印儀礼(33)」（洗礼式）のあとで、感謝の祭儀がおこなわれる（27章、49章）。食卓に布がかけられ、「祝福のパン」が置かれると、あの使徒が立ち、イエスに呼びかける祈りを始める。「あなたは、あなたのからだと血のエウカリスチアに、わたしたちをあずからせてくださいました。……わたしたちと交わりに来てください」（49章）。それから使徒はパンの上に十字架のしるしをし、これを裂いてくばる。それは罪のゆるしと霊魂不滅の効能がある、と期待されている（50章）。

一般にこういう実践には、キリスト教的カトリック的な伝統がうかがわれるし、祈りにも、まったく正統信仰の考えかたをしている部分もある。たとえば『トマス行伝』の祈りには、キリストの受難物語からとった題材と、願われた救いの実りが、印象的に並べられている（158章）。また同書には（27章）、七世紀のアイルランドのミサ典礼書写本にも出てくる、キリスト・エピクレシス（キリストに向かう祈願）がある。

ところがそのほかに、なかなかに奇怪な名前や考えが出てくる。これはグノーシス派のアイオーン説で考えるしかないものである（「慈悲の御母よ来たりたまえ、男性との交わりよ、来たりたまえ」トマス行伝50章）。さらに祈りが、もっぱらキリストだけに呼びかける形になっている。これも、神御自身は近寄りがたいものとするグノーシス主義の見かたに、まったく一致している。

グノーシス主義でも特殊な一派であるエンクラト派は、とりわけ酒を手きびしく批判し、感謝の祭儀をパンと水でおこなった。しかしそうしたのは彼らだけではなかった。アレクサンドリアのクレーメンスも、感謝の祭儀をおこなう時、[34] 供えものに[35]教会の規定に違反してパンと水を用いる異端を、やり玉にあげている（『ストロマテイス』1・19章96）[36]。ユダヤ人キリスト教徒からなるエビオン派も、ぶどう酒の代わりに水を用いた。おそらくこの一派は、初代教会のなかのあるグループに関わりがあったらしい。[37] それはぶどう酒の杯に断固反対し、古い聖書的伝統に習って、秘跡の表現であろうとも血を飲むことを拒否する、と言明していたグループである（いずれにせよすでに聖書の叙述は、ぶどう酒の杯が早くから強調されていたことを示している）[38]。北アフリカでは当時もまだキュプリアーヌスが『カエキリウスへの手紙』63で、感謝の祭儀で水しか使わない流儀に対して、啓蒙し促す場面がある。単純無知なばかりに[39]そんなことをする、カトリック聖職者がいたのである。どうして彼らがこんなことをするようになったのかは、確認のしようがない。

リーツマンは前述の資料から、二、三世紀に教会生活の周辺で杯をめぐる多少のぐらつきがあったことを示し、自説を裏づけるのに用いている。すなわちパウロの証言する感謝の祭儀のやりかた以外に、パンだけを用いる第二のやりかたが最初からあったのだという[40]。けれどもこの説は、感謝の祭儀が二重の両形態でおこなわれると一致して証言する福音書と矛盾するので、プロテスタントの聖書学者からもほぼこぞって否定された[41]。

アレクサンドリアのクレーメンスとオリゲネス

アレクサンドリアの大物、クレーメンスとオリゲネスは、感謝の祭儀の秘義に再三ふれてはいる。しかしおもな関心は、彼らが守っている教会のしきたりと伝統を、自分の好みのアイデアの線で、寓意的に解釈することに集中している。だから彼らの著作からは、ほとんど得るものがない。従来のイメージを確認しているのである[42]。エイレナイオスの好みの思想が、オリゲネスの書にもたびたび出てくる。すなわち、わたしたちは被造物の初穂をささげる（『ケルソス駁論』[43] 8・34）。神に対するわたしたちの感謝の気もちのしるしは、エウカリスチアとよばれるパンなのである（8・57）。彼はとくに好んで、聖なる聖別されたパンとよんでいる。

ローマのヒッポリュトス

ローマのヒッポリュトスは、西方諸国でも、教会文献がギリシア語で書かれていた時期の人である。彼の聖書釈義や神学上の書物からは、感謝の祭儀の形と内容については、ほとんど得るところがない。『ダニエル書注解』Ⅳ・35で、反キリストが来る時に「今あらゆる所で、あらゆる国民のささげている」いけにえとお神酒《みき》が廃止される（ダニエル9・27）と述べているが、せいぜいそれくらいである。

それに比べると『使徒伝承』のほうには、教会生活の規則を述べたものが、驚くほどくっきりと描かれている。その中には、いまに伝えられ、こんにち広く知られている、最初の完全な形の奉献文がのっている。

助祭たちが司教にささげものをさし出すと、司教は司祭団とともに、その上に両手を置いて、感謝をささげ、次のように言う。

「主はあなたがたとともに」。

一同は答える。

「また、あなたの霊とともに」。

——「心を上に」。

「主に向けています」。

——「主に感謝をささげましょう」。

「それはよいこと、正しいことです」。

そして次のように続ける。

神よ、わたしたちはあなたの最愛の子、イエス・キリストによってあなたに感謝をささげます。あなたはこの終わりの時、御子を救い主、あがない主、み旨の使者として、わたしたちのもとにお遣わしになりました。御子はあなたにかたく結ばれたみことばであり、あなたはこのみことばによってすべてをお造りになりました。それはみ心にかなったことでした。あなたは御子を天からおとめの母胎に遣わされ、御子は胎内で肉体を備え、聖霊とおとめとから生まれたあなたの子として現されました。

御子はあなたのみ旨を全うし、聖なる民をあなたのものとされました。御子はあなたに信頼する者を苦しみから解き放つために苦しみをしのばれる間、手を広げておられました。

御子は、死を滅ぼして悪魔のかせをうち破り、死の国を踏み砕いて正しい人を光に導き、(死の国の)境を定めて復活をあかしするため、進んでひき受けられた苦しみに身をわたされることになった時、パンを取り、あなたに感謝をささげて仰せになりました。「取って食べなさい。これは、あなたがたのために砕かれるわたしのからだである」。

同じように杯も取って仰せになりました。「これは、あなたがたのために流されるわたしの血である。これをおこなう時、わたしの記念としておこないなさい」。

ですから、わたしたちはその死と復活を記念し、み前に立って祭司として仕えるにふさわしい者としてくださったあなたに感謝し、このパンと杯をあなたにささげます。

聖なる教会のささげものの上に、あなたの霊を送ってください。あなたの聖なるものにあずかるすべての人をひとつに集め、聖霊で満たしてください。真理のうちに信仰が強められ、御子イエス・キリストによってあなたを賛美し、たたえることができますように。栄光と誉れは、キリストによってあなたに、聖霊とともに聖なる教会のなかで、今も、世々に。アーメン。(B・ボットの批判版の邦訳、土屋吉正訳　再版13～17ページ　オリエンス宗教研究所)。

主日に行われる会衆の参加する集会が、前提されている。司教は司祭団に囲まれている。ここに出てくる、全会衆が応唱する冒頭の対話句は、最古のものである。司教だけが感謝の祈りを唱える。この祈りは、信仰宣言のなかでキリストについて語る部分と、まったく同じ内容のものである。まさに、これまでに出てきたキリスト者のエウカリスチア（感謝の祭儀）に関するものから、推測できるとおりである。制定句は、新約聖書の本文のまる写しではなく、独自のものになっている。祈りは父である神に向けられ、結びで聖霊が遣わされて下ってくるよう願う。キリスト者の祈りと信仰の三一《さんいつ》構造が、ここにもはっきりと見える。参加者全員が聖体を受けるのは、あたりまえのことになっている。

しかしもっとも教えられるところの多いのは、制定叙述とくりかえすようにとの命令のあとに続く、短いことばである。「ですから、わたしたちは その死と復活を記念し、……このパンと杯をあなたにさげます」。ここでささげることが、ふたたび感謝に結ばれているのが特徴である。しかもわざわざ、〔あきらかに聖職者と会衆を含めた〕わたしたちを「み前に立って祭司として仕えるにふさわしい者としてくださったあなたに感謝します」と言う（黙1・6、5・10参照）。ここに出ている考えかたは、きわめてはっきりしているのに、ひじょうに批判的な筋から、ここにあるものは、パウロの共同体にさかのぼる典礼習慣にほかならないと断言された。「ここにあるものは、使徒パウロの時代にも、コリントやエフェソで唱えられたものでありうる(44)」。

要約

この場で、感謝を表わすことと奉献に関する、この時点までの証言を振り返ってまとめ、もっと正確に見ておくことにしよう。一世紀末以来、主が最後の晩餐で始めたもの、また教会がおこなってきたものを、「エウカリスチア」という名でよんでいた。これが圧倒的なとらえかたであることは、あきらかである。

たしかにこの言葉は、新約聖書の叙述に出てくるエウカリステーサスを、ヒントにしている(45)。当時のことばづかいでは、エウカリステーサスとは、こころよく贈られ豊かに恵まれた人（エウカリストス）らしくふるまい、そのことを表明することである。それは、まずことばでするものではあるが、贈り物をしないという意味ではない（シェルマンはこの語の用法を調べあげ、「感謝を表わすためにささげる物」という意味で、フィロが用いていること、またこの意味では、キリスト教以外のギリシア語文献にも、ときたま出てくることを示している(46)）。

物的ないけにえよりたいせつな感謝

いずれにせよ、感謝のことばと気もちが強調された。これがたいせつなものであることを、アレクサンドリアのクレーメンスは指摘し、こう述べている。救い主はパンを裂いて手わたす前に、われわれがふさわしく食べられるように、感謝の祈りを唱えたのである（『ストロマテイス』10・46、1(47)）。まさにこの感謝の表明によってこそ、キリスト教の礼拝を独自なものにした精神的要因が、うきぼりにされている。これが、異教やユダヤ教のいけにえというものから、きわめて鮮明に区別しようとしたものである。

異教の人々にとっては、どういう物をどう扱って儀式を正確にとりおこなうかが、いちばん大事だった。だがそうしたものは、キリスト教のエウカリスチア（感謝の祭儀）では、まったく控えめになっている。だから、キリスト者にはおよそいけにえなどない、と当時の護教教父が言明しているのを見ても、驚くまでもない。神はわれわれの供え物など必要としないのだ、と異教徒に反論している。そこでアテナイのアリスティデースは「神はいけにえも寄付も目に見えるような物も、皆目必要とはしない」と言明するのである（『キリスト教弁証論』1・5(48)）。

ユスティノスも同じ考えを、『第一護教論』13章で展開している。彼は、神にいけにえを捧げないからキリスト者は無神論者(49)だとの非難に抗弁し、こう指摘する。「代々伝わる伝承によれば、神にふさわしい唯一の礼拝とは、これすなわち、神が人を養うためにお創りになった物を焼き捨てて、台なしにしたりせず」、これを用い、そのために「荘厳な祈りと賛歌のことばで」神に感謝することなのである（『第一護教論』13・10参照）。

アテーナゴラースも同じことを述べている（一七七年ごろ）。

「万物の創造主である父は、血も、脂身を燃やした煙も、花の香りも、燔祭《はんさい》も必要としない。みずからが申し分のない香りであり、何不自由なく満ち足りている。最高のいけにえとは、われわれが天を広げた方を認め、……清い手を神に上げることである」（『キリスト教徒のための申立書』[50]、13章）。

『ディオグネトスへの手紙』を書いた人も、同様の思想を述べている。

こういう過激な思想は、ミヌキウス・フェーリクスの発言によく出ている。

「われわれには、神殿も祭壇もない[51]。……わたしが使うために神がお与えくださった物を、どうして犠牲にして供え[52]、神ご自身の贈り物を返したりしてよかろうか。それでは恩知らずになる。本物のいけにえ（奉献）とは、そんなものではなく、善い魂、清い心なのである……」（『オクターウィウス』32）。

こういう言いかたは、感謝の祭儀が奉献とよばれていたということを示す、その当時の、またその前の時代の証言と、矛盾するわけではない。このことは、後代の著者たちが異教徒向けに語る場合にも、まったく同様に断言しているという事実からも、明らかである。ある時期には「奉献」は、すでに感謝の祭儀を表わす周知の名称になっていたのである[53]。

このように一見あい反するように見える用語が一致していることは、コンモドゥス皇帝（在位一八〇～一九二年）の代に殉教したアポローニウスが、裁判官の前でおこなった陳述からもうかがえる。「無血の清いいけにえを、わたしもすべてのキリスト者も全能の神にささげています……祈りというかたちのいけにえです」（『アポローニウス殉教録』より[54]）。キリスト教で神にささげられるものは、もはや物的な供物ではなく、人手が加わったものでもない。それは祈りの線上にある。それこそエウカリスチアにほかならない（『バルナバの手紙』2・6）。[55]

異教や旧約のいけにえというものとの相違を主張する間は、人の心のなせるわざとしての感謝の表明を、うち出さざるをえなかった。けれども見てのとおり、ときおり供えものとか、ささげものという言葉が出てくる。[56][57]キリスト教集会には感謝の言葉以上のものがある。そこで司会者の、司教の出番となる。彼がパンとぶどう酒に祈りを唱えると、供えもの自体が（すでにユスティノスに出ているもう一つの意味での）エウカリスチアになり、祈りとともに神のもとに運びあげられるのである。もうここには、洗練された奉献思想の核となるものがある。マラキ書の清いささげものについてのことばが、裏づけとなる。

この点に関してフランツ・ヴィーラントから出た誤解がある。彼は、エイレナイオス以前のキリスト教典礼には、奉献があったとは言いきれないと考えたのである。[58]奉献というイメージが、儀式にこりかたまった狭い意味での、旧約や異教のたいてい血なまぐさいいけにえを前提とするなら、当時のキリスト教にはそんなものは無かったといえよう。

ところがじゅうぶんはっきり、ささげものが神に運ばれると証言されている。そのさい内面や倫理的なものが強調されているが、真のほんとうの奉献概念を否定することにはならない。むしろ本来の真意をとり戻すものであり、かつて預言者たちは そのために戦ったのである。

『ディダケー』に出てくるささげもの（トゥシア）という概念が、福音書の思想からの「逸脱」だとみて批判する、プロテスタントの一部の学者がいる。それとは別に、エウカリスチアが話に出ても同じく偏向だといい張る、もっと極端な学者もいる。そこには人間的なものが前面におし出されているし、上昇線（アナバシス）がうちこまれているという。[59]しかしあの上昇線は、福音書で主ご自身が感謝をささげる（エウカリステーサス）と述べるなかに、もう出てきているのである。

もちろんエイレナイオスは、供えものの物的側面を、さかんに強調する。あまりにも精神主義一辺倒だったギリシア流グノーシス派に対しては、キリスト教的奉献が霊的なものだとわざわざ強調するまでもなく、かえって物的な被造物を守ることが先決だった。供えものは物質世界のものであり、感謝の祈りのなかでそれ自体がエウカリスチアになり、だからこうして最高に敬われ、聖なるものとなる。そのことに注意を向けたのである。信者がパンとぶどう酒を祭壇に運んできたという、最初の報告が出てくるのが、この当時だということは偶然ではない。地の被造物がとりこまれるのを、外的な儀式でも、もっとはっきりさせようとした結果、こんな形になったのである。

もちろん、こういう奉献理解にのめりこみすぎると、ほとんど教会がささげることばかり考えるようになる。究極的には、キリストがささげた、またささげている奉献のことなのだというのは、語られずじまいであった。教会の奉献は、救いをもたらす受難を思いおこす記念から、うまれるものである。このことさえまったく明瞭に表わされているのにお目にかかれるのは、ヒッポリュトスが最初である。ユスティノスも、明らかにそのことについて、ずいぶん論じてはいるが。またけっきょくは、同時に感謝の表明自体が、ただ神に向かううごきを表わす、そういう記念にほかならないのである。思いだすこと。またそれからうまれるうごき。感謝することには、たしかにこの双方が兼ねそなわっている。そのうごきが、神にささげられる供えものを携えていくのである。

二世紀全体を通じ、またその後も、イエスが制定したものを把握する根本概念は、このようにずっとエウカリスチアである。奉献のことを展開してみると、このエウカリスチアこそ、記念しながらささげること以外の何ものでもない。ルクは、ミサの初期の歴史を包括的に描き、この時代の（他の点では三世紀も含めた）ミサ奉献の本質に関する「説」を出してしめくくっているが、うがった見かたである。この説は、ヒッポリュトスのものとほぼ同内容の、ローマ典文の聖別後（記念唱後）の祈りに、いちばんよく含まれている。すなわちわたしたちは、イエスの受難と栄光を記念して、清い奉献を栄光の神にささげるのである。(60)

第三章　三世紀

テルトゥリアーヌス

全般の要旨

アフリカのテルトゥリアーヌスとキュプリアーヌスは、三世紀を代表する重要人物である。この二人の場合にはどうなっているか調べてみると、見かたがはっきりと変わっていることに、すぐ気づく。「エウカリスチア」という言葉も考えかたも、もはや大勢を占めてはいない。

用語　なるほどテルトゥリアーヌスは、エウカリスチアという言葉こそ用いてはいる。しかし儀式のことではなく、儀式のもたらすたまものを表わすためにのみ使うのである。この単語の翻訳である「感謝すること」(1)を用いるのは、パンの上に唱えられる感謝の祈りの場合だけに限定している。

ちなみに「祈りと感謝すること」(2)という形は、ユスティノスの言葉(3)を連想させる。それは、この感謝の祈りを、ライの治った人が神殿に供える旧約時代の捧げ物と対比するものである。(4)だからこれには、ささげるという意味もある。しかしこのいいかたは、エイレナイオスの用いたエウカリスチアとは異なり、儀式の全過程を表わすものではない。そのためには、ぎこちなかったようである。

およそそのために使うきまった名称というものが、テルトゥリアーヌスにはないのである。言葉をあれこれ言い換えている。なかでもよく出てくるのが、「ささげること」(オフェレ)[5]と「奉納」(オブラチオ)[6]である。「奉献」(サクリフィチウム)[7]も出てくる。[8]

人　感謝の祭儀が奉献であることを、テルトゥリアーヌスは明確にしている。祭儀は、神の祭壇[9]を囲む共同体が参加しておこなわれる。そこで働くのが、聖別された奉仕者である。[10]奉献がおこなわれるのは、司祭の手を通して[11]である。司式する者の手から、司祭の手から、[12]聖体の秘跡をいただく。[13]しかしそれとともに、ほかならぬテルトゥリアーヌス自身が、すべての信者の祭司としての品位を力説している。[14]

時　祭儀は、朝早いうちにおこなわれる。[15]曜日については、日曜日が一度だけ、ごく軽くふれられている。[16]テルトゥリアーヌスは「スタチオの日」、つまり水曜日と金曜日におこなわれる感謝の祭儀のことを明記している。[17]故人の命日にもおこなわれていた。[18]

会食による交わり　感謝の祭儀で、出席者がそろって聖体を拝領するのは、当然のことである。この会食による交わりに参加するつもりがなければ、来ないほうがましだという。[19]会食による交わりは両形態でおこなわれる。[20]主のからだを家に持ち帰り、何か食べる前にいただく[21]こともできる。テルトゥリアーヌスは、聖なる供えものに最高の尊敬を払うよう強調し、[22]それがもたらす祝福にみちた効果を力説している。

奉献としての理解

テルトゥリアーヌスは「オフェレ」(ささげること)や「オブラチオ」(奉納)という表現を使っている。さてこのことから、彼が感謝の祭儀をより正確にはどう理解していたといえるだろうか。それらの用語は、奉献そのものを表わすものなのだろうか。その言葉は、ある文章では祭儀全体をさしている。[23]たとえば、婦人が執行してはいけない教会活動として、彼があげているものに、教えることや洗礼を授けることとともに、[24]ささげること(オフェレ）が出てくるし、[25]命日に故人のために供える物にも言及している。[26]しかし信者個人の特定の行事にも、こういう表現が使われている。ある時、テルトゥリアーヌスは再婚擁護派が先妻の命日におこなう行事について、[27]こう反論している。「両方の妻のためにささげたりして、両人のために司祭に祈ってもらうつもりか」。[28]明らかにこれは、当事者たる信徒がすることをさすもので、司祭のすることとは区別されている。

よく調べていくと、テルトゥリアーヌスはオフェレという語を、かならずしも奉献用語のつもりで使っているわけではないことがわかった。[29]この言葉は、もともとは俗語で後期ラテン語でも、元来の世俗的な意味をとどめている。つまり、持ってくること、さし出すことなのである。神にも、そうするのである。典礼のなかで、信者は供えものを持参する。だが当時、グノーシス派が物を軽蔑していたために、この行為が重視され、キリストの制定された聖なる儀式に組み入れられて一つの儀式となったのである。またさし出される供えものは、目に見えるものであった。[30]このことこそ、オフェレとオブラチオという言葉が、全体を表わすのに適したものだということを示している。

他方でテルトゥリアーヌスは、キリスト教の奉献が地上の供えものではないことを、いささかも疑ってはいない。『護教論』[31]には、二世紀の護教家に劣らぬ、語気の荒い文章が出てくる。たとえば、異教のおびただしいいけにえに、断固反対する。「わたしは神のお求めのとおり、立派ないけにえを神にささげる。それは清い体と純な魂から、聖なる霊から出てくる祈りである」(30・5)。『異教徒スカプラ総督への弁明書簡』２では、護教家たちの思いきった反論をくりかえしている。「われわれは皇帝の幸せを願って、いけにえをささげる。だがひたすら祈りで。[32]万有の創造主なる神には、かんばしい香りや血など要らないからである」。

テルトゥリアーヌスの使う「オラチオ」[33]という語も、なによりも感謝の祭儀を意味する。「いくつかの文章は、オラチオが感謝の祭儀のことだとしなければ、わからない」[34]。だからこれらの文中のオラチオは、ほとんどギリシア語のエウカリスチアの同義語なのである。この祈りに「奉献」、つまり新しい奉献、キリスト者の奉献が含まれていることを、テルトゥリアーヌスはほかの所で表わしている。キリスト者の参加する典礼は、祈り、それも奉献を含む祈りであるとくりかえしている[35]。

時にはこの奉献のなんたるかを、たとえを用いていっそう明らかにする。たとえば、出戻りの放蕩息子の歓迎のために、肥えた子牛がほふられたように、元の信仰に戻ってくる背教者のために、とくに祝宴が設けられ、この人のためにキリストがふたたびほふられるのである[36]。だからキリスト自身が、ささげられるものなのである。流される彼の血を記念するために[37]、つまり十字架上の死を記念するために、キリストは最後の晩餐でぶどう酒を聖別したのである[38]。教会のなかで奉献する祭司も、究極的にはキリストである。罪から解き放たれた人が、神殿でささげるべきいけにえ。それは、父の完全な祭司であるイエス・キリストを通して、教会のなかでささげられる祈りと感謝なのである[39]。

キュプリアーヌス

奉献理解

キュプリアーヌスが感謝の祭儀をどうとらえていたかは、とりわけ『カエキリウスへの手紙』63から、うかがうことができる。

当時はびこっていた弊害に対し、彼は断固として、正しい感謝の祭儀をするには水ではなく、ぶどう酒を用いなければならないと注意を喚起している。

当時すでに、「オフェレ」（ささげる）と「オブラチオ」（奉納）が、「サクリフィチウム」（奉献）のように、感謝の祭儀の名称となって定着していた。けれどもそれらは、異教や旧約のいけにえには使われず、もっぱらキリスト教の奉献を表わす用語だった。[40]

キュプリアーヌスはこれを、メルキゼデクの予型に結びつけ、キリストが制定したものだと断言する。「まさにメルキゼデクの供えたのと同じもの、つまりパンとぶどう酒を、すなわち自分のからだと血をささげたのだ」。[41]メルキゼデクにおいてはシンボル（絵）にすぎなかったものが、キリストによって本物になったのである。あの時キリストが行ったことが、いまも行われる。しかもまったく同じように行われなければならない。それが「主の奉献」[42]、父である神へのキリストの奉献[43]である。さらにそれにまつわるものは、どれも『箴言』（9・1—5）でも予告され、言われていたもの[44]、すなわち、ほふられたいけにえ、パンと酒、食卓、遣わされた者たちである。

祭司はキリスト

キリストは祭司であると、おおいに力説されている。父である神の大祭司[45]であり、自分をささげものとして父に奉献し、これを彼の記念としておこなうように命じたのである。ここで主が祭司であるといっても、『ヘブライ人への手紙』でいわれる一般的な意味や、キリストをわれわれの祈りの仲介者とみる伝統的な栄唱の意味でだけ、理解されるものでないのは明らかである。むしろ、ここで奉献することに関わるものなのである。

なるほど祭司だということは、地上の職務担当者にも、もちろんあてはまる。彼らも祭司（サチェルドス）[46]である。司祭（プレスビュテロス）[47]も、ささげること（オフェレ）ができ、主のからだをくばることができる。しかし、ただキリストの代理者として[48]それをするのである。

もっとも、異端者は教会から離れているのだから、彼のささげる感謝の祭儀は無効だとする見解を、キュプリアーヌスはこの箇所で主張している。過越の小羊は、家の中でのみ、食べられるものだからである（この誤った見解は、異端者の洗礼に関する彼の誤った見解に対応するものである）(49)。

ほんとうの祭司はキリストであるから、感謝の祭儀は「主の奉献」(50)とか、短く「主のもの」(ドミニクム)(51)ともよばれている。しかし注目すべきことは、十字架の奉献との関連が、ほとんど見られないことである。感謝の祭儀が奉献とよばれるのは、十字架上の奉献を現在化するからではない。キリストが、あの時もいまも、十字架上の死の奉献を見つめながら、最後の晩餐で奉献し、いまも司祭を通じて奉献するからである。この意味で奉献のたびに、キリストの受難に言及するのである。キリストの受難あればこその奉献である。「主の受難こそ、われわれのささげるものなのである」(52)とキュプリアーヌスも述べている。

だからぶどう酒も、キリストの血を表わすためのものである。感謝の祭儀の力強さは、まさにここにある。すなわち、主の受難とわれわれのあがないの秘義そのもの(53)なのである。

祭司であることと奉献は、十字架上の死から切り離されてはいないし、また感謝の祭儀は、キリストの受難を表現するものとみられている。それにもかかわらず、感謝の祭儀に使われるときの、祭司や奉献という名称は、祭儀中に出てくることだけを意味するもののようである。

民をつつむ奉献

この奉献に、キリストの民も加えられる。水がぶどう酒にまぜあわされるからである。キリストが苦難によってわたしたちの罪をかぶったように、この奉献において、会衆もキリストに結ばれる。それも、水がぶどう酒から切っても切れなくなるように(54)。こうして民は、ささげられる供えものに含められる。

しかし民にも、積極的に果たすべき役割がある。祭儀は共同体の祭りである。信ずる者の集会を前提とする。

だが迫害でくじけてしまった背教者は、(55)和解がすむまで、たち入りが許されない。また信者が、祭儀でパンとぶどう酒を寄進するのも、すでに習慣となって定着していた。このことは、ある裕福な未亡人をめぐるエピソードからもうかがえる。そのなかでキュプリアーヌスは、彼女が手ぶらで「主のもの」(感謝の祭儀のこと)に来ては聖体を拝領したりして、「貧者のささげものの上前」をはねていると、とがめているのである。(56)

さて奉献への参加は、その場に出席している人に限られることではない。兄弟と恩人のことを「奉献と祈りのなかで」(57)思いだす。このように想起することがたいせつにされると確信している。ささげものは、当人がそれにふさわしくない者にはなっていないという条件で、故人のためにもささげられ、そこで名前が挙げられる。(58)

こうしてキュプリアーヌスは、ある人のために感謝の祭儀がおこなわれるとき、当人にもたらされる恵みを強調する。けれども感謝の祭儀を、もはや感謝の奉献とは見なさず、つぐないのわざと見ている。だからといって、そこには以前の時代にはなかったような、新しいものが見られると考える自由主義批判は、当を得ていないだろう。(59)じっさい、キュプリアーヌスと同じ考えを、テルトゥリアーヌスがすでに出しているのである。彼は故人のために祭儀をささげることも、同様に知っていた。

とにかくキュプリアーヌスは、祭儀を司式するのは聖職者であるという点を、いっそう明確にうち出しているといえよう。司祭が「背教者と交わり、彼らの供えものをささげる」(60)という過ちを犯しているというのである。

『シリアのディダスカリア』の証言

いわゆる『シリアのディダスカリア』からも、重要なことが読みとれる。この書は、もともとギリシア語で三世紀前半に書かれたもので、教会規律を扱っている。(61)この著作は、キリスト者のささげものは物的供物《くもつ》とは異なる祈りなのだ、と強調する感謝の祭儀の見かたを、ふたたびうち出している。新約の法を旧約の律法と対比させ、

「かつてのいけにえの代わりに、いまは祈りと願いと感謝をささげる」と著者は述べる。つづいて「司教を通じて主なる神にささげられる供えもの」を、旧約の十分の一税に対比させている。[62] 旧約の律法のさまざまな税金に言及するときにのみ、著者は感謝の祭儀の物的側面も語り、またその関連で司祭の役わりにもふれるのである。

一同は主の日に教会にやって来るように、キリストのからだのメンバーが一人も欠席したりしないように、と勧められている。[63]

さらに、旧約聖書のように不浄になることを心配せずに、「墓地にも」集まって「聖書を朗読し……神によみされる聖体をささげ……眠りについた者のためにささげる」ように、とある。[64] このように、感謝の祭儀によって死者を記念することについては、これと同じ理解が、北アフリカと同様にシリア北部にもあったのである。

またおもしろいのは、訪問中の司教に対する丁重なもてなしかたである。彼は、教会のつどいで話を頼まれただけでなく、感謝の祭儀の司式をひきうけてくれるように言われたのである。「供えものをささげる時、彼に〔典文を〕唱えていただくこと。しかし彼が賢明であなたに敬意を表し、唱えるのを遠慮するなら、せめて杯の上に唱えていただくこと[65]」。この指示のもっとも的確な解釈は、杯の制定句を唱えてもらう、ということである。[66]

第四章　ギリシア教父と東方典礼

ギリシア教父

四世紀のギリシア教父の文献では感謝の祭儀のことにふれる場合、たびたび、神のいのちと聖霊のはたらきのことが話題になっている。ここには論争のさかんな当時のふんいきが反映されている。しかし儀式のことに注目するときは、あれこれ問題にせずに、奉献とよぶ。(1) こうして、従来は明確でなかった新しい観点がうきぼりにされた。感謝の祭儀が奉献だというのは、この祭儀が、共同体のささげる行為だからではない。それが、なによりもキリストの奉献を、十字架上の死の奉献を、わたしたちにもたらすものだからである。

たとえばカイサリアのエウセビオス（三三九年没）によれば、キリストは、われわれみなの救いのために、父にすばらしい奉献をし、「それと同時に、我々が絶えず神に奉献することのできる記念を託されたのである」(2)。このとらえかたは、たびたびさまざまな形で出てくる。そのために、彼が別のおりに述べているように、「祭壇(3)と集会のための聖地が、世界中いたる所に設けられたのである」。もちろん、そこでささげられるものは、かつての護教家の力説する意味での、「無血の霊的な奉献、祈りと筆舌に尽くしがたい神のことばによって、なしとげられる奉献(4)」にほかならない。ちなみにここでいわれている霊的な奉献(5)とは、すでにキリスト教以前の哲学者が提唱していたもののことである。これをさかんにキリスト教護教家たちがとりあげては、感謝の祭儀にあてはめたのである。[6]

これと同じ思想を、クリュソストモスが全面展開している。ヘブライ人への手紙には、キリストは一度だけ自分を奉献した、とある。「でも、われわれは毎日奉献しているではないか。そのとおり、だが彼の死の記念をおこなう（アナムネーシン）[7]ことによって奉献する。……旧約の大祭司のようにその都度別々のいけにえを捧げるのではなく、いつも同じ奉献をしていく、いやむしろ、奉献の記念をおこなう[7]のである[8]」。

この思想は、ギリシア教父たちの共有財産だったようである。テオドーレートスもほぼ同じ言葉で、なん度もこのことを述べている。[9]

クリュソストモスは、どんなふうに感謝の祭儀のなかで奉献ができるのかについて、こう語る。「供えものをキリストのからだと血に出来るのは、人間ではなく、われわれを通じてはたらくキリストご自身である」。司祭が、これはわたしのからだであると、ことばを唱える。「このひとことが供えものを変える。……ことばが奉献を完成させる[10]」。ほかの箇所では、供えものの上に聖霊が下るよう求める祈りのことを述べているが、この祈願の効果と制定句の効果をどう調和させようと考えたかについては、それ以上説明されていない。

さらにクリュソストモスによれば、ミサのなかにキリストが現在する方法は、制定のことばの力でできることだけに、限られるわけではない。キリストは目には見えなくとも、祭儀のどこにもいる。彼は「会食の主人」である。[11]司祭が聖体をさし出すときも、目に見えなくとも、それをわたすのは主の手である。[12]

祭司であるキリスト自身、ささげものでもある。クリュソストモスがよく述べているように、彼は祭壇に置かれている小羊である。「ささげられて[13]そこに置かれている主を見、ささげものの前に立って祈る司祭を見るとき」、もはや地上的な事物を見ているのではない。[14]

ギリシア教父たちもシリアのエフラエムもたびたび、キリストがすでに最後の晩餐でこの奉献をしているのだという思想をくりかえしている。(15)

このことをニュッサのグレゴリオスは明言している。キリストはわれわれのために自由に自分の命をささげたのであり、その自発性なしには、ユダヤ人の悪意も、なすすべもなかったのだと。「彼は知恵をはたらかせて彼らの機先を制し……われわれのための供えものとして、またささげものとなって、己が身をささげた」。奉献がすでに「目には見えない神秘的なしかたで」全うされたことを、こうして示したのである。(16)

ナジアンゾスのグレゴリオスも、いまも絶えずおこなわれている神秘的なほふりのことを、『アンフィロキオスへの手紙』の中で述べている。その中でこの同僚に、「君のことばによってことばをもたらす時、声を剣にし、血を流すことなく主のからだと血を切り分ける時」、自分のために祈ってくれるように頼んでいる。(17)

ここで注目すべきもう一つの点は、奉献に結びつけられたおかげで、取り次ぎの祈りがかくべつ霊験あらたかだ、とされるようになったことである。エルサレムのキュリロスの『第五秘義教話』は、新信者にミサのことを説明するなかで、ことさらにその価値のほどを強調している（三八三～三八六年ごろ）。すなわち、聖霊が下るように祈り、奉献できてから、「この和解のささげものの上で、教会全体におよぶ平和のため、世界の福祉のため、王や兵士や同盟国の人のため、病人や虐待されている人や助けを必要としているすべての人のために、一同、神に祈る。……それから死者を偲ぶ。……おののかんばかりの聖なるささげものが、わたしたちの前にある時にささげられる祈りは、おおいに人々の魂のためになると信ずるからである」（V・8―9）。

東方の諸典礼

東方諸国の諸教会が教父時代を通じて、ミサをどう理解し、おこなっていたかを教えてくれるいちばん重要な資料は、典礼文そのものである。東方ではすでに四世紀に、多数の証言がある。ここでは、いちいち文面や儀式をとりあげたりせずに、構成要素のほうを検討する。全体として祭儀がどうとらえられていたかを、これが説明してくれている。[18]

奉献の祈り

エジプト典礼を示すものには、セラピオーンの『エウコロギオン』がある。この著者は、アタナシオスの友人でツムイスの主教セラピオーン（三六二年以後没）だといえよう。それについてはボットが若干の疑問を表明してはいるが。さてなかでももっとも重要な部分は、「奉献の祈り」[19]である。その表題がすでに、儀式が奉献であることを強調している。「……ことは、ふさわしく、正しいことです」という始まりかたは、東方教会で後代でも、ふつう一般におこなわれている。この感謝の祈りは、荘厳な神への礼拝となっていき、感謝の賛歌で頂点に達する。

ささげるという言葉は、三度出てくる。最初は感謝の賛歌から制定叙述に移る部分。次はパンの制定句のあと。「それゆえわたしたちも、〔彼の〕死をものがたって、パンをささげた」。ふたたび杯の制定句のあとに。エピクレシスも二度おこなわれる。まず感謝の賛歌の直後に。「またこのささげものを、あなたの力で満たしてください」。二度めは杯をささげたあとで、「聖なることばの」降臨を祈るのである。いずれも聖霊のことだとは明言されていない。

結びの祈願のなかでは、実り豊かな会食による交わりと、会衆に対するあらゆる祝福を求める。そのなかで会衆が、「ささげる者」[20]とよばれている。ささげることと感謝することは、まったく同じではないにせよ、すくなくともひじょうに密接な関連のあるもの、とみられているわけである。

アナフォラ

四世紀末には、長文の奉献文が登場する。これはいわゆるクレーメンス典礼の一部分として伝えられているもので、アンティオキア地方で書かれた『使徒憲章』の第八巻にある。[21]この中では感謝の祈りがふくらまされ、創造の恵み、またとくに救いの歴史の恵みを感謝するものになっている。制定句に続いて、あきらかにヒッポリュトスの奉献文（本書38ページ参照）の文章にもとづく、一つの文が出てくる。ここに盛られた二つの表現が、それ以来のギリシア語圏のあらゆる諸典礼に見られる。すなわち「わたしたちは記念してささげます」[22]ということばである。エピクレシス、会食による交わりの祈り、長たらしくなった取り次ぎの連願が、このあとに続く。

同じ論文集の別のところには、アナフォラという名称も出てくる。[23]これはその時以来、東方諸教会のほぼ全域で使われるようになり、交わりの儀を含む感謝の典礼全体（ミサの後半部分）と、この部分のために作られた定式文（奉献文）を表わす用語となった。すなわち朗読の典礼に続く部分のことを、「聖なる食物というたまものといけにえをささげること」[24]と規定しているのである。この名称からもわかるように、それまで支配的だったエウカリスチアという名の表わす、感謝することから、「献上すること」、奉献すること（アナフェレイン）[25]へと、力点が移ったのである。

二つの根本的な定式文も、四世紀にさかのぼるものである。これが広く東方諸教会で決定的なものになり、モデルとなって、さらに奉献文（アナフォラ）が出来ていったのである。その一つが、アンティオキアを首都とする西シリア・ビザンティン地方で用いられたヤコブ奉献文[26]であり、もう一つは、アレクサンドリアを中心とするエジプト地方で用いられたマルコ奉献文[27]である。双方のタイプには、構成上少々異なるところがある。ヤコブ奉献文では、感謝の賛歌と制定叙述の間で、救いの歴史における神のしごとに感謝を表わし、後半に入って、記念（アナムネシス）してささげることを述べる祈りと、エピクレシスのあとでようやく取り次ぎの祈りが出てくる展開になっている。マルコ奉献文のほうは、感謝とささげることを表わす最初の祈りや取り次ぎの祈りをいっしょにして、感謝の賛歌の前にもってくるのである。

その他の奉献文

東方教会には、ほかにも定式文がいくつかある。すくなくとも前述のものと同時代のもののはずで、それより古いかもしれない。このなかにはエジプトの伝統が守ってきた「バシレイオス奉献文」の原型がある[28]。カッパドキアの大バシレイオス（三七九年没）は、手もとにあったこの感謝の祈りの原文に、たくさんの聖書的な表現をもりこみ、今のような形にした。これは、こんにちビザンティン様式典礼の全域で、「バシレイオス典礼」（聖大バシレウスの聖体礼儀）として用いられている。

いわゆるビザンティン様式のクリュソストモス典礼（聖ヨハネ・クリュソストムの聖体礼儀）の原形も、四世紀のものらしく、西シリアで用いられてきたいわゆる「十二使徒奉献文」として、保存されているようである[29]。だがこれらの典礼文は、構成上も、結果的に奉献の考えかたも、ヤコブ奉献文と本質的に同じである。

使徒アッダイとマリの奉献文では、事情が異なっている[30]。これは東シリア典礼圏内で、最古にしてもっとも重要な典礼文である。この典礼式文は、ギリシア語圏の教会の影響を強く受けてはいるが、その核心はシリア語圏でその土地独特の発展をしたものであることがわかる、と考える者もある。

この奉献文でいちばん目だつのは、制定叙述がいくつかの最古の写本には含まれていないことである。いくつかの説明が提案されてきた。いっぽうでは、アルカン法（機密の規律）のために、また、よく知られていたために、典文のこの部分を書きとめるまでもなかった。他方、救いのしごとに大筋でふれれば十分だと考えられていた。

いずれにせよこの奉献文は、神への賛美と、自分は低いものだという告白、そして取り次ぎの連なったものである。さらにキリストの受難と死と埋葬、復活を記念することばがあり（アナムネシス）、そのあとに聖霊が「この供えものの上に」[31]来るように祈るエピクレシスが続く。

だから奉献ということには、軽くふれられるだけである。もちろん、ちょうど東シリア典礼圏内で昔から伝統的に、ミサは奉献だとするとらえかたが存在していたことは、疑いない。というのは、ちょうどこの地域では、他のすべての典礼に共通していた「感謝をささげましょう」[32]という招きの代わりに、「供えものが万物の主なる神にささげられる」[33]という式文が、最古の典礼文にも用いられているからである。それから「それはふさわしく正しいこと」[34]という通常の応唱が続く。それは感謝の表明ではなく、奉献への呼びかけなのである。

分割

ギリシア教会に由来する東方諸典礼では、アナムネシスのあとに来ることば[35]だけが、奉献を表わす唯一の場面ではない。二回めにふれるのは「分割」（パンを裂く）のときであり、三回めは大聖入である。ここにも、すでにギリシア教父の思想を述べたときに注目したのと同じ観点が目だっている。

パンの分割とはもともと、おおぜいの人に分配するために一つのパンを分ける、という意味にほかならなかった。

しかしクリュソストモスがすでに、分割をキリストの受難の象徴とみている。「キリストは十字架上でこうむらなかったことを、この奉献において君たちのために堪えしのんでいる」[36]。のちに総主教エウテュケース（五八二年没）が、分割は、（いけにえを）ほふることを表現するものだ、と言明している[37]。

次の時代になると、こういう分割の意味が、ビザンティン典礼や他の典礼にもさらにはっきり表現されるようになる——じつは、とうとうそのために、小羊のほふりとよばれる別の儀式が、供えものの準備のはじめに行われるようになったのである。またそのために、聖なる槍とよばれる特別な道具が作られた。

しかしながらこういう思想そのものは、たいそう古くからあったに違いない。聖書のある写本には一コリント11章24節の異文として「裂かれた（体）[38]」と書きこまれているが、まさにそれを裏づけているようである。それが全シリアの伝統のなかで伝えられている。主の血が流されたように、一つのパンを裂くことで、主の体も「裂かれる」のである。

祭壇の上に横たわるキリストのからだのことを「小羊」とよぶことも、同じ思想圏のものである。クリュソストモスもこの表現が気に入っていた。『アンデレ行伝』という偽典に出てくる使徒はこう言っている。「わたしは毎日……傷のない小羊を、全能にして唯一、真の神にささげる」[39]。やがてビザンティン典礼では、聖別の前であっても、パンのことを「小羊[40]」というようになった。同様にローマ典礼のほうでは、「ホスチア」（いけにえの意）というようになったのである。

奉納

供えものを祭壇[41]に運ぶ儀式は、東方典礼では、大聖入といわれる形で行われるようになった。これが奉献思想と結びつくのは、当然の成り行きであった。文字どおり、この奉納（アナフェレイン）[42]がアナフォラ（奉献）となるのである。モプスエスティアのテオドーロスは、（三九〇年ごろ書かれた）『教話』の中で、この場面には、連行されて苦しみを受けるキリストが、強烈に生々しく描かれているとみている。(43) しかし東方諸典礼は、いくらキリストは奉献されたということを強調しても、またいくらここでキリストの苦しみを、意識によみがえらせようとしても、祭壇上のささげものが無血の霊的なものであることを、いつも確認するのを忘れたりはしない。(供えものを)運んでゆき、ささげるという特定の意味での奉納の動きは、祭壇の配置というもう一つの点からも、儀式に影響をおよぼした。保存されている遺跡から確認できるかぎりでは、初期には、祭壇のどちらがわに司祭が立つかについては、一定の規則がなかった。エジプトでは司祭はたいてい、会衆に対面して立っていた。シリアではすでに四世紀には、祭壇はきまって聖堂の東の壁ぎわに寄せられていたので、司祭も会衆も同時に、東を向いた。これは、感謝の表明への呼びかけが奉献への呼びかけになるということで、キリスト教らしいことであった。

その他の東西諸国では、まだ四世紀ごろも、両方の配置のしかたが行われていた。だが五世紀以後、あらゆる東方諸典礼のおこなわれた地域全体で、司祭が会衆に対面するやりかたが、すたれた。だからこんにち東方には、司祭と会衆が同じほうを見る形になる祭壇しか、知られていない。そうなったのは、けっして物のはずみではなく、あちらに運んで行くという動きを、示唆するものだからである。(44)

聖機密

東方典礼では、奉献という思想は、ひじょうに強く力説されたばかりでなく、その表現法も特別であった。キリスト教の奉献は、神秘的なできごとなのである。機密の規律は、奉献思想の力説との関連で出来たものではなかったし、感謝の祭儀に限ったことでもなかった。しかしここで目に見える形で表現された。すなわち参加を許されていない者、とりわけ洗礼志願者(カテクメナートス)を退出させることである。これは、すでにテルトゥリアーヌスのころには当然のこととされていたが、[45]『使徒憲章』では別個の儀式になっている。[46]現代のビザンティン典礼にも、洗礼志願者退去の儀式が残っている。[47]

とくに聖なるところでビザンティンでは、感謝の典礼にあたる部分の中にも、機密の部分がもう一つ出来た。[48]もの（と思われる部分）は、信者の共同体であっても、その見ている前でするものではない、というのである。すでに六世紀に、（コンスタンティノープルの）ハギア・ソフィア寺院では、祭壇の区域は、信者席の区域から柱の列と柵で仕切られた。七世紀には多くの東方諸国で、これが壁になり、まったくの仕切りになってしまった。[49]会衆とのつながりを残そうという傾向は、とくに輔祭（助祭）による連祷（エクテニエ）[50]に保たれてはいる。だがビザンティンのミサでは、儀式の進行状況そのものは、いくつかの瞬間しか、会衆の目には入らないようになっている。

神秘的なものは、東方典礼ではごく初期のころから、畏れおおさをつのらせるものだったらしい。四世紀末から、アンティオキアを中心とするシリア地方の教父たちは、聖体について語る時、いつも、恐ろしいもの、ぞっとするようなものだと強調している。[51]とくにクリュソストモスは、多くの箇所でたいへん強い言いかたをする。秘義は、恐るべきもの、畏れおおいものだという。こういう表現が、祭壇や杯や（キリストの）御血、祭儀の時刻にまで使われている。[52]こういうたぐいの表現がなん度もなん度も、典礼自体のなかに出てくるのである。

キリストに対する態度の変化

さまざまな要因がここで働いたようである。その理由の一つは、奉献をリアルに強調することだったに違いない。そのほか、（迫害の終結とともに）平穏な時代が始まると、皇帝に使われた称号を、キリストにあてはめるようになったこともある。キリストの到来は王の入場になった。そのために豪華な宮廷儀式が持ちこまれた。そのうえ、時まさに対アリオス主義論争のころでもあった。そのため、キリストが神としての威厳をもち、父と同じ本質のものであることを強調する必要が感じられていた。またその結果、（キリストと普通の人間との）距離を、強調せざるをえなくなったのである。

こうした異端との戦いは、いずれにせよ他の面からも、東方諸教会の典礼を大きく変えて特色づけた。教会は、御子従属説だと誤解されないように、すでに四世紀には、栄唱のなかで、キリストを仲介者とか、神に栄光を帰する大祭司とよぶことをやめるようになった。キリストが神であることを、強調しなければならなかったのである。[53]エジプト典礼だけが、「キリストによって」に「キリストとともに」を加えることですませた。他方ビザンティン典礼には、キリストが父と「ともに」、聖霊と「いっしょに」栄光を受けられると述べる形の栄唱だけがある。しかしマタイ28章19節の、洗礼（を授けよとの）命令をモデルにして、神の三つの位格を単純に並べただけのものである。「わたしたちは父と子と聖霊の、栄光あるあなたの名を賛美します」。

さらに、賛歌や連祷（エクテニエ）のみならず、それまではかならず父である神に向けられていた司祭の祈りも、ときおり、あるいはだいたい、御子に向けられるようになる始末であった。西シリア・ヤコブ派典礼は、まさに奉献文の核心部分で、記念と奉献の祈りにもこの変更を加えた。「わたしたちは今、主よ、あなたの死を思いおこし、……あなたにこの畏れおおい無血のいけにえをささげます」[54]。五世紀には、いわゆる『主の遺言』[55]にこのような変化がすでに見られる。[56]シリアに由来し、エジプトに伝わった「グレゴリオス奉献文」[57]において、同様の変更が奉献文全文にまでおよんだ。つまりすべての祈りが、キリストに向けられるのである。

こういうやりかたでは、父の右におられる神人が人間だということが、信者にわからなくなるだけではなく、とくに奉献ということがわかりにくくなるのも、明らかである。少しあとになって、この問題から一つの重大な危機が生じた。アンティオキアの総主教に選ばれたソテリコスは、キリストに奉献されていると述べてある祈りに、不快の念をいだいた。それは、「ふさわしい者は一人もない[58]」ということばで始まる広く普及した祈りで、大聖入のおりに唱えられ、次のことばで結ばれている。「わたしたちの神であるキリスト、あなたご自身がおささげになり、またささげられており、受けいれ、また受けいれられておられます……[59]」。

一一五六年にコンスタンティノープルで開かれた教会会議は、キリストが二つの本性を有する点を指摘して、ソテリコスの主張を却下した。人としては奉献をささげ、神としてはこれを受けいれるのだ、というのである。神学的な面に限れば、これ以外の決議は出せなかっただろう。だが、救いのいとなみという観点と、それに見あった調和のとれた霊性が考慮されていなかった。

態度が変わるにつれて、キリストが大祭司だというとらえかたも変わってきた。すでにクリュソストモスも、見かたをすっかり変えていた[60]。つまり大祭司という称号に、もはや人間キリストが果たす仲介者の役わりではなく、神であるキリストの力をみた。この力でキリストは、司祭の口を通じて、地上的な供えものを一変させるのである。当時、大祭司は、聖別する者という意味にほかならなかった[61]。古代ビザンティンの教会絵画に「奉神礼」とよばれる聖画があるが、これもこの流れをくむものに違いない。これはキリストを、奉献に用いる器を持っている天使に囲まれた大祭司として描いている。この絵は、キリストを万物の支配者（パントクラトール）に描くものに、かなりあい通じるものがある。

記念の寓意的解釈

東方典礼では、奉献という概念がひじょうに強調されている。その一方で、時代が進むにつれて、最初から典礼形成にからんでいたもう一つの原理も、ますます強い影響をおよぼすようになってきた。このことを見のがすわけにはいかない。それは記念（アナムネシス）という原理である。

人々は、キリストの始めた聖なる儀式のなかに、主の受難と復活の記念を認めるだけでは満足しなくなった。そして教会のとりいれた個々の慣習や儀式を、このテーマを表わし説き明かすのに用いるようになった。[62]この新しい局面は、モプスエスティアのテオドーロスの『教話』からもうかがえる。それによると、大聖人は受難の始まりを、パンを裂きくばることは復活した主のさまざまな出現を表現するものと、見なされている。[63]

その後数世紀にわたって続けられた寓意的説明は、典礼の流れ全体が、この世に来られた時から昇天までのキリストの道を描くものだとして、いろいろこじつけようとした。解釈にはたがいに食い違うところが多かった。たとえばパンが祭壇に用意して置かれることは、幼子の誕生だったり、小羊がほふられることだったりする、といったぐあいに。れっきとした典礼のさまざまの場面が、キリストの地上生活の描写と一緒くたにされてしまったわけである。のちにようやく、アンディダのテオドーロス（十一世紀）やニコラオス・カバシラス（十四世紀）のような新しい典礼解説者が、寓意的説明にはっきり一線を画そうとつとめたのである。

西方諸国のミサ中の儀式に加えられた同様の解釈は、わずかな痕跡しか残っていないが、ビザンティン典礼に強い影響を与えた。エウカリスチアから生じる基本形には、いくえにも象徴的な解釈がかぶせられた。そういうやりかたのビザンティン典礼は、二つの舞台で演じられる劇を思わせるものだった。こうして神秘的な別世界だという印象は強まったが、ますますミサはわかりにくくなってしまった。だがいずれにせよ、東方諸典礼は、当時の民衆の言葉をためらうことなく用いたために、以前からずっとたいせつなバランスがとれていたのである。

第五章　ラテン教父と西方典礼

アンブロシウス

アンブロシウスは、感謝の祭儀においてキリストのことばが聖別する力を、とくに明言していることで、ラテン教父のなかでも名高い(1)。またそこで行われることの意味するものの、伝統的な教えの証人でもある。キリスト者はそれを主の死の秘跡とみる。感謝の祭儀では、キリストが奉献されるのである(2)。

かつてキリストは、わたしたちのために自分の血をささげた。いま同じそのキリストが、わたしたちを通してささげている（「われわれを通してささげているのが、彼であることは明らかである。奉献を聖別するのは、彼のことばなのである」(3)）。このように、十字架上の死とのつながりが、よく出てはいる。だがその特徴が奉献だという根拠は、十字架の奉献の現在化にではなく、いまここで、感謝の祭儀のなかでおこなわれることに求めるのである。

アウグスティーヌス

感謝の祭儀思想に対するギリシア教父と同じ区別が、アウグスティーヌスにもある。その思想と霊性の中心は、十字架につけられたキリストと、自分をささげたあの奉献である。「彼が祭司、彼がささげもの(4)」。

さて奉献は、感謝の祭儀のたびにおこなわれるものでもある。キリストは、一度、自分自身で奉献したが、秘跡においては、（世界の）諸国民のために、毎日奉献されるのである。(5)(6)

もちろんこの奉献は、あの唯一の奉献に、全面的につながっている。すなわちキリスト者は、その記念をおこなうのである。「彼らは、かつてささげられたあの奉献を記念して祝う。聖なる供えものをし、キリストのからだと血にあずかって」。(7)そのほかには、なん度もあらためて伝統全体からとりあげているように、メルキゼデクという予型に示され、『マラキ書』で預言されたものが、ここに実現しているのである。

アウグスティーヌスの神学思想は、広い視野を持つものである。典礼上のこまかい点には　さほど関心がない。けれども一度だが、主の食卓に置かれたものを聖別する時に唱える祈りにふれることもある。(8)（パンが）「祝福され聖別されて、くばるために裂かれる」。(9)そのあとに主の祈りが続く。

仲介者の奉献(10)は、死者のためにささげることができる。その他の現世的なたぐいの願いごとのために、ささげることもできる。どちらも彼にはあたりまえのことだった。彼のもとにある司祭の一人が、悪魔にさいなまれていた人々のいるヘスペリウスの宮廷に送られたときのことである。(11)「キリストのからだのささげもの」(12)がささげられると、悩みが解消したという。

感謝の祭儀のほんとうの恵みは、かつてささげ、いまもささげている奉献に、キリストがわたしたちを連れて加わるところにある。聖アウグスティーヌスは儀式一辺倒をのりこえ、どの奉献にもそなわっている象徴的な意味を、おおいに力をこめて強調した。これは彼ならではの業績である。アンブロシウスが、真の現存のことをとくに強調するいわゆる「聖変化」論の、西方諸国における最初の代表者だとすれば、アウグスティヌスは、象徴的な意味を強調する思潮の第一人者だといえよう。彼はこのテーマを、『神の国』第10巻の二箇所で、(13)くわしくとりあげている。真の奉献は、心から神に献身することに、またそうして初めてできる、ひとつひとつのことにある。これなくしては、旧約のいけにえも無意味だった。「目に見えるささげものは、見えない奉献の秘跡、すなわち神聖なしるし、ということになる」[14]。

アウグスティーヌスはこの目に見えない奉献をたいせつにするあまり、しるしとそれが示すものとを区別せずに、こう言いきる。「真の奉献とは、なんでも神との聖なるまじわりに入るためにすること」[15]。真のささげものとなるのは、「世間に死んで神に向かって生きる」人。神のためにのみ、行動する。そうしようとすれば、わたしたちの体がささげものとなる。魂は、神の愛に燃えて神の似姿になればなるほど、ささげものとなる。真の奉献とは、神につながるかぎりでの、情の厚いすべての行動である。だから聖徒のつどいである 救われた人類は、「大祭司によって神にささげられた全世界の奉献である。この方が受難によって、わたしたちのためにご自分をささげてくださったからこそ、わたしたちは、このような頭をいただく体となれたのである」[16]。

この奉献において、キリストは、祭司であると同時に供えものでもある[17]。この事実を秘跡で表わすため、その毎日の秘跡となるために、彼は教会の奉献を定めたのである[18]。この教会は、頭である方の体なのである。自分をささげることを、彼から教わるのである[19]。このことばは、第二バチカン公会議でとりいれられている（『典礼憲章』48条）。この意味でアウグスティーヌスは、信者が祭司であることも力説している。ただしアウグスティーヌスによれば、「キリスト者がこの祭司の役わりを分担するのは、キリストのからだのメンバーだから、というだけである」[20]。

アウグスティーヌス以後の時代は、聖体と感謝の祭儀の理解に関しては、論争もたいした思索もなく、沈滞ムードの時代である。ルスペのフルゲンティウス（五三三年没）は、アウグスティーヌスの中心思想をくりかえし、旧約の約束と新しい契約の成就とを並べ、次のように強調している。すなわち、世界中で教会のささげるパンとぶどう酒の奉献は、キリストの奉献の前ぶれだった当時の動物のいけにえとは、異なるものである。それは「われわれのためにささげられた、あの生身の人間キリストのことを、感謝し記念すること」[21][22]にほかならない。このように強調された記念思想は、感謝にあらわれてくるのがわかる。それがとくにエウカリスチアの特徴である。だからわれわれは、感謝することによって、この奉献を始めるのである。そこでわれわれはこう言おう。「キリストはわれわれに、まだ与えられていないのではなく、すでに与えられたのだ」[23][24]。

またフルゲンティウスは、北アフリカの教会を代表して、キリストが祭司であることを、はっきり意識していると証言している。公式祈願文では[25]ふつう「イエス・キリストによって」父である神に向かって祈るだけでなく、ときおりはっきりと「永遠の祭司、御子、わたしたちの主イエス・キリストによって」[26]祈るものであった。彼はこの定式文の意味を、くわしく説明している[27]。また、東方のように供えものの変化にまつわる形ではなく、集まった信者会衆の聖化につながる形で、聖霊のはたらきにもふれている[28]。

グレゴリウス一世教皇

大グレゴリウスは多くの箇所で、とくに『対話録』で、感謝の祭儀（彼が好んで「ミサのすばらしさ」[29]とよんだもの）のことを語っている。そこではミサの特徴が奉献だということが、うきぼりにされている。それは彼が好んで用いた表現からわかる。すなわち「救いのいけにえを奉献する」[30]とか、「救いの犠牲をささげる」[31]などの表現である。だから十字架上の奉献が見すごされるようなことはありえない。われわれは「キリストの受難を更新する」[32]のである。この犠牲[33]は、ひとりごの死を、あらためてわたしたちにもたらす。「ひとりごの死を神秘的に更新し、その受難をいつも模倣することである」[34]。つまりキリストの血はミサでは、もはや不信のやからの手で流されることなく、「信ずる者の口に」[35]注がれるのである。

けれども奉献という名称は、カルワリオの奉献から出たものではなく、祭壇上でおこなわれることに関連するものである。

秘義がおこなわれるのは、司祭のことばによる。「司祭のことばで天が開き、イエス・キリストの秘義を迎えて天使の群れがあらわれ、最高の者と最深の者、地上的なものと天上的なものとが結ばれる」ことは、だれにも疑う余地がない[36]。

秘義をわたしたちに見えるようにしてくれた、このグレゴリウスのことばは、中世において、数えきれぬほどくりかえされた。グレゴリウスは同様にその続きで、倫理的な行動に関わる結論を引き出しているが、それもよく引用された。秘義をとりおこなう人は生活において、自分のすることに習わなければならない[37]、ということである。「わたしたちが自分をささげものにする時にのみ、ささげものは、ほんとうにわたしたちのために、神にささげられるからである」[38]。これはアウグスティーヌスが強調したのと同じ思想であるが、あきらかに相違点もある。アウグスティーヌスが秘義の当然の意味だとしたものを、グレゴリウスは、倫理的な要求にしているのである。

グレゴリウスはまた、司牧の実践家らしく、ミサの効果のことを力説し、発揮させようとつとめた。とくに死者のためのミサが、重要な位置をしめている。死者のための奉献に言及し、たびたびそのミサをささげているが、信者が参加することは考えなかったようである。さて、過ちを犯して死んだ修道士のために、自分の修道院で三十日間連続で奉献をする命令を出し、嘆願が聞き届けられたという証拠を得たという[39]。こうしてグレゴリウスのおかげで始まったことが、周知のとおり、現代にいたるまで続けられてきているのである。

グレゴリウス以後のラテン教父

その後の時代も、相変わらず沈滞ムードのままであった。セビーリアのイシドールスや、のちのベーダ・ヴェネラービリス（尊者）が、たまにそのことを話題にする時も、前の時代からの遺産をくりかえすだけであった。イシドールスには多面性のようなものがあるが、あきらかに強調点がずれてもいる。イシドールスは奉献を、なによりも司祭の聖別行為とみた。「奉献とは、神聖なものにされることで、神秘的な祈りによって聖別されるのである」[40]。この神秘的な祈り[41]とは、彼が第六の祈り[42]とよんだ、イスパニア典礼のミサの一部分だとされている。つまり感謝の賛歌と主の祈りの間で、秘跡の形が出来る部分[43]である。だから叙唱という感謝の祈りは、この中心部からすでに切り離されている。エウカリスチアという語も、それとともに、もはや本来の意味では理解されなくなった。イシドールスはこれを「良い恵み[44]」と訳している。

ここで、聖体のささげもののひどく生々しいイメージにふれておこう。これは、パリ司教ゲルマヌス（五六七年没）の作だとされ、最近になって本物と確認されたガリア系典礼の古い解説書に出てくる[45]。ホスチアが裂かれる時、同時に、光輝く子どもの手足を切り、その血を杯で受ける天使の幻が見えたというのである。じつはこれは、（東方で書かれた）『師父たちの生涯』にのっている修道者の話が、西方教会に伝わったものなのである[46]。

そうこうするうちに西方諸国でも、諸典礼の形が固まってきた。なかでも二つの中心的なタイプが目につく。一つはローマ典礼で、アフリカのものと近い親類関係にある。いま一つはガリア型典礼で、イスパニア（モザラベ）典礼、ガリア系典礼、ミラノ典礼、ケルト典礼と、それぞれ独自の様式を作っていった。

共通点は、ギリシア語圏の諸典礼とは異なり、同じラテン語ですることと、祈願文や賛歌を教会暦の祝日にあわせて大幅に入れかえるのを、原則としていることとである。またローマ・ミサは、一つの「カノン」を何も変えずにずっと使い続けてきた。このカノン（ローマ典文）は、のちに「共通の叙唱[47]」とよばれるようになったものから始まる、主の祈りの前までの部分である。

ガリア型典礼

ところがガリア型典礼は、ミサ全体の流れを、毎回変わる独立した祈りでこま切れにした。三回の「聖なるかな」と制定叙述と主の祈りだけは、（点在する）島のごとく一定していた。準備がととのうと、キリスト教古来の伝統に忠実な対話句にひき続いて、主要な祈りが叙唱から始まる[48]。そのあとに、イシドールスの「第六の祈り」に対応する三部構成の祈りが続く。すなわち感謝の賛歌後の祈り、聖別直前の祈り、主の祈りの前の祈りである[49]。年がら年中、ミサのたびに祈りの文面を言いかえようとすると、当然、中心を見失って、二次的な考えに走りがちになりかねない。ガリア型典礼では、これが極端になった。叙唱は、救いの歴史のなかでの神の恵みぶかいはたらきを感謝し、賛美するはずのものであった。それがたびたび聖人の祝日には、聖人への賛辞や彼の苦難の物語[50]になったのである。

聖別直前の祈りは、なによりもまず感謝の祭儀のなかで行われること、つまり主の記念と神への奉献を表わすものとなるはずだった。とくにイスパニア典礼ミサで、たいてい相当自由な形のエピクレシスになった。神やキリストに、恵みや祝福、聖霊の下るのを祈るわけである。ときおり祭壇上の供え物に言及し、また時にはあらかじめ引用されたくりかえし命令に結びつけられてもいる（「われわれは思いおこします」、「われわれは信じます」、「われわれは行います」、「これを行って[51]」というぐあいに）。また聖人の祝日には、ここでとくに聖人の勝利の戦いをしのぶのである。

けれどもこれらの典礼では、奉献思想が無意味になったのだ、と早合点するのは正しくなかろう。あまりにもわかりきったものだったので、かえって毎度のように強調するまでもなかったのである。これは、奉献文の導入部の名称からして明らかである。それは「正しく当然なこと」(52)という表現である。これは、イスパニア典礼ではいつも叙唱の頭にあるが、じつは東方典礼のアナフォラ(奉献)にあたるものである。またガリア系の『ゴート・ミサ典礼書』の多くの叙唱についている「ほふり」(53)という見出しは、もっとも強く奉献を示すものである。また奉献ということを、ひじょうに鮮明に意識していた。だからこそ、東シリア典礼以外のあらゆる典礼では「感謝をささげましょう」(54)という形だった招きが、九世紀のアイルランド秘跡書の断片では「わたしたちの主に、聖なる霊的な供物《くもつ》をささげましょう」(55)という形になったに違いない。

一つの点でガリア型典礼は、のちの発展の風潮に抵抗している。他の諸典礼が四世紀以降、取り次ぎの祈りを奉献文に組みいれたのに、元のままの位置にしたことである。すなわち、朗読と感謝の儀式の始まりとの間である。供えものが祭壇に運ばれると、ひとことささげものをする人の名前だとそえて(56)、名前が読みあげられる。故人の名前の場合もある。司祭は、名前をあげてから(57)祈りをとなえる。そのあとでやっと平和のあいさつ(58)が交わされ、叙唱が始まる。

ローマ典礼

ローマ典礼はここから別の道をとった。ローマ典文ではすでに(59)取り次ぎの祈りが、エジプト諸典礼と同様に、聖別の前に置かれていた。それは教会のため、奉献する人々のための、とりなしの祈りとなった。この教会のための祈りとともに、天の聖人たちを仰いで、象徴的な意味をもたせた順に呼び、特別の意向のための祈りを続けることができた（「わたしたち、奉仕者と全家族のこの奉献を」）[60]。そこでローマ典礼の重点が、たしかにずれてきたのである。

まず、「感謝をささげましょう」という呼びかけに応える感謝の祈りが、当時の変更規定に従ってやたらにふえ、ふさわしくない文章の式文があふれた。このありさまは、『レオ秘跡書』に見られるとおりである。だがもう六世紀には、強い反動を招いた。そのおかげで若干の祝日や祭りの期間以外は、過剰状態から今度は欠乏状態に陥った。たとえば、当時たいてい叙唱には、共通の叙唱が用いられるようになったため、ほとんど感謝の祈りの気分がしなくなったのである。

他方では、ローマ典文は、すでに四世紀には「記念して……ささげます」[61]という古典的な表現にかぎらない形をとった。つまり、ささげもの（すなわち教会の奉献）という表現を、感謝の賛歌の直後におき、さらに聖別のあとで三つの祈りにもりこみ[62]、おおいに強調することにしたのである。

豪華な儀式

ローマでは、いわゆる「コンスタンティヌス帝の平和」とよばれる時期が到来した。それとともに、四世紀の豪壮な教会建築からもわかるように、典礼が急速に、たいへんりっぱなものになっていった。司教たちの格が上がり、ローマ帝国の官僚序列で最高位を占めるようになると、典礼にも、宮廷儀式のしきたり（明かり、香、ひれ伏すこと、司式者の介添え、身分を表わすしるし）がはいってきた。このような荘厳なしきたりには、とくに七世紀末以来の『ローマ定式書』[63]に描かれているようなものがある。

典礼儀式は社会行事であった。しかも『第一ローマ定式書』[64]によれば、ある一バジリカ聖堂所属の教会の行事にとどまらない、ローマ市全体の行事でもあった。特定の祝日や祭りの期間には、集会指定聖堂[65]で、各地区からの代表団がローマ司教のもとに参集した。これは中世初期の間、ほかの司教座都市でもよく行われていた。

当時、おおぜいの聖職者や教皇庁高官たちのほかに、専門の聖歌隊（スコラ・カントールム）が出来て、典礼に新しい要素を持ちこんだ。教会暦の移り変わりにあわせた歌が彩りをそえ、聖職者団の入堂、供えものの回収や準備、会衆が参加する会食による交わりの場面を強調し、もりあげた。

だがこうして式典がはなばなしくなる裏で、残念なことも見うけられるようになった。会衆の答唱と応唱までも、聖職者グループの担当になった。それでも、参加者全員でパンとぶどう酒の供えものを持ちよっては、会食による交わりに参加するのが、まだ通例のこととして行われていた。

信心ミサと私的ミサ

このようにたいへん華やかになっていくのと並んで、四世紀から六世紀の間に、正反対の方向への進展もあった。それが信心ミサ(66)である。それとともに私的ミサも行われるようになった。別に目新しいものではなかった。主日に教会が感謝と賛美を神のもとにのぼらせる感謝の祭儀のほかに、最初からではなくとも、小グループで行われるミサもあったのである。すでにテルトゥリアーヌスの時代に、ある人の「ため」、故人のためにささげられるミサがおこなわれていた。昔から知られていた原則を見なおして、広く適応するようになった点が、新しいといえば新しい。

こうした風潮がよく出ている文書は、『ゲラジウス秘跡書』(67)の第三部である。司祭が種々の意向のためのミサで唱える公式祈願文が、六十ほど収録されている。たとえば結婚の日やその記念日に、苦難や病気のおりに、伝染病や戦争の時に、良い天気のために、旅に出かける者のために、病人や死者のために。この七世紀に収録された祈願文は、前の時代からのものが多い。その後の数世紀の秘跡書では、さらにふえていった。たとえば『フルダの秘跡書』（十世紀）には、こういう信心ミサ用の祈願文が百八十以上ものっている。その中には、聖体拝領もするという意味ではないが、信者たちの参列を前提とする式文も、一部にある。他の場面では必要ともされていない。こうしてまったくの私的ミサが出来あがったのである。

このことと第二の現象が直結している。六世紀以後、ミサがたいへん頻繁に行われるようになる。五九〇年ごろ、ガリアのセント司教パラディウスは大グレゴリウスに手紙を出し、(68)新築の聖堂に祭壇を十三個すえつけたと報告している。聖なる殉教者を記念する祭壇で定期的にミサがたてられたらしい。これが、ミサの回数が増加した理由の一つである。修道院や修道院付属の教会でも、同じ原則が通用した。

これにともない、寄付の見返りに、お願いしたいことで祈りや奉献の恵みを求める信者の願いに動かされ、それに応えるために信心ミサの祈願文が用意された。とにかく、七世紀以降、修道院では司祭になる修道者の数がふえた。(69)同時に私的ミサの回数がふえたという明白な証拠もある。(70)八世紀末には、修道院では、同じ司祭が一日になん度もミサをたてるのが、普通のことになった。しかも、奉仕者ぬきの司祭ひとりでやるミサまであった。(71)しかし九世紀の司教教会会議は、このやりかたに、つよく反対を表明した。(72)

いつもあったような、こうしたミサの一面は、明らかにいささか極端に発揮される結果になってしまった。ミサは原則的には、奉献文の本文中に取り次ぎの祈りを加えたことで、これまでとは違う評価を受けるようになった。ほとんどの典礼では、すでに四世紀にそうなっていた。東方諸典礼は、この一線を本格的に越えることはなかったようである。西方諸国では、やがてキリスト教民衆の信心が高じて、それをふみ越えさせたのは明らかである。信心ミサという形が、主流となったのである。

これがいかに強い流れであったかは、感謝の祭儀につけられた「ミサ」(73)という新しい名称を見れば、一目瞭然である。三世紀にエウカリスチアという名称がオブラチオにとって代わられたように、五世紀以降はオブラチオは、ミサという名称に押しのけられた。すでにミサは、キリスト教用語として、意味がさまざまに変わってきていた。元の「解散」という意味が「結びの祈願」になり、それから「祭儀」になり、「祝福」になった。あらゆる形の祝福の仲介のなかでも、奉献祭儀で与えられるものが、昔からいちばん大事に思われていた。[74] 新しい名称は最初、典礼文に使われたのではなく、日常会話で使われたのである。典礼文書では、いわば信心ミサ集とでもいうべきものの中で、個々の式文の見出しに使われたのが最初である（「……のためのミサ」[75] のように）。同じころ、すでに示したとおり、どのミサでも祝福でき、ミサは世界のすばらしい聖別と聖化をあらわすものなのだ、という思いが強まった。まさにこの時代から、「エウカリスチア」[76] を良い恵みと受けとるようになった。だが初めのうちは、ミサという名称は、不完全にしか実質を表わしていないと思われたらしい。だからこの単語は、目だつようにたいてい複数形にし、言葉を補足して使われたのである。「ミサ聖祭」（御ミサ）[77] など。

また、ミサをなん度もするのを控えるように警告する声も、なかったわけではない。五七八年のオゼール教会会議は、同じ日に同じ祭壇で、二つのミサをたてることを禁じた。[78] 八五三年のローマ教会会議は、ミサに来る他の信者の寄進を個人優先で拒まないよう、司祭に訓令している。我らが救い主は、すべての人の嘆願を受けつけてくださるほどに、じゅうぶん豊かなのだというわけである。[79] ペトルス・ダミアヌスも、世界の救いのためにささげられた主の奉献が、いまや「限られた一個人の益のために」ささげられているといって嘆いている。[80] クリュニーのオード大修道院長（九四二年没）は初代教会の時代にふれて、あの時分は感謝の祭儀がそれほどたびたび行われなかったが、それだけもっと心をこめて行われたのだと指摘している。[81] またカルトゥジオ会でも初期のうち、千百年ごろは、司祭が毎日私的ミサをたてるのは、許されていなかったのである。

第六章　中世初期

中世初期の数百年間は、感謝の祭儀を神学的に考察するには、教父たちから受けついだもので十分だとされていた。そのかわり祭儀の典礼実践形態のほうに、強い関心がもたれた。それは諸典礼が十分に発展し、最後のしあげに入る時期である。ミサの中心部分がどうなっていったかについては、すでに見てきたとおりである。

ローマ典礼では、年間を通じて司祭の用いる祈願文が、『レオ秘跡書』と『ゲラジウス秘跡書』に見られる試験的な形を経て、大グレゴリウスのもとで『グレゴリウス秘跡書』(1)に収められて決定的な形をとった。七世紀になると、朗読配分(『福音朗読配分』(2)と『朗読聖書』(3))や交唱聖歌の配分も定められた(『交唱集』(4))。いっぽう七世紀末から、たまにしか行われないような特別面倒な典礼祭儀の規範となったのが、『ローマ定式書』(5)である。

いささか秩序だってはいないものの、おおいに進展を見せたのが、ガリア型典礼である。もっとも良好な状態で保存された文書は、イスパニア典礼のものである。これには続々と作られた大量のミサ祈願文がのっている。これらの祈願文は、本質的な信仰思想をとどめてはいるものの、表現形式上の統一がとれなくなってきていることが、うかがえる。ミサのもっとも中心的な部分について確認できたような、他の典礼に見られる明確な方針というものは、おおむね失われている。ガリアでは、さらに教会の中心不在が追いうちをかけた。こうした情勢のもとで、七世紀以降のガリアでは、司教や修道院は、よくととのったローマ典礼をますます手本とするようになり、ローマから典礼書を入手しようとする始末であった。ついにペパン王と皇帝シャルルマーニュ（カール大帝）は、このなりゆきに終止符をうつため、自国内にローマ典礼を導入するよう命じた。シャルルマーニュがアーヘンでモデルに定めた『グレゴリウス秘跡書』は、新しいやりかたの基盤となった。

王の右腕となってこの新しい事態のまとめ役をつとめたのが、アルクィヌス（八百四年没）であった。彼は八世紀末の事情を代表してもいる。その神学書の中で感謝の祭儀にふれる箇所では、伝統思想、わけてもアウグスティーヌスとクリュソストモスの言葉をくりかえしている。すなわちキリストは、あらためて犠牲にされるのではない。われわれがささげる時、それは「彼の死を記念するために」おこなわれるのである。(6)

けれどもアルクィヌスは、新しい点を強調する。この奉献に大きな効果があるのは、供えものがほんとうに現在するようになるからである、と力説している。アルクィヌスはこういうねらいで、信仰上の個々の秘義をめぐる信心ミサを、たくさん自作したのである。それは当時の信心に呼応するもので（三位一体、聖なる十字架、マリアのミサ）(7)、とくに霊的な戦いの願望がうちだされたり、生ける者と死せる者のための取り次ぎを表現したりしている。

アルクィヌスは、ローマからとりよせた秘跡書に欠落していると思われる部分を、ローマ典礼からとった同様の文章で、可能なかぎり補足した。アルクィヌスの補遺とでもいうべきものである。けれども新しい気風が表われているのは、自作の信心ミサにとどまらない。この考えかたは、ローマ典文にすら意味深長な修正を加えることまでしたところにも、現われている。「生きている人々のための祈り」は、「彼らはこの賛美のいけにえをあなたに奉献する」(8)と書かれてあるが、改訂版では、「われわれは彼らのために奉献する、すなわち……」(9)ということばが、その前におかれている。このことばから、考えかたが変わったのがわかる。すくなくとも司祭の行為を、共同体の行為からははっきり区別しているのである。

すでに九世紀に、北欧諸国という新しい環境のなかで、ローマ典礼のこうむった変化はそれだけではない。ロマンス語圏の人々にすらわからないものになっていたというのに、ラテン語に固執したせいで変わった部分がある。そこでやむなく典礼は、断然、聖職者の独占するところとなった。伝承されてきた典礼文は、ほぼ忠実に伝えられはした。だが、司式司祭が声を立てずにひとりごとのように唱える祈りが、ミサのはじめ、供えものを準備する間、拝領の前につけ加えられた。

また儀式の外面のほうは、感覚に訴え、会衆にわかりやすい要素で盛りだくさんになった。たとえば、司祭が祭壇で立つ位置を変えたり、いちいちこまかいやりかたで献香したり、黙祷と声を出して祈るのを切り替えたりする、といったぐあいに。すなわちイシドールスが第六の祈りについて述べていたことが、この時ローマ典礼に持ちこまれたわけである。すでに見たように、感謝の賛歌で始まる部分は、この当時、本質的な秘跡行為がおこなわれる場面だとされた。また黙祷によって、至聖所だということを強調している。ほかの点でも、当時、聖体の前での崇敬熱が高まった。このころ〔ミサに使うパンが〕種なしパンに変更されたのである。あきらかにこの見かたからは、わかりもしないラテン語も、神秘にベールをかけるもので、マイナスというよりプラスになると思われていた。[10]

『ミサ解説』

けれどもカロリング朝ルネッサンスにおいても、典礼を会衆に身ぢかなものにしようとする努力は、まるでなかったわけではない。『ミサ解説』[11]がいくつも出版された。もちろんたいていは、ミサ祈願文の言いかえ程度の域を出ていない。司祭のミサ理解の負担軽減が主たる目的ではあったが、会衆の役にもたった。そのことが、ある解説書にはっきり表われている。[12] これは、声を出して唱えられる祈りだけを、説明するものである。つまり当時黙読されていた典文を飛ばし、主の祈りから説明を再開しているのである。

メッツのアマラリウスは、情勢の変化と新しい考えかたに対して、抜本的にとりくもうとした。ガリア系典礼から伝わったものと東方典礼からヒントを得たことが、刺激になった。アマラリウスは、およそミサのなかで見るもの聞くものには、もっと深い意味があるはずだ、と仮定することから出発した。そして伝わってきたものが使えそうなら、それで説明を加えた。伝わってきたものではまにあわない場面では、その儀式は教化に役だつような「何かほかのことを物語っている[13]」のだとして、解説をほどこした。彼も師のアルクィヌスと同じく、ミサはなによりも救いをもたらす受難の記念である[14]と承知していたので、どの部分も、とくに主の生涯と苦難のことを物語っているのだ、と考えたわけである。

たとえば、ミサは入祭の歌で始まる。それがキリストの到着を告げ知らせる預言者たちの合唱とキリスト誕生の時に天使の歌ったグロリアである。ミサの結びは、主が昇天を前にして使徒たちに与えた祝福だ、というぐあいである。

こうした故事になぞらえるような寓意的解釈法には、強引なこじつけの解釈になるところもあろう。だが、イエスの制定の本質的な特徴である主の記念をとりあげたものだと、いえなくもない。もちろん、ずいぶん表面的かつ外面的なやりかたではあるが。アマラリウスはそのため、鋭い反論を浴びせられるのである。

アマラリウスにいちばん反対したのは、リヨンの助祭フロールスであった。この人も八三五年ごろにミサ解説書を著している。[15] その本はアウグスティーヌス流の考えの進めかたで構成され、価値と効果を説明するために、ミサのなかで、主がみずからの死の秘義[16]をわたしたちに手わたす、ということから始めている。アマラリウスは、ミサ典礼のどの形にもいちいち、イエスの生涯の一面ばかりでなく、旧約聖書の出来事や、なにか外面的なものを思わせる秘義をみた。これに対してフロールスは、救いの歴史を思いおこさせるのみならず、救いそのものも含む、唯一の秘義に集中したのである。[17]彼にとってミサとは、信者が見物人として参加するしかないような見せ物などではなく、古代の伝統のように、教会、すなわち信者全体の、とりわけここに集まった共同体の行事である。だから司祭の奉仕を通して[18]おこなわれることは、信者全員で[19]おこなうものなのである。

アマラリウスの持論は、八三八年のキエルジ教会会議で非難されはした。それなのに、それ以降の数百年間は、フロールスの路線ではなく、アマラリウスの線で進んでいったのである。

現存論争

アマラリウスの著書では、主の記念がことのほか強調された。だからといってこの当時、その他の奉献すなわちオブラチオは、けっしてないがしろにされたわけではなかった。これまでに明らかになったように、それは、「キリストの力とことばで[20]」変化をもたらす司祭の仕事である。とりわけ聖別はそうである。その後、この聖別をめぐって大論争が起こった。そのさい九世紀にパスカーシウス・ラドベルトゥス大修道院長（八六〇年ごろ没）の著した『主の聖体と聖血について[21]』と題する、聖体の秘義を主題にした最初の書物が、引金になった。そしてトゥールのベレンガリウスが、一〇五〇年から一〇七九年にかけて、いくつかの教会会議で譴責《けんせき》処分を受けるにいたって、ようやく決着したのである。

そもそも論争の的になったのは、ミサのなかで起こることではなく、その効果、つまり聖体における主の現存であった。

問題は、聖体の秘跡に歴史上のほんとうの主の体が現在するのか、それとも、パンとぶどう酒は神の力をおびたそのシンボルにすぎないものなのか、ということだった。二つめの説は、すでにラドベルトゥスの最初の論敵である修道士ラトラムヌスが、聖アウグスティーヌスのことばを一面的に解釈して主張したものである。もちろんラトラムヌスの持論だと、ミサの内容が骨ぬきにされてしまうことになる。

この説でも、キリストとの結びつきをとり戻すものだといえなくもないが、スコートゥス・エリウーゲナが述べていることからわかるように、それでは洗礼となんら変わるところがない。[22] すると、修道院長アエルフリク（一〇二〇年ごろ没）の解説によれば、聖体拝領には、砂漠でマンナや岩から出た水と変わるところのない意義しかないことになる。[23] そこでベレンガリウスは、ミサのなかでおこなわれる奉献を、旧約のいけにえと同列においた。両者のちがいは、旧約のいけにえが未来のものを告げるものであるのに対して、新約の奉献が「すでに存在しているものを思いおこさせるイメージ[24]」だという一点になる。

こうした聖体秘義の空洞化に対して、すでにラドベルトゥスは、教会の伝統的信仰と、象徴と現実との区別[25]でもって、異を唱えている。すなわち聖別とは、超能力のようなものが、パンとぶどう酒の供えものに伝わるだけのことではない。むしろ、創造や受肉に匹敵するものだという。[26] そしてマリアから生まれたキリストの本物の体が、聖別によって現在するようになるにとどまらない。ラドベルトゥスは、ミサの奉献が十字架の奉献と同一のものであることを、たいへん強いことばを使ってまでして表わそうとする。たとえば、キリストはあらためて苦しむ。[27] たとい死ぬこともなく、新たに救うのでもなくとも、ほんとうに犠牲になりほふられて[28]、受難がくりかえされる。[29] [30] ゲルマヌスの解説書に出てくる、祭壇上でほふられる子どもの伝説は、東方起源のものだが、ラドベルトゥスの書にまた登場するからといって、驚くほどのことではない。[31] けれどもラドベルトゥスとともにこの論争に加わった他の神学者たちは、そこまで誇張した表現はしなかった。

「犠牲」の表現

聖体教義をめぐる危機に続く時代の特色は、聖別がミサ中の決定的な出来事だということと、ミサが奉献だということがはっきり確認されはしたものの、ではどのように奉献がおこなわれるかという問題が、すっきりしていないことである。奉献（オブラチオ）と犠牲（インモラチオ）のことが語られ、両方の表現が用いられた。ある時は同じ意味で、またある時は、犠牲のほうはすでにラドベルトゥスが使ったように、十字架上で、そしてまた祭壇上でほふるという意味を強調する形で。もちろん祭壇では、血を流さずにおこなわれるはずである。[32] 人々は、この犠牲がミサのなかでも表現されるのを見ようとした。パンとぶどう酒という二つの形を分けるのがそれだ、と思う人はいなかった。むしろ拝領者には食べ物や飲み物に見えたのである。聖体の祝日の聖体賛歌でも同じことがいえる。「かれらに二つのかたちもて、み体と血をさずけたり、ふたえの料《しろ》〔体と魂〕を備えたる人ことごとく養わん」[33]。

そこで犠牲の表現は、パンの分割に、あるいは分割してから聖体拝領することにあるとされた。拝領のとき、主の体はかみくだかれ、聖なる血は信者の口に注がれる。あるいはまた、聖体を信者の手にひきわたすのである。[34] しかしミサ全体の流れのなかで、聖別のあとに続く部分がとくに好まれた。そこで司祭は、十字架につけられた方にならって手を広げて祈る。それからスプリチェスの祈り（「全能の神よ、つつしんでお願いいたします……」で始まる）では、深々と頭をたれて、死去を表わす。[35] ミサの儀式にも、わざわざちょっとした変化をつけたりしては、受難の思いを表現しようとしたのも、驚くほどのことではない。死者のための取り次ぎの祈りの結びでは、おじぎをした。結びの栄唱を唱える間に、五つの傷を暗示して、十字架のしるしを五回したりしたものだ。

典礼解説者たちは、スプリチェスの祈りで、われわれの奉献が天の祭壇に運ばれるよう祈るところに、とくに注目した。オセールのレーミギウス（九〇八年没）は、聖別によって現在するようになった主の体が、この場面で、栄光に包まれた主の体に合体すると推測した。[36] また一一六五年ごろステラのイサクも、その考えを一歩進めている。それによると、いわばパンとぶどう酒を燔祭《はんさい》（焼き尽くす捧げ物）用の祭壇に供え、さらに金の香壇に主の体と血をささげると、われわれの奉献は、天使の手で天にいる栄光に包まれたキリストと一つになるという。[37]

奉献の記念としての聖別

他の解説者は、このような考察では不じゅうぶんなことに気づき、奉献は聖別で完了すると強調した。セーニのブルーノ（一一二三年没）が解説するように、「ここで聖別のことばを口にすると、ささげもの全体が犠牲になって奉献されるのである」。[38] 変化の瞬間以外でも犠牲化が象徴的に表わされるにせよ、決め手となるのは聖別である。[39] 一世紀以上もの間、主がいつからどのように秘跡のなかに現在するようになるのかに、とくに注目が集まった。このなりゆきに終止符がうたれたのは、千二百年ごろ、それまでに明らかにされた認識を、ミサの儀式でも表現するようになってからのことである。すなわち、聖別のことばを唱える時かその直後に、信者が崇敬できるよう見せるため、聖体を高くかかげる習慣が出来、それがきまりにもなったのである。

カロリング朝時代に始まった、聖体をめぐる神学的考察と議論でたたき台となったのは、聖書の証言は別にすると、ほとんどが教父文書の抜粋である。なかでももっとも重要なものは、すでに出てきたものである。とくにアウグスティーヌス、大グレゴリウス、（アンブロシウスの名で伝えられた）クリュソストモスのものであった。[40]

その後、スコラ学が始まるまでの数百年間、秘跡における現存のしかたをめぐる問題以外では、とくにアウグスティーヌスの思想が、ふたたび注目を浴びるようになった。

クリュニーの大修道院長だったペトルス・ヴェネラービリス（一一五六年没）は、ブリュイのペトルス派異端から聖体の秘跡を弁護するにあたって、忘れられかけていた教会博士の根本思想をとりあげた。そしてあらゆる奉献の意義は、神を根源かつ目的と認め、神の意志に従うことを表わすところにある、と力説した[41]。外面的儀式の役わりは、内なる気もちを表わすことにほかならない。だから、キリストはみずからをささげたのだと言う時も、彼が自由に、自分で決心して命をささげたのだ、という意味になる[42]。

クリュニーの偉大な大修道院長は、犠牲という概念にも理解を示した。その時までほとんどいつも問題になったのは、どんなぐあいにこの犠牲がミサのなかで実現されるのか、ということであった。けれどもそれに対して彼はこう明言する。ミサでキリストが犠牲になるという場合の意味はただ、裂いたり、分けたり、食べたりする、さまざまのしるしでもって、彼の死が表わされる、ということだけなのである。これでもって使徒の仰せのとおり、主の死を告げ知らせるわけである[43]。

概念を明確にするうえで重大な一歩を、ペトルス・ロンバルドゥス（一一六四年没）にみることができる。当時聖体論を書いた、たとえばサン・ヴィクトールのユーゴーのような他の神学者と同様、彼もついでにミサのことも扱うくらいのものであった。しかしここには、奉献と犠牲の区別を、すくなくともほのめかすものが初めて出てくる。『命題論集』の大家は、「司祭によってささげられ聖別されるもの[44]」について語り、それは、キリストが十字架上でまっとうした「真の奉献と聖なる犠牲の、記念かつ表現」であると述べている[45]。

だからミサは、広い意味で、よく使われるいいかたでも、奉献（サクリフィチウム）だけでなく、犠牲ともよばれている。だがその犠牲とは、じつは、ささげること（オフェリ）、奉献（オブラチオ）のことなのである。[46]ロンバルドゥスは、平和の賛歌の前にパンを割ることが、キリストの受難と死を表現するものとみることに、なんの異論も唱えなかった。[47]しかし奉献は、すでに聖別で完了している。[48]これは教皇インノケンティウス三世のミサ解説に出てくる区別である。つまり典文のおもなことばは、キリストの受難の出来事を表わす聖別のことばなのである。[49]

こうした確認を経て、いよいよスコラ学が始まるのである。

第七章　盛期スコラ学と宗教改革

十三世紀の大スコラ学者たちもミサに関しては、既存の慣習を要約しては次に伝えていくことで満足していた。ヘイルズのアレクサンデル（一二四五年没）が書いたものには、彼自身がエウカリスチアを論じたと確実にいえるようなものがない。彼を引用したものとされるテキストは、[1] 弟子のミドルトンのウィリアムが編集したもののようである。これは『アレクサンデルの神学大全』の第4巻に加えられている。[2]

ここでもミサについては、ロンバルドゥスとまったく同じ意味で、犠牲と奉献を区別している。犠牲がおこなわれたのは、十字架上で一度だけである。ミサでは表現されうるだけである。それは杯の聖別に、またパンの分割や聖体拝領にも表現されている。拝領の時は、大グレゴリウスのことばのように、聖なる血が信者の口に注ぎこまれる。

アルベルトゥス・マグヌスはそれとは反対に、十字架の死の表現を、聖変化のさいにキリストのからだを奉挙するところに移している。[3] これは当時導入されたばかりの儀式であった。

じっさいにミサでおこなわれるのは、犠牲ではなく、奉献である。アルベルトゥスはこれを、犠牲にされたものの奉献であると、[4] すこしくわしく定義している。この奉献がおこなわれるのが どの点であるかについては、当時の神学者の意見はまちまちであった。アルベルトゥスは、感謝の賛歌から続く三つの祈りの部分で、それが始まるとした。とすると、スプリチェスの祈り(「全能の神よ、……このささげものをみ使いに運ばせ」)は、そのクライマックスだということになる。[5] 別の学者は、聖別から拝領までの部分全体に相当するとしている。[6] アルベルトゥスは聖金曜日のように、秘跡がととのわない時、すなわち聖別されない時でも奉献ができるという意見であるが、これは印象的である。[7] 彼だけではなかった。ボナヴェントゥーラもロンバルドゥスの同じ箇所に対して、同じ見解を述べている。[8] つまり、ととのわなくとも奉献はされるという。そこで、奉献の実行をもっぱら聖別のみと同一視することからは、ほど遠いのがみてとれる。

聖トマス・アクィナスにも、この点では一見しただけでは明解な答えというのがない。彼の聖体論も、秘跡であることと現存のしかたをめぐる問題に、とくに注目している点では変わらない。トマスはミサの解説にあてた項目で、ミサの秘義において、ささげることと聖別を区別する。「奉献としてささげられ、秘跡として聖別され拝領される」[9]。つまり、まず奉献をし、それから聖別し、最後に拝領するのである。[10]

けれどもほかの箇所では、オブラチオとサクリフィチウムを区別している。ささげられたものに何かが行われ、[11] 変化が起きて、サクリフィチウムとなる。この何かとは、彼の考えでは明らかに聖別のことである。[12] 彼は、ミサのサクリフィチウム(奉献)[13]が完成するのは、「このささげものを……」受けいれてくださるように司祭が祈る時だ、と述べてもいる。

他方でトマスは、ミサを奉献とよぶことに多少ためらいを見せる。そうするとなると、十字架上の奉献のほうにばかり注意が向いてしまうからである。キリストの苦難こそ、真の奉献、[14] 真の犠牲である。[15] ミサは、そのことの表現である。[16] だが、みずからを犠牲にして神にささげたキリストの苦難が表現される以上、[17] この秘跡には「奉献の意味がある」わけである。[18]

そのキリストの苦難の表現[19]とは、ではいったいどの点にあるのだろうか。トマスは最初のうち、この問いに答えるにあたって、当時のとらえかたの範囲で儀式を寓意的に解釈するだけにとどめていた。すなわち、ミサの流れのどこにでもキリストの受難が表現されている、とみたわけである。ひざまずいたり、おじぎしたり、聖体のパンを割ったり、とくにきまった数だけ十字架のしるしをしたりする、さまざまな司祭の動きでおこなわれる。[20] しかしトマスはほかのものとの関連で、本質的な表現は聖別でおこなわれる、と力説している。しかも、二つの形態を別々に聖別するところに表われているという考えを、明確にうちだした最初の人物である。[21]

トマスは、祭壇における司祭の権能のことも述べている。司祭はキリストの「役目を果たし、その力で」[22] 聖別するので、キリストはなんらかの形で祭司[23]でもあることになる。もはや教会の委任を受けたかたちでは活動できないような、離教した司祭でも、キリストからいただいたこの権能は消えてはいない。このようにトマスは、教会から離れた司祭がまだ有効に聖別できるかという、しばしば数世紀前からは否定的に答えられてきていた問題を、肯定的なニュアンスで解決している。[24]

トマスは、ミサの奉献に本来そなわっている[25] はたらきについても述べている。わたしたちはそれを通じて、キリストの苦難の実りにあずからせていただける。ミサには、それをささげる人とささげてもらう人のために、罪をつぐなう効力がある。だが無条件というわけではなく、「その人の信仰心の深さしだい」[26] で効きめがある。

トマスは、『命題集注解』で主張していた見解を、この条件づきで訂正したというのが通説である。[27]

ドゥンス・**スコートゥス**（一三〇八年没）は、事のついでにしか、奉献としての感謝の祭儀のことを語っていない。彼の見解のなかで、教会の奉献をひじょうに強調する点はとくに目だち、その後も影響をおよぼしていった。たしかに任務を授け、奉献に自分の力を与えるのは、キリストである。だがどのミサでも直接にささげる者は、(28)彼ではない。でなければどのミサも、キリストの受難と同じ価値をもつことになろう、とスコートゥスは言う。あるいは、いわば完全な奉献ということになる。キリストの奉献は一回かぎりのものだ ともいえなくなる。ミサは教会による奉献であり、(29)くりかえされるものである。教会は、キリストの苦難をミサで表現し、(30)それをよりどころにして祈るのである。(31)

したがって、容器に保管された聖体の秘跡におけるキリストの現存には、ささげること（オブラチオ）が欠けているので、奉献とまではいえないことになる。(32)ささげる司祭は、教会を代表して行動する。(33)ここで彼が、教会(34)ということで考えているものは、司祭のまわりに集まった祭儀共同体のことではなく、特別な活動目的をもつもののことでもない。それは彼が明言するとおり、全教会のことである。(35)ここからスコートゥスは、離教した司祭は有効に聖別することはできても、有効に奉献することはできないと、たいへんな結論を出している。(36)

司式司祭の強調は、ミサの価値に関して述べた区別にも対応する。一般の祈りと同様に、ミサは、まったく格別に(37)司祭本人のためになり、おおまかに(38)全教会のためになる。しかしとくに、(39)ミサをささげてもらう人と、司祭が実りをあげたいと思う人のためになる。しかもこの効果は、行われたことから、(40)すなわち全教会の功績のおかげで生じるもの(41)である。キリストのからだと血というささげもののことは、スコートゥスはほとんど語っていない。

盛期スコラ学の神学者たちは、中心的でない問題に若干の区別を持ちこみはした。一般に奉献としての感謝の祭儀という問題では、古典教父の文章を少々引用することですませていた。これは、教会の昔からの教えを伝える伝統を提供していた。それ以後の数世紀にも同じ事情がみられる。

だいたいにおいて十四、五世紀の多くの神学論文は、感謝の祭儀については、判例や典礼注記（ルブリカ）の問題はあつかっているが、ミサの奉献のことはとりあげていない。そのうちの一人に、とくに唯名論の創始者オッカムのウィリアムがいる。他の学者もその点にふれるときは、前の時代の公式見解をくりかえすのみである[42]。

ガーブリエール・ビール（一四九五年没）だけが『ミサ典文解説』[43]で、この問題をほりさげている。この本ではかならずしも相互の調和をとろうとはせずに、先駆者たちの説明を要約している。もちろんここでも本質的な神学上の問題は、たくさんの教会法や判例の問題設定とこまかい語句の解釈にかくされている。

ミサでの奉献の本質をめぐる問題では、彼はスコートゥス路線をとる。すなわち新しい契約における唯一の奉献は、キリストがささげた十字架上の奉献である。ミサはこの奉献の記念のしるし[44]、表現[45]であり、もうそのために、その力は限定されている。十字架の奉献は、主として杯が前面に出る聖別と拝領で表現される[46]。形態が二つになることは、霊的な糧[47]の豊かな表現になる反面、苦しみの表現にもなる[48]。

ミサにおける直接の行動主体が司祭であっても、主司式者は教会である。これが間接にささげるのである[49]。しかしミサは十字架の奉献の表現であるので、それと同様の効果ももたらす[50]。だからミサは奉献そのものでもある。もちろんその価値や効果は限られたものである。これは、ささげる者、すなわち教会がどのくらい聖なるものであるかにかかっているが、それは構成員しだいということになるから、限りがあるのである[51]。

ミサのなかで、キリストは目には見えないが本来の大祭司である。このことを、ビールはアウグスティーヌスとの関連で一度伝えたことがあるものの[52]、まじめにとってはいない[53]。けれどもビールはアウグスティーヌスの意味で、キリストがミサと結びつけたはずの、自分自身の心からの奉献、神の意志への献身の必要なことを[54]、まったく健全に強調する。司祭というものを強調し、奉献の効果と力の授与を強調する点では、ビールはスコートゥスの考えを踏襲している[55]。

有限成果説の影響

中世後期には、たしかにどのミサも多少は成果をもたらすものだという説が、主流になった。これは、教会は聖なるものだとはいえ、すべてがそうではないのだから成果も有限だ、というあやしげな理屈と少々つながっていた。そこで祝う共同体のことなど構わず、ミサの回数がやたらにふえ、そのこと自体がたいへん結構なことだと受けとられるようになった。

むやみにミサをふやさないよう警告する声は、すでに早い時期からあったし、中世後期にもなかったわけではない。アシジの聖フランシスコ（一二二六年没）は、修道院では毎日一度だけミサをするように、会員たちに勧告している。すなわち一か所に司祭がなん人もいるときは、キリストへの愛のために、みなが仲間の司祭の司式するミサに参加することで満足すべきだというのである[56]。クレモーナのプラエポジティーヌス（一二一〇年没）も同じ意味で、詩編やミサが共同体全員のためにささげられる場合、一人ひとりは、各人のために個別にささげられるときに劣らぬものを受けるのだと言明した。彼の議論は『グラティアーヌス教令集』の条文にある同類の表現を根拠としている[57]。そして、一個人のためにともされても、みなを照らすろうそくにたとえている[58]。

前述の条文は、次の時代の教会法学者たちによって、なん度も注解されている。だが彼らは、フグッチョ（一二一〇年没）の当時からこじつけ、プラエポジティーヌスとは逆の意味にとろうとした[59]。唯名論学派の神学者たちは、まったく同様にスコートゥスの教説をうのみにした。たいして理由を気にもとめず、ミサの価値を限られたものとみなしている。ミサは、つぐなうものとして効果を発揮するものだからだという。[60] ミサが十字架上の奉献とつながっていることも、参加者の心がまえのことも眼中になかった。もちろん、古来の教えにとりくむフランシスコ会士アイグアーニ（一四〇〇年没）のような例外もあった。[61]

教会と司式司祭には、ミサの奉献において果たすべき役割がある。だがそれを過大評価したり特別視しすぎたりした形跡が、中世末期のミサの儀式にも若干残っている。当時、奉納は、ミサの他の部分から独立したものとして考えられ、論じられた。そこでヘッセンの年長のハインリヒ（ランゲンシュタインのハインリヒ・ハインブーへともよばれる。一三九七年没）は、ミサの主要部分を、奉納の儀・典文・交わりの儀の三部に分けている。[62] この構成は、その後もひき続き数多くの教理書で使われた。十四世紀以来、奉納は、あるミサ典礼書で「小典文」とよばれている。[63] パンとぶどう酒を祝福する祈りが加わり、奉納の範囲も少なからず長くなった。奉納と典文の間にある叙唱は、当時の典礼家にとっては教会の行為を中断させる祈りでしかなく、むしろやっかいな代物だった。

信者の信仰心にとってのミサは、おもにキリストの受難を表現する親しみやすいものだった。オランダの人文学者ウェッセル・ガンスフォルトは、ミサ中はひたすら主の受難と死を見つめるべきことという教えを説いた。[64] 寓意的解説法は、アルベルトゥス・マグヌスが『ミサの秘義』[65] という著作で強硬に排斥したにもかかわらず、ますます盛んになった。ミサはもっぱらキリストの受難のみを表わす儀式だとする解説が、当時よく見られた。

現存のとらえかたとミサの増加

別の角度から見ると、中世末期の聖体信心は、二とおりの神学の進展と密接につながっている。すなわち信心が、感謝の祭儀を祝いこれに参加することよりも、ミサ内外での聖体礼拝に集中したこと。謝礼を元手に信者個人のために行われるミサが、ますます頻繁になったことである。

聖別の時にキリストのからだを高くかかげる奉挙は、聖体への格別の崇敬のための最初の表敬行為であると同時に、これをいっそう助長するものでもあった。十三世紀なかばから新しい儀式が登場した。それが「聖体の祝日」(コルプス・クリスティ)の祭りになり、聖体行列、聖体顕示、降福式になり、聖体の前での礼拝になった。(66)

それでも、ミサが前の時代よりも軽んじられるというようなことはなかった。信者は、主日だけではなく毎日でもおおぜいミサに来た。なるほど言葉がしっくりこないこともあって、遠くからついていくのがやっとだった。だが儀式の寓意的解釈のほかに、聖体をはるかに仰ぐという、新たにできるようになったばかりのことで、そこのところを埋めることができた。わざわざ聖体拝領するというようなことも、たいへんまれになった。

もちろん、さらにミサの成果についての教説が、大衆の間で大反響をよび、ミサの回数が急増した。そこで中世期末には、聖務日課を唱え、特定の祭壇でミサをたてる専門の司祭が、過剰にふえる結果になった。そこでじきに公然たる迷信や弊害に陥るような情況がうまれた。当時の神学も、断固として戦わなかったという点では非難されてもしかたないが、もはや責任を負わせられないようなありさまだった。

どうもミサの信心は、ひじょうに現世ご利益的になりがちだった。人々はミサにあずかることから、奉挙された聖体をちらっと一瞥することからも、霊的な益ばかりか現世利益までも期待した。たとえば、その日に目が見えなくなりませんように、急に死んだりしませんように、ミサごとに霊魂がひとり煉獄から解放されますように、などである。

通俗的な本や、ときにはミサ典書にも、ミサを拝聴することから生じるような長い「ご利益」リストが伝わっている。[67]

当時の神学は、そんな考えを支持したことも、ましてや擁護したこともなかった。力点のずれこそあるが、おおすじでは前の時代からの遺産をしっかり守り伝えていった。[68] そのことを客観的に書いてあるのが、一五一七年に出たばかりの神学事典『神学用語解』[69]の中の「ミサ」の項目である。これは、人文主義者ヨハネス・アルテンシュタイクの書いたもので、伝統全体の要約である。

ニコラウス・クザーヌス枢機卿（一四六四年没）の雄大なビジョンは、当時主流だった狭いミサ観のなかでは、もちろん破格のものである。創られた世界は、神の建てた神殿にたとえられる。神はその中に祭壇、つまり人とならられたことばを設ける。ことばは、祭壇であると同時に祭司であり、神の栄光をたたえるささげものである。[70]

クザーヌスは、いわゆる弊害に対して、ひじょうに明確な態度をとった人物でもあった。[71] だが枢機卿の苦労は、残念ながら孤立無縁で実を結ばなかった。そしてミサに関しても改革を求める叫びは、革命になるのである。

宗教改革

マルティーン・ルターをいきどおらせ、なんとしても改革しようと思わせたもの。それはミサを、われわれ人間への神からの贈りものと見るよりも、神の気に入ってもらえるような人間の行為だとする見かたであった。そ れから生じる弊害を、彼は目の当たりにしていた。頻繁に行われるミサ。また行われたことから効果がきっと出るはずだという、ただやりさえすればいい式の思いこみ。彼はすでに一五二〇年に『新しい遺言すなわち聖なるミサについての説教』[72]で、新説を展開した。キリストが秘跡を制定するのに用いたことばは、ルターに言わせれば遺言である、キリストの最後の意志である。つまりわれわれの罪がゆるされるという約束である。キリストのからだと血は、この遺言を保証する印なのである。だからこの決定的なことばを、司祭が聞こえないような小声で唱えるなどもってのほか。さらに「遺言にして秘跡」であるものを善業にしたり、ミサをいけにえにするなど、とんでもないことである。(73)

けれどもルターは、信者の自己奉献のことだととれるなら、「いけにえ」という理念を容認するつもりだった。それなら、アウグスティーヌスのいわゆる「目に見えない奉献」、すなわち信者が「われわれの仲介者キリストの前に」さし出す賛美と感謝になる。(74)だがそのためになら、司祭職などは要らないことになる。万人が祭司だからである。(75)

ルターはさらに別の本で、こうした原則からの結論を出している。ミサは遺言にほかならず、いけにえではないので、人間は受けいれるほかなく、信仰によってそれをおこなうのである。(76)しかしだれでも、自分自身のためにしか信じることはできないものである。だからミサも、生きている人のためだろうが、亡くなった人のためだろうが、他人のために行うことはできない。(77)そこで一五二一年の別の書物で、個人挙式ミサというものをしりぞけている。(78)これなどは、キリストが一度だけささげられたということに、とくに反するものだと言う。

ルターは一五二三年の『ミサと拝領の式文』(79)と一五二六年の『ドイツ・ミサ』(80)で、これらの原則どおりの新しい式次第を作った。典文にもっとも重大な変更が加えられ、制定句だけが残った。ほかの、とくに奉献に関わる言葉は、ことごとく削除された。他の多くのこまかい点でルターが中世後期の見解を継承したのは、驚くほどのことではない。たとえば叙唱という感謝の祈りへの理解が欠けていて、これを拝領者への勧めに変えたりしている。なるほど彼は、中世の聖職者に独占されていた典礼とは反対に、祈りや歌の面で一定の活動を会衆に割りあててはいる。しかしほかの点では、受け身の姿勢を神学上の原則としたのである。(81)

すでに一五二〇年以来カトリックがわから、ミサの弁明を目的とする最初の反対文書が出た[82]。どれもルターの文章に、伝統的なカトリックの教えをいちいち突きあわせては矛盾を指摘し、論破しようとする論戦用文書だった。なかでもこの論争で人文学者たちは、教父の本からたくさんの箇所を引用したうえで、ミサが単なる奉献ではなく、奉献の記念でもあり[83]、秘義による奉献でもあることを指摘している。彼らの論拠には疑わしいところもある。たとえば、キリストが自分をささげたのは、ただ一度十字架上でばかりでなく、過越の小羊を食べることでも、また秘跡を制定することによってでもある。ミサの奉献は、聖別によって現在するようになるキリストが奉献するところにある、というのである。ヨーハン・マイアー・フォン・エックは、ミサの価値が有限なことと、頻繁にくりかえすことが必要だということを弁明している。一五四二年に、ミサは十字架上の死の記念にほかならず、教会の奉献はこれとはまったく異なっているからだ、と示唆しているだけだが[84]。

けれども神学上の根本問題は、はっきり論議されるまでにはいたらなかった。例外になっているのは若干の発言だけである。カスパル・シャッツガイアーは、ミサの奉献が「教会やその奉仕者の奉献である以上に、ほんとうにキリストの奉献そのもの」なのだと指摘している[85]。カイェターヌス枢機卿は、ミサの奉献と十字架上の奉献はひとつのものだと力説する。十字架上の奉献が、犠牲のかたちで[86]ミサのなかに現在させられるし、司祭は自分の名においてではなく、キリストに代わって[87]聖別するからである[88]。

しかしそうした声は、論争の怒号にかき消された。守るがわは、「論敵の関心事をとりあげようとも正しく評価しようともせずに、論駁する」ことでかたづけていた[89]。ルターのエウカリスチア理解の基盤が、信仰のみによる義認論であることには[90]、別に見向きもしなかった。

だがルターによれば、この原則のために聖餐は、人間が信仰をもって受けいれる「遺言」、神の贈りもの、神の恵みの約束、目に見えることば[91]にほかならない、といえるのである。それ自体は、罪のゆるしを重複させるものでしかなく[92]、ほんとうは余計なものになる。なにしろ、人が神にささげるような奉献などではないのである。

このようにルターは、自分の立場をけっして変えなかった。論敵の反論は、ただ積年の弊を言いわけするための言いのがれくらいにしか見えなかった。たとえミサはキリストの受難の記念なのだと説明されても、しかし人がそれを神の前で功績をあげる人間活動にしてしまったのだという[93]（一五三〇年以降はルターの拒絶発言も少なくはなったが[94]）。だから奉献としてのミサは、一五三〇年のアウグスブルク信仰告白[95]と一五三六～三七年のシュマルカルデン条項で否定された。またルターはパウロ三世教皇の招集した公会議に向かって、ミサが合意の余地のない論点だと言明している[96]。メランヒトンがわの拒絶はそれよりおだやかなものであり、感謝[97]の奉献をミサのなかから排除してはいない。もちろんたいへん広い意味にとってはいるが[98]。

ツヴィングリとカルヴァンは、聖餐論のほかの点では異論だらけだったものの、奉献としてのミサを拒否する点では、ルターと意見を同じくしている。この二人のスイス人改革者は、現存の否定を論拠にしている点でも共通である。すなわち、キリストは秘跡には現在していないのだから、彼がいけにえとしてささげられる道理がない、というのである。またそのような奉献によってキリストが毎日「ほふられる」という広く普及していたカトリック見解を指摘し、奉献拒否を裏づけている。

まさにスイスの改革者のこの思想こそ、ルターの影響とともに、大司教クランマーのもとでの英国国教会主義とそのユーカリスト論の樹立にあたって、ある役わりを果たしたのである[99]。そこでイギリスでも、一五五三年の四十二ヶ条信条の中の第31条が「ミサの奉献」を拒否し、「冒瀆的な作り話で危険なごまかし」だと述べている。一五五二年版の祈祷書でも[100]、奉献に関する言及が全部消されている。

第八章　トリエント公会議から現代まで

トリエント公会議の仕事

トリエント公会議は適切に改革の仕事に着手し、根本原則が分かれているところから、すなわち信仰の源泉と義認の教義から始めた。けれども論争と守りの立場や外的情勢が、その後の論議の動向を決定した。そこで緊急な問題点の順に進めざるをえず、エウカリスチアに関しても、一貫した表現を出せなかった。公会議は一五五一年の第13会期で、聖体の秘跡と現存をめぐる問題をとり扱った。そして一五六二年の第21会期で ようやく聖体拝領のことを、また第22会期になってやっとミサのことを論じたのである。

ここで公会議はたいへん困ったことに出くわした。現存をめぐる問題とは別の事柄を徹底的に検討するには、包括的な神学の下準備ができていなかったのである。カイェターヌスの書は、ある程度例外になる。(1) まして感謝の祭儀を、典礼の本来の形から理解し解明したりなど、できたものではなかった。

当時は、初期典礼の最重要資料が印刷されて、やっと使えるようになったばかりだった。グレゴリ・ディクスは、ユスティノスの『護教論』が一五五一年に、『ヤコブ典礼』が一五六〇年に、『使徒憲章』が一五六三年になって、ようやく出版されたことを指摘している。(2) ましてそういう資料を吸収し理解することなど、こんな事情では話にならないのも当然だった。

すでに一五五一〜五二年の審議では、教会の教えとミサのやりかたに対する改革者の異論がとりまとめられ、決定的な点が綿密に討議された。中世的な考えかたに左右されたせいで、長い間次のことを論証するのに注意が向いていた。[3] すなわちミサが十字架上の奉献であるのと同様に、贖罪のささげものである、だからこそ犠牲にするほふりを含んでいるのだということである。徐々にではあるが、ミサは真の奉献だと示すことこそ何にもまして大事なのだと、やっと強調されるようになった。[4] そしてミサの奉献を構成する要素のなかで目だつのが、次の三つである。すなわち聖別、奉納、キリストの受難の表現である。[5]

一五六二年に出た公会議の最終教令では、これらの要素がいっしょになり、見事なまとまりが出来ている。同時に、改革者の攻撃した論点が、より正確に説明されている。すなわち、キリストは最後の晩餐で唯一のささげものをささげ、それでもってご自分の十字架上の奉献を絶えず現在のものにするように、[6] それを教会に託したのである（第一章）。この奉献は、贖罪のささげものでもある。[7] 十字架上で血を流して自分をささげたのと同じキリストが、いまそこで血を流さずにささげられるのだから。[8] そこで奉献される供えもの（ホスチア）は同じもの、奉献する司祭も同じである。[9] ささげかたが異なるだけである。[10]

だから教令の第二章が示すとおり、この奉献は、十字架上の唯一の奉献をいささかも損なうものではない。ただその成果を、手に届くようにするのである（第二章）。だから生ける者のためにも、死せる者のためにも、ささげることができるわけである。典礼慣習上のいくつかの点が、つづいて弁明されている。すなわち、ミサ典文、諸儀式の慣例、司祭だけが聖体を拝領するミサの個人挙式も可能であること、ラテン語の使用である（第三―九章）。結びに決定的な点を九つの条項にまとめた。[11]

ミサに関する教令が「総合の傑作」とよばれてきたのは適切である。[12] そこで念頭においておくべきことは、守りの姿勢をとらざるをえなかったがために強調点がきまったこと、また当時の神学方法で表現せざるをえなかったことである。学説について決定を下すことも、思索をほりさげることも、体系をまとめあげることも、承知のうえで先送りにした。感謝の祭儀に関する教義全体のまとまった体系をうち出すなど、それどころではなかった。対外情勢のために、現存や拝領やミサといった形で、やむなく個別に扱わざるをえなかったのである。公会議の目標は、混乱した秩序を回復するという実践的な仕事をすることにあった。一五七〇年にピウス五世教皇のもとで『ローマ・ミサ典礼書』(13)の改訂版が刊行されたのも、同じ趣旨である。そしてこれが、それ以降の西方諸国の教会全体の規範となるのである。

トリエント後の神学者

次の時代の課題は、公会議が別個に論じ、当時としては念入りに明らかにしておいたものを、神学的なつながりのなかに組みこむことであった。それは一部しかできなかった。おそらくは論争が長引いたせいであろう。こうした情況下で、たまたまなりゆきでテーマを秘跡と拝領とミサに分けたことが、その後なん世紀も神学論文や公教要理において、ほぼ全般的にそのまま踏襲された。信者の信心は、いっしょに奉献することよりも、聖体を崇敬するほうにのめりこんでいった。ここから信者の聖体拝領は、どんどんひとり歩きをし始め、ミサとは別個におこなわれる信心業となっていくのである。

公会議以後の三百年間というもの、主題の神学的なとり扱いを進めるにあたって、その基盤になったのは、ミサが奉献だということとの再確認であった。論点の中心は、いかにしてミサが奉献になるかという問題だった。そのさい圧倒的多数の神学者は、公会議が軽くふれただけの教会の奉献ということを、もはや問題にしなかった。なるほど教会がささげるということは、とくにラテン諸教父の書物ばかりか、アウグスティーヌスやイシドールスに始まる中世思潮においても、ずっと中心になってはいた。「わたしたちはささげます」[14]を特色とする典礼文を引き合いに出すまでもない。ところがスコートゥス学派が教会の奉献というものをひとり歩きさせたことが、プロテスタントのひんしゅくを買い、批判にさらされた。

だから公会議後もっぱら注目を集めたのは、キリストが十字架上でささげたのと同じ奉献がどうしてミサに現われるのか、という問題であった。この点、ギリシア教父と同じである。この当時、それを説明するたくさんの学説が登場した。いけにえ＝破壊説とでもいうべきものである。A・ミヒェルはこれらの諸説をくわしく調べあげ、見とおしやすいように整理したので、その線にそっていくことにする。[15]

いけにえ＝破壊説

これらの説のいずれも、ミサでは、十字架の奉献を記念するだけ[16]ではなく、この奉献がなんらかの方法で現存するようになるのだということを、なんとか示そうとしていた。それは、一五二三年以後ツヴィングリがうち出し、のちにカルヴァンやイギリスの改革者がくりかえした非難を、明らかに念頭においたもくろみであった。すなわちキリストは、ミサのなかでささげられると、新たにほふられることになるのである。いけにえとは、まさにほふることだからである。[17]

カトリック神学の対応で目につくのは、こうした概念規定に異議が出なかったことである。バスケスは、（レビ記23章と24章に書かれているような）司祭による奉献だけで、ミサをいけにえたらしめるに十分だという考えを、はっきり否定した。[18]理由は、破壊を伴わないような奉献は、神が事物を支配していることを認める一般的な表現ではあっても、生死を神が支配していると認める表現にはならないからだという。[19] したがって改革者の非難に対処するには、十字架上の主の死を祭壇上に現在させるものが、ミサのなかで行われることを示さねばならなかった。

(1)　論争の初期には、ミサには十字架上のいけにえを連想させる形がある、と答えればすむと思われていた。中世の多くの神学者たちはそれを、パンの分割に（メルチョル・カノ）、聖体拝領に（ドミンゴ・デ・ソト）、あるいはまた、それ以上区別していないが、形色が二つに分けられていることに（アルフォンソ・サルメロン、ウィレム・エスティウス、他多数）、見つけている。

(2)　ガブリエル・バスケス（一六〇四年没）はもう一歩前進する。ミサは、そのなかで「神秘的なほふり」[20] が行われるからこそ、いけにえなのである。二重の聖別のおかげで、キリストが現在するようになるだけでなく、十字架上の死も表現されるのである。バスケスはトマスとともに、いけにえの成立には変化が不可欠だとみた。けれどもミサの場合には、絶対的奉献[21]ではなく、奉献の記念、相対的な奉献[22]が問題だからこそ、表現するだけで十分なのだとしている。[23] この神学は、二十世紀にいたるまで、多くの神学者が受けついできた。

同じ見解を発展させたかたちでレーオンハルト・レシーユス（一六二三年没）が主張するところによると、二重の聖別によって、十字架上のいけにえが描き出されるのみならず、ことばの力で、[24] 体と血が二つに分かれるのだという。この考えかたが、仮想的なほふりという表現で、[25] とくにトマス学派の間で、現代にまで伝わってきた。

ほかにも、たとえばパスクァリゴ（一一六四年没）やボシュエ司教（一七〇四年没）などは、キリストが死のすがたで[26]現在することで十分だ、と説明している。それは、心をゆだねること、すなわち神秘体全体の心からの献身を示す奉献を表わすのに必要な、目に見えるしるしになる。これはルイ・ビヨー（一九三一年没）が新たにとりあげた説明である。

(3) いけにえというミサの特色に対するプロテスタントの異論に、じゅうぶん対抗できるものと思われたもう一つの解決策がある。とくにフランシスコ・スアレス(一六一七年没)による『トマス・アクィナス注解』[27]に出てくる。これは、本物のいけにえは、供えものがほんとうに破壊されるのを必要とする、という考えかたにもとづいている。これは、二重の聖別で神秘的なほふりが行われることに、異論があるわけではない。だがそれだけでは、ほんとうのほふりにはならないのだというわけである。他方にはもう一つの、ほんとうの壊されかたというものがある。すなわち、パンとぶどう酒の供えものの実質が、キリストのからだと血に変わる時に、破壊が起こるのである。パンとぶどう酒は、供えものそのものではなくとも、キリストが奉献の出発点にしようと望んだものである。この説を発展させた人のなかに、シェーベン(一八八八年没)がいる。彼は破壊という概念を変化の概念におきかえ、奉献の意義も、神秘体の心からの献身の表現なのだと力説している。[28]

パンとぶどう酒の形にまつわる破壊が、いけにえの本質的要素であることを、ベラルミーノ(一六二一年没)も認めている。しかし破壊は別のところ、つまり拝領で起こると彼はみた。これを根拠にすると、司祭の聖体拝領はいけにえに不可欠なものとなる。聖別されてキリストのからだと血になった供えものは、破壊にさらされる。それが、拝領の時にかみしめられる現実である。

(4) これらの説は、必要な破壊がパンとぶどう酒の形に起こるとみているわけだが、ホアン・デ・ルゴ(一六六〇年没)の神学は、ほんとうの供えもの自体、つまりキリスト自身に、その破壊が起こるとみている。キリストは聖別によって、人間的にみれば落ちぶれたものに、[29]つまり食い物にされるのである。この説は、十九世紀にフランツェリン枢機卿(一八八六年没)が新たにとりあげている。

けれども十六世紀以来、ミサを奉献とするものは何かという問いに、ささげるからである、それで十分なのだとあっさり答える神学者もいた。

マルドナルド（一五八三年没）は一コリント11章21―25節の注解で、いけにえは供えものを破壊することで成立するとの説を否定してはいないが、それは可能な方法の一つでしかないという。秘跡が制定された時にもおこなわれたのは、ささげることであり、それだけが本質的なのである。のちにこの見かたは、とくにピエール・ド・ベリュルが始めた、フランス学派とよばれる神学者たちに受けつがれた。彼らは神秘的なほふりの意義を否定はしない。

だが彼らは、キリストの心からの献身に力点をおいた。それこそキリストが生涯を通じて生きぬき、十字架上で全うし、また天において生き続けているものである。ミサ中の決定的なできごとも、この献身への決意をもって、キリストが現在するようになることにある。聖別のことばによって、見える形で。キリストは教会をこの献身に巻きこむのだと、この見解の指導的な提唱者はつけ加えている(30)。

この説はとくにモリース・ド・ラ・タイユの著作に、はっきり出ている(31)。彼によれば、キリストの一回限りの奉献は、十字架上の死と、それを最後の晩餐で典礼的にささげたことから成るという。だからミサの奉献とは、最後の晩餐の時と同じささげかたで、教会がそれと同じ供えものをあらためてささげ、いまキリストが教会とともにそれを全うすることに、あるわけである。

二十世紀になると、まだなお有力な破壊説に対する反対が強まり、別のやりかたも見られるようになった(32)。これはジブラルタルの司教代理ジェイムズ・ベロールの手で、極端なかたちになった。彼は二つの記事の中で、十字架上の死においてではなく、最後の晩餐のときに奉献は全うされたのだ、だから死のことも死を象徴するものもないのだ、と説明している。この奉献はミサのなかでは、聖体拝領のほうに、もっとよく出ているのである。レンツはもう少し慎重な別のやりかたで、同様の結論に達している。[33]唯一の真の奉献は十字架上の死なのであり、ミサのなかでは、それが表現されるにすぎない。この表現は現存と結びつき、奉献の理念を現実にする。奉献は、客観的には聖別において、主観的には聖体拝領でおこなわれる。だからミサは、本質的に「奉献の性格をもつ食事」なのである。人を聖化するものだから、「奉献」なのである。

ミサとは本質的に食事なのだとする考えかたは、その後いろいろなところに出てきた。新約聖書の記述を引きあいに出したり[34]、教会一致のためだったり、実際の典礼の形を見てのことだったり。いちばんあとの意味でロマーノ・グァルディーニ（一九六三年没）は、「ミサの根本形態は、食事の形である。そのなかで奉献は、形のうえでは表に出ず、全体の背後に潜んでいる」と説明している。[35]同様にヨーゼフ・パシャーは、イエスの制定したものに、なによりも「食事の祝福」のような感謝の祈りで始まる食事をみている。[36]

新しいアプローチとその源泉

徹底的に新しい意識に向けての決定的転換は、今世紀に盛んになったベネディクト会の二人の修道者の名前に結びついている。

修道院長アンスカル・フォニール（一九三八年没）は、一九二五年に『聖体の教義への鍵』[37]という著書を出版した。その中でなん度も聖トマスを引用しながら、聖体のなかに栄光化されたキリストがまず現在してから、次に奉献の犠牲に変わるのだ、というような見解を批判している。むしろ彼に言わせれば、秘跡そのものが奉献である、まさに秘跡的な奉献なのである。聖変化によってキリストのからだと血が、カルワリオのように、苦しむキリスト[38]が現在させられる。この「秘跡的現存は、それだけでじゅうぶんに奉献たらしめるのである」[39]。

ほぼ同じころオード・カーゼル（一九四八年没）は、宗教学を出発点とした論文を発表し始め、典礼秘儀の説を提起した[40]。感謝の祭儀には、古代の密儀宗教でやることとどこか似ているところがある。つまり、儀式に包まれ、「秘儀によって」、キリスト自身のみならず、キリストの救いのしごとも、それとともに十字架上の死も、現在のなかに、しかも客観的な現在のなかにおかれるようになる、という。教会は、祭儀をおこなうことによって、救いにあずかれるのである。

このカーゼルの説には批判的な異論が個々の点で少なからずぶつけられたが、現在化という理念は、実り豊かなものであることがはっきりした。どのミサにも、十字架の奉献がそのまま現在するのであれば、おのずと奉献が唯一であることになる。また教会の役割にも、新しい光があてられるからである。

これらの論文をきっかけにして変化が始まった。それは偶然に起きたものではなく、すでにずっと以前からの歴史的背景があり、源泉への意識が芽ばえてきていたのである。つまり教父の研究、古代典礼の知識、比較典礼史である。典礼生活そのものの刷新への努力が、それに結びついた。そこで教会の奉献が、しかも信者の、それも司祭とともに奉献をする信者のつどいである教会の奉献が、見なおされるようになった。このことを、ピウス十二世は、一九四七年の回章『メディアトル・デイ』の中で強調した。

またふたたび、感謝の祈りがわかるようになると、もっと深い記念の意味が感じられるようになった。これは教父たちもかなり力説しているところである。客観的な記念をほんのわずか進めると、現在化になるのである。

同じ時期に、これまでのように感謝の祭儀に関するカトリック見解のアクセントを規定してきたプロテスタントからの反論も、やんだのである。そのような非難がキリスト教の啓示をまったく否定するようになり、行き着くところまで来てしまえば、かえって影響など話にもならない。しかし信心ぶかいプロテスタントも変わってきた。たしかに改革教会における聖餐についての見解は、共同作業の産物である一九五七年のアルノルドスハイン合同声明からもわかるように、まだカトリックの教義からほど遠いけれども。(41)* いまだに、カトリックがわのミサ奉献思想は救いの奉献が唯一であることに反するもので、人間がわの行為を不当に強調しすぎていると、いろいろの出版物で非難されている。

*この声明は、ルター派とカルヴァン派の神学者が協同して、ある程度の合意をまとめたものである。

けれども同様の歴史的態度から、イエスの制定したものの理解において、プロテスタント諸教派にも重要な変化が生じた。これはたびたび礼拝の式文にも現われた。すなわち、本物の奉献文や叙唱、エピクレシス、アナムネシスといった本質的な諸要素はもとより、秘跡制定句によって聖別された供えものの「呈示」まで、ふたたび行われるようになったのである。(42)*

* アングロサクソンのカルヴァン派の伝統や、スコットランド教会、テゼー、南インドの教会、一九五八年のルーテル教会の典礼。一番あとのものは、合衆国のルーテル教会連合に結集した、アメリカ教会の八つの団体のために出来た。

現代の動き

感謝の祭儀に関するカトリックの教えは、いまこそ、しかもじかに伝統をじゅうぶん把握しなおして、思索を深める仕事にとりくめるようになった。(43) まさに唯一の奉献行為の現在化という思想は、じっさいの奉献、しかもキリストのささげた奉献そのものが、ミサのなかにあるということを、明らかにするものでなければならなかった。そしてこの奉献が教会のなかに現在化されるなら、キリストのからだである教会は、この行為において頭といっしょになる。だから奉献をするとき、教会はひとりで独力で行動しているわけではないことも、よくわかるはずである。

それと同時に、奉献という行為そのものを中心にして、そこからキリストの現存をひき出すような、感謝の祭儀の総合的な理解がうまれたのである。そこで新しい教義表現は、まさに伝統に忠実だったからこそ、信仰の神秘全体をひとつのものとしてとらえるような、新しい一貫したイメージをうち出したのである。もはや秘跡、聖体拝領、ミサというふうに、並列した形ではない。たとえばシャルル・ジュルネーは、十字架上の奉献から出発し、ミサという概念で、感謝の祭儀の教義全体を論じている。(45) ミヒャエル・シュマウスも同様である。(46)

神学の新しい動向は、ミサの実践における、教会の新しいうごきに呼応するものである。それは、(一九〇九年にベルギーで) 典礼運動が起こって以来、神学的考察を先どりしてきた。この運動は、見たというよりは予感された理想像に根ざしている。すなわち、時代がおおいに必要としているもの、ほり出されていない宝が、ミサ典礼のなかに用意されている。それと同時に、感謝の祭儀を祝う教会とは、信者の具体的なつどいのことなのだ。こういった点に気づいたことから、あの運動は始まったのである。

ここから、ミサを信者にわかるものにし、会衆を行動的参加に招く必要が生じた。ピウス十二世の回章『メディアトル・デイ』(一九四七年) は、はじめてこの努力を公式に認めたものである。

第二バチカン公会議でも、同じ認識が、「聖なる教父たちによる本来の基準に則して」(47)、ミサを徹底的に刷新する決定につながったのである (『典礼憲章』50条)。そのさい一五七〇年の改革の場合のように、司祭が司式する儀式のことしか眼中にないようなミサ典礼をもとにして、刷新がおこなわれたのではない。むしろ会衆とともにささげるミサのことを、いつも見つめながら進められた。この原則が受けいれられた結果、先に一九六七年に刷新が実施された時、典礼のことばが全面的に会衆の言語に変わり、ミサの心臓部つまり典文にも、刷新がおよぶこととなったのである。そこで一九六八年に、昔からのローマ典文のほかに、三つの奉献文[48]が新たに加えられた。新しい式文は、奉献文の本来の構想と考えかたを、より明確に徹底したものである。さらに、同じ聖堂で同時にてんでんばらばらに多くの私的ミサをするのは、改革者の非難の的となっていた。このため公会議は、一致の秘跡というイメージが、あまり曖昧にならないように、共同司式をおこなうことを提唱した。教義に関しては、公会議で何も新しいことを言う必要はなかった。「感謝の祭儀の聖なる秘義」の章の初めに、トリエント公会議の教えを簡潔に要約しておけば十分だったのである(『典礼憲章』47条)。

第二部　ミサのこころ——その本質と体系的表現

第一章　救いをもたらしたキリストの奉献

キリスト秘義

キリスト教の福音の核心には、神であり人である方の苦しみと死がある。それが救いをもたらす。そして復活はその頂点である。神の子が人となり、新しいアダムとなって、新しい神の民を神のもとに導こうとした。しかし彼がその一員となった人間は、罪にまみれ、神に反逆してはみずから不幸を招き、際限なく災難に陥る人間だった。そこで彼は、悲惨な罪のどん底に下り、神の小羊として父の意に全面的に従い、世の罪を取り除こうとしたのである。そのあとではじめて、人の先頭に立って父の栄光に入ろうとした。だから彼の人生は、死を前にして自分をささげることに、その頂点をきわめたのである。

イエスの全生涯は、世界の救いを、ひいてはカルワリオでの救いをもたらす苦難と死を目ざしていた。人と成ったことが、すでにこの特徴を帯びていた（ヘブライ10・7）。その受肉は、自分を無にすること（ケノーシス）であり、その全生涯とともに、十字架上で完成するものである（フィリピ2・7－8）。神の定めたキリストの使命は、単に新しい教えを説く人や新しい生きかたの模範となることではなく、ずたずたになった神とのきずなを回復することにあった。

彼は世界に入った時、教師や王の任務のみならず、それ以上に祭司の任務を帯びていた。神人であるキリストは、本質的に神の前では人類の頭である。新しく始めることができるのは神である。その神の前で、人類を代表する者である。すなわち祭司なのである。神の意志に対する積極的な無私の献身によって、神への人類の従順を回復し、人間を神の愛にまた迎え入れた。信じてキリストの案内についていくすべての人に、神への入口がふたたび開かれたのである。

こういう主イエスの救いのしごとは、新約聖書では、いけにえ用語でよく語られている。しかもすでにキリスト自身が、「多くの人の罪のゆるしのために流される」自分の血について語り（マタイ26・28）、また自分は、多くの人の解放の代金として、自分の命を犠牲にするために来たのだと明言している（マルコ10・45）。

初代教会でも、救いをもたらす主の苦難は、ちゅうちょなくいけにえとよばれ、描かれた。パウロも言う、「キリストが、わたしたちの過越の小羊としてほふられた」（一コリント5・7）。キリストは「ご自分の血によって」教会を手に入れた（使20・28）。教会は、「傷や汚れのない小羊のようなキリストの血」であがなわれたのである[1]（一ペトロ1・18―19）。小羊の血とは、明らかにいけにえのことである。そしてパウロは、この旧約聖書に由来する比喩的なことばを使わずに、キリストのことを「ご自分を香りのよい供えもの、つまりいけにえとして、わたしたちのために神にささげてくださった」方なのだと語っている（エフェソ5・2）。

そのさい十字架で主が死んだ時の出来事は、外面的に見ると、伝来のいけにえのしきたりとは、じつはあまり似ていない。敵が彼に対してやったことは、犯罪であって、いけにえではなかったのである。

ほかならぬキリスト自身が、ささげる人であった。神のしもべについて述べられていたように、罪なき者が、他の人のために、苦しみと死を自発的に受けとめた（イザヤ53・2―10）。それは、預言者たちの求めた、いけにえの真髄であった。すなわち神への従順で魂のこもったささげ物、気もちのこもったささげものである。この気もちが抜けていては、イエスが教えたように、どんないけにえにも価値はない。「わたしが求めるのはあわれみであって、いけにえではない」(マタイ12・7)。それは最大の愛をこめて、余すところなく自分をささげることであった。

新しい「奉献」

十字架の死を理解するにも、ミサの奉献を理解するにも、出来合いの宗教儀式を出発点にしていたのでは、目的を果たせないことになる。それが旧約や宗教史一般から引きついだものであろうとなかろうと。そのうえ、旧約聖書の創世記もいけにえのことを知ってはいるが、式次第のととのった儀式のことを示しているのではない。いずれにせよ、新約聖書の意味での奉献は、伝統的な宗教儀式を廃止したものと考えるべきである。それは新しく始まったものである。だから「伝わってきた意味」しかないようないけにえでもない。たとえばエフェソ5章2節の「いけにえ」という語には「倫理的な響き」があるとはいえ、[2] 本来のいけにえの概念から離れているわけではなく、その本質的な内容を強調しているのである。[3]

このいけにえ概念の本質的な要素を確認すると、いけにえとは「人が自分をすべて神にゆだねることを、ささげものの形で表わすこと」になる。[4] そのさい、自分のもので神に与えることができるといえるものはなく、かえって、すべては神から与えられていることが、まったく当然のこととされている。

けれどもまさに十字架の奉献の場合は、ほんとうに与えることなのである。主は、人として自分のすべてを神にまかせる。自分を与えるということ。これが血と生命をささげる形で表わされているのである。まったく彼が予告していたとおりだった。「わたしは命を、それをふたたび取り戻すために、さし出す。だれもわたしから命を奪いとることはできない。わたしは自分でそれをさし出す」(ヨハネ10・17、18)。
　もちろん、まさにこの点で明確になるのは、筋金入りのプロテスタント神学が、カトリックの奉献の見かたに対してぶつける根強い抵抗である。それはとくに、神だけに力があるのだから、人間は何もできないのだという考えかたから来る。それとともに、キリスト自身が人間であることを、どう評価するかにも関わることである。

ルターはすでにこう明言している――イエスが最後の晩餐で制定したものは、信じる者は罪がゆるされるということを肯定する、「遺言」にほかならない。だからおよそ神に対する業績など不要にする、純然たる神の恵みの到来なのである――。

　プロテスタント神学者のなかでも、ルター一点ばりの考えかたの人たちは、イエスの地上の生活も十字架上の死も、いずれも父の栄光をたたえるような行為なのだとは、とろうとしない。十字架上の死においても行動するのは、神。人間を審き、究極的には人間に恵みを与える、あの神なのである。人間イエスの神への「奉献」など、律法主義と人間中心主義を意味することになろう。(5) イエスが人であることは、こうして決定的なところでほんとうは役に立っていない、といわれるようなものである。
　これとは反対に、福音のとらえかたと、単性論者に反対したカルケドン公会議(四五一年)、および単意論者に反対した第三コンスタンティノープル公会議(六八〇/六八一年)の考えかたにそって、カトリックが守りぬいた見解は次のことである。すなわちキリストは、人間であることを失わずに、ほんとうに自分で行動することができるのである。だから人として人間がわに立ち、自分のしごとをなし遂げることができたのである。かくして、降りてきて恵みをもたらすだけでなく、新しい人間の先頭に立って上昇する、神と人との間の、真の仲介者なの

である。聖書が彼に帰した大祭司、王、ご自分の教会の頭という尊称も、そのことをものがたっている。(6)

十字架上の死の奉献は、世界を救うための主の決定的な行為だが、神への賛美のきわみでもあった。まさにこれ以上ないような神への賛美だからこそ、世界の救いなのであった。

奉献は、十字架上でキリストひとりがささげた。このうえもなく見捨てられ、たったひとりになって、ささげたのであった。けれどもそれは、救われた人間を自分に引きよせようと神が望んだ、「新しい永遠の契約」の樹立であった。

だから、あとに続くあらゆる時代の救われた人間は、この契約に入れてもらえるばかりでなく(洗礼)、この契約を強め、承認することもできるのである。それはふさわしいことであった。キリストの奉献は、天上において続けられていくというかぎりでだけ、持続するはずではない。地上のキリストの教会である、救われた者の共同体のなかでも、継続されていくことになる。こうして教会の人々は、この契約になじんでゆき、気もちも態度も、ますます、ほんものの神の民となっていく。

最後の晩に、主が感謝の祭儀という秘義を制定したのは、こういうわけである。それにともない、「これをわたしの記念としておこないなさい」と使徒たちに命じた。あらゆる時代にわたって、いたる所で自分のことばを実行しようとしていることを、このように見えるかたちで実現した。すなわち、「わたしは地上から上げられる時、すべての人を自分のもとへ引きよせよう」(ヨハネ12・32)。

イエスが最後の晩餐でおこなったことが直接に示すものは、広く確認されているように、まず象徴行為、「行動によるたとえ」であった。すなわち行動による予言とでもいうべきものであった。主は、ベタニアでの塗油のさいには、自分の葬りのことをほのめかした。そのように、今度もまた自分の行動で、迫りくる自分の奉献の死のことを知らせた。彼は昔からの食卓のしきたりをとり上げ、これにことばをそえて特別な意義をもたせたのである。

イエスが裂いて食べるようにさし出すパン、自分の杯の中に入れて弟子たちに授けるぶどう酒、ぶどうの血。それは、すべての人のためにわたされるキリストのからだ、すべての人のために流されるキリストの血のことなのである。

しかもこれは、共観福音書記者が過越祭の会食とよんだ食事の場でおこなわれた。みなはそこで、奴隷の国からの解放に、過去の、そしてもっとすばらしい未来の解放に、思いをはせていた。主はそれとともに、まさに我が身に引きうけようとしている、救いのための受難と死を、行動によるたとえでほのめかす。トマスもこの秘跡のことを、この意味でキリストの受難を表わすイメージ(7)とよんでいる。

合理主義聖書解釈家が、これはイエスの最後のたとえ以外の何物でもない、と強調するのは早計である。すなわち彼らは、イエスの行為の性格はたとえ以外の何物でもないというのである(8)。

ただのたとえなら、ほかの行為のほうが、はるかに合っていたことだろう。預言者エレミヤは、偶像崇拝する人々に破滅を宣告するつもりで、長老たちの目の前で水がめを粉々に割り、「陶工の作った物は、一度砕いたならば元に戻すことができない。それほどに、わたしはこの民とこの都を砕く」と言った（エレミヤ19・11）。

しかし主は、水がめを壊したりはしない。食卓を囲む仲間に食べ物と飲み物を出し、同時にこのようにして、自分の死のもつ救いの意義を示す。それは、その実りに彼らがあずかることになり、すでに今もあずかっているしごとのことである。そして主は、自分の行為をくりかえすように、求めている。

だからだいじなことは、効果的で実効をもたらす、行動によるたとえなのである。そういうものにイスラエル人は、なじみが全然ないわけではなかった。ことばと現実は、彼らにはとても分けて考えられないものであった。「ダバール」というヘブライ語には、いつもその両方の意味がある。預言者たちがおこなった象徴的な行動も、現実のともなうものと考えられていた。たとえばエリシャが、アラム人と交戦中の王に、矢で地面を射ろと命じる。王が地面を三回しか射なかったので、預言者は憤慨し文句を言う。「五度、六度と射るべきだったのに。そうすればあなたはアラムを撃って、滅ぼし尽くしたであろう。だが今となっては、三度しかアラムを撃ち破ることができない」（列王下13・18―19）。

わたしたちの場合には、預言者の行動ではなく、神人のしたことを問題にしている。彼は世の救いのために行動し、この予言的な「ことば」でそれを告げている。それをすでに彼はこのことばで先どりし、秘跡の形で現在のものにする。すなわち秘跡の形で奉献をおこない、今後も絶えず自分を記念するためにおこなえ、と命ずるのである。

第二章　救いの奉献の記念

記念することは「わたしの記念としてこれをおこないなさい」とまかされたことに出てくるもので、イエスの制定したものを理解する鍵になる。そこでこのことを、もっとくわしく見ておかねばならない。

「記念」は、単なる主観的な思い出と受けとられることもある。そういう出来事を思うことは、たしかに感謝の祭儀にも必要である。祭儀でおこなう祈願や朗読の大部分は、そういう思い出のよすがとなる。しかしそれだけではどうも、ここでいわんとする記念の意義を出しきっているとはいえない。

主が（「これをおこなえ」と）求めた行為そのものこそ、記念すべきものだからである。その行為そのものが、記念でなければならない。主がまかせると命じているものは、ある意味で客観的な記念であり、記念式である。世界の中で客観的に感じられるものとなり、主観的にしのぶよすがとなる、しるしである。

客観的記念

どの文化でも、客観的な記念の形はさまざまである。いろいろな形の記念碑、肖像、われわれの場合には十字架像がある。もっと高度な、より印象深い記念の形は、動き、とくに劇によるものであろう。たとえばいわゆる受難劇は、キリストの苦しみを客観的に回想できる一手段ではある。もちろん客観的とはいっても、われわれの意識の外にある、外的なしるしや出来事だというくらいの意味である。そしてわれわれが祝う祭りの大部分は、世俗的なものも、宗教的なものも、こうした記念式典なのである。

イエスの制定を正しく理解するうえで、とくに大切なのは、旧約における祭儀、とりわけ過越祭である。[1] 毎年過越祭によって、エジプトからの脱出がお祝いされた。『ミシュナー』の規定によると、「いつの時代にも、みなひとりひとり、自分自身がエジプトから脱出したかのように、思わなければならない」[2] のである。神は、先祖たちだけではなく、「彼らとともに、われわれすべて」を解放してくださったからである。

現在化

あるプロテスタント神学者は、すでにこの旧約の記念のなかに、イエスが制定しようとした記念祭にうってつけのものがあると言う。その主張によれば、旧約においても、自分の民を救う神の行動は、一回かぎりの歴史上の出来事、すなわちエジプトからの脱出とか契約の締結だけのことではない。礼拝祭儀のたびに、とりわけ過越祭のたびごとに、「現在のこと、今日のこと」になったのだという。[3]

けれどもそれと同時に、こういう現在化には、種々の段階で区別があるということに、おおいに注目すべきである。旧約の礼拝祭儀でだいじなことは、たしかに単なる主観的なものや、なんらかのしるしをともなう、単なる回想をこえた現在化なのだ。幕屋祭のおりには、申命記の勧めが朗読され、あらゆる世代の人々に「あなたはかつてエジプトの国で奴隷であったが、あなたの神、主が……導き出されたことを思いおこさねばならない」(5・15) と告げられたとある。それは、祭りが先祖の解放のことをしのばせるものだという以上のことを意味している。「この申命記に絶えずくりかえし出てくる「今日」、なん世紀にもわたって続くシナイ契約の実現が見られるのである」[4]。これはなおさら、年ごとの過越祭にいえることである。「過越の記念は、いつも絶えることなく、すなわち現在おこなわれている神の救いのしごとを描きだすもの、ということになる」。

ここまでの問題提起では、旧約聖書全体に一貫性をもたらし、記念祭儀のなかで人間の強い感受性にのみ訴える神の行動のことを、問題にしてきた。この点に注意しておこう。

新約の場合は違う。ここでは、神人の、時と場所にしばられた行動が、十字架上の死が、問題になる。十字架上の死の記念祭は、過ぎ去った歴史上の出来事を、ただ主観的に回想するようすが以上のものである。記念すること自体にも、意味がある。だとすれば、この出来事は、記念祭になんらかの形で含まれている。すくなくとも、その影響をもたらすもののはずである。

主の救済行動、すなわち過越の秘義（ミステリウム・パスカーレ）は、あらゆる時代を通じて影響しつづけ、とりわけ教会のおこなう秘跡において、効果をあげている。これがキリスト教の教えの根本である。ところでこの継続的な効果は、他の秘跡では、再生や聖霊の授与などの特定の局面でもたらされる。だが感謝の祭儀では、救いのできごとそのものが含まれているのである。

これは、意味がまだ厳密には明確になっていなかったが、教父たちの伝統的な教えである。とくにギリシア教父がいろいろの形で述べている。彼らはすでに見たように、感謝の祭儀の奉献がゴルゴタと同じものだと力説する。彼らは感謝の祭儀が、カルワリオの奉献のしるし、形、似姿である、といっている。(5)

すでに見たように聖トマスも、感謝の祭儀のことを「キリストの受難を表わすイメージ」とよんでいる。(6)(7)

トリエント公会議によれば、主は、自分の十字架上の奉献が、感謝の祭儀で現在化されることを望んだのである。第二バチカン公会議も同じ意味で、十字架上の奉献が代々にずっと続けられていくことこそ、最後の晩餐で主が望んでいたものだと述べている（『典礼憲章』47）。(8)

このように感謝の祭儀のなかで行われることは、救いのできごとを永続させ、現在化することである。すなわち客観的な記念である。客観的といっても、ただ外的なしるしで、はっきり感じられる式典というだけではなく、祝われるできごとそのものが現在のことになる、という意味で客観的なのである。

現在化の本質

次なる問題は、この現在化をどう考えたらよいか、である。祝われたできごとはその結果や効果が現在すると考えるべきか、それともできごと自体が起こるのだろうか。つまり、感謝の祭儀の記念で現在するのは、苦難を過ぎ越したキリストだけか、それともこうむった苦難も現在するのだろうか。

たしかに前述のところで、聖トマスはよく知られた主日の祈願を引用してはいる。「このいけにえの記念がおこなわれるたびに、わたしたちをあがなうしごとが行われる」。しかしその説明では、苦難を過ぎ越したキリストの現存以上のことは、述べてはいないようである。

そうこうするうちに今世紀の神学論議はますます、こうむった苦難のほうも現在することを肯定するようになり、したがって救いのできごとの実際的現存を、受けいれるようになってきた。しかしこの客観的な記念を説明する方法は、まちまちである。

ここでの問題は、聖なるできごと、すなわちイエスの死と復活という、他のあらゆる史実と同様に過去のことである史実が、どうして感謝の祭儀のなかで、わたしたちにとって現在のことになれるのか、である。

ある福音教会の学者（たとえばハーンやボルンカム）は、キエルケゴールからとった概念にもとづく見解をとなえてきた。すなわち、礼拝共同体の人は、過去の救いのできごとと同時代の人になるはずだ、と言うのである。この説は、感謝の祭儀がその都度教会の時代におこなわれる祭儀だという事実と矛盾する。そこでやりかたを逆にして、過去の事実と現代とのつながりをどう考えたらよいか、明らかにしなければならない。

秘儀による現存

オード・カーゼルの秘義神学がその答えを出した。すなわち、史実そのものがわたしたちにとって現在のことになるとはいっても、当時の歴史的な様相においてではない。秘儀によってである。ヨハネス・ベッツはこの説明を認めたが、一つ異なるところがある。すなわち史実は、カーゼルが前提したように無条件にではなく、条件つきで、つまり教会の定めるしるしや儀式によって、現在のことになるのである。でなければ、教会は、受けとるだけ、受け身なだけだと思われてしまうからである(16)。

一方またほかの説明によれば、当時の史実がいまここで直接起きるのではなく、天上で続いていることが現在に起きるのである。栄光を帯びた救い主は、十字架上でささげたのと同じ奉献を、絶えず生きぬいているからである。したがって現在は、いわば時代をこえて水平に到来するのではなく、天において生きぬかれていることから、垂直に来ることになる。もちろん自分で引きうける奉献の気もちがあっても、それだけでは奉献が現在することにはならないということも、忘れてはならない。

さらに別の説によると、救いのできごとは、それ自体がいまここで起きるのではなく、祭儀を通じて参加者にもたらされる結果において、現在のことになるという。すなわち、苦しみを受け復活する主と同じ姿にされるのである(17)。

けっきょく現在のことになるべきものとは、歴史上の形での奉献行為そのものではなく、歴史的行為の内容である。それは時を越えたものである。すなわち、人のために全身全霊を神にささげるという、単なる信念どころではない、主の全生涯を貫く姿勢が、新たに教会の祭儀のなかで現在のものになればよいのだ、と言われている。

そのかぎりで、秘儀による現存という説は、ミサの奉献が十字架上の奉献とひとつのものであることを、より深く理解するのに役だつものとなろう。しかし問題をもっと別の角度から考えておくのも有益であろう。

現存のスペクトル

実体の形による現存　聖体におけるわたしたちの主の十字架上の死の現存は、キリストがその教会のなかに現在することの特別な場合にすぎない。

過去数世紀間はキリストの現存を話題にする時、ほとんどパンとぶどう酒の形態で現在するキリストのことしか、考えていなかった。

しかし現代は、この現存がさまざまであることを、ふたたび強く意識するようになった。それはすでに主のことばで表わされている。「わたしは世の終わりまで、いつもあなたがたとともにいる」(マタイ28・20)。ピウス十二世は『メディアトル・デイ』[18]で、第二バチカン公会議は『典礼憲章』7条で、このことをふたたび強く指摘している。

現存の目的　秘跡の形で与えられる実体による主の現存と、行為による現存、すなわち行動的現存とは区別すべきである。[19]しかしどちらも目的は、信者の心に主が現在し続けることにある。パウロの言うように、「信仰によってあなたがたの心のうちにキリストを住まわせ」るために(エフェソ3・17)。これは、聖霊による現存(霊的現存)ともいえるものである。[20]

行動的現存　ミサのなかでは、キリストは、祭壇の上にわたしたちのささげものとして現在するが、そういうキリストの実体が、現在のものになるだけではない。自分の手足となる叙階された司祭を通じて、祭壇のところで行動しながら、その場にいる。つまりキリストは、行動的にも現在しているのである。

もちろんこのような主の行動的現存は、感謝の祭儀だけに限られたことではない。どの秘跡にもあることだ。伝統的な神学用語で、キリストのことを秘跡の主宰者とよぶ時にいわんとしているのは、この行動的現存のことである。彼は本来の意味での祭司、すなわち大祭司なのである。[21] モザラベ典礼のミサの、聖別のことばの直前に唱える司祭の祈りに、このことがよく表われている。「来たり給え、おおイエス、汝善き大祭司よ、御身の弟子のなかにおられた如く、我らのなかにおわし給え、この供え物を祝し給え」[22]。

この現存は、「キリストはご自身のことばのうちに現在しておられる。それは聖書が教会で読まれる時は、キリスト自身が語られるからである」ということばにも、すでにいくらか出ている（第二バチカン公会議『典礼憲章』7）。またクリュソストモスは、聖体を授ける時、それを授けようと差しのべる主の手をみている。

しかし、感謝の典礼がおこなわれるなかでの現存は、あきらかに一歩ふみこんだものである。そこでは、救いの奉献が記念されるからである。このこと自体は、秘跡の形で表現される。だからミサは秘跡的な奉献なのである。そこで、記念による行動的現存のことが語られる。[23] それは事実を思いおこさせるという、行為による現存である。

パンとぶどう酒に聖別のことばが唱えられる時、キリストは、なんとなくそこにいるのではない。まさに苦しみを我が身に引きうけ、克服して父の栄光に入った方として、現在するのである。彼は、苦しみを受けて復活したキリストとして、そこにいる。[24] かつての救いのしごとは、彼から切り離せるものではない。

わたしたちが出会うどんな人でも、何かしら人生のなかで体験した宿命的なできごとの傷を負っているものである。それが、その人の「性格」に刻みつけられている。

同じようなことが、もっと高いレベルではあるが、この場合にもいえる。神であり人である方のこと、そして世の救いのために働いたしごとのことである。キリストの十字架上の死は、人と成ったことで始まった救い主の人生の頂点にほかならない。〈ことば〉（ロゴス）は、人間性を身につけ、これをいわば準形相因的[25]に位格的存在にはたらかせた。そうすることで彼は、この人類のなかで必然的に人類の頭となり、しかも啓示の教えるとおり、この人類を救いだす使命をおびた大祭司となったのである。その一生は、人のために、全身全霊を父にささげる気力にみちている。この救い主の人生の頂点が、十字架上の死の奉献であった。

この死は、外面的な出来事ということでは、特定の一時点におこった歴史上の事件である。けれどもそれは、神人が自分のすべてを投げうって救うことを本質とする、時を超えた〈ことば〉であることに関わる行為である。それは最後の晩餐で先どりされえたもので、天において栄光を受けた状態で続いている。だからまた時のなかで、教会という枠のなかで、現実になることができるわけである[26]。

前述の説明では、絶えざる天の奉献のことを、指摘するまでもなかった。それは歴史上のキリストの奉献からつながり、ミサのなかで現在化されるものである。この説の多くの支持者に見られるように、神人が全身全霊をささげる、絶えざる奉献の信念を想定するだけでは、まだこのような天の奉献にはならないのである。奉献の信念は、外面的なしるしで象徴的に表わされないうちは、まだ奉献ではないからである。

だが他の神学者が正しく指摘するところでは、父の右に高められたキリストは、救いのために地上でしたことのすべてを帯びて、神の前に進み出て、いつまでも絶えずそこにいるのである。そこで絶えざるとりなしのことばかりか、絶えざる奉献のこともいえるのである[27]。このように解すれば、天における奉献との関係は、前述の説明と実際上同じことになる。

記念すること

しかしこういう考察は、伝統が証言する事実を、もっとくわしく説明する試みなのである。しっかり守るべきことは、事実そのものである。すなわち、教会の記念する行為によって、キリストの救いのしごとが現在のことになる。ちょうど実体的現存によって、ひとつのキリストのからだが多くの場で現在のものになるように、記念という行動的現存によって、十字架上の死というひとつのできごとも、多くの時点で現在のことになるのである。おもにオード・カーゼルによって、ふたたびうちだされたこの考察方法は、カトリック以外の神学者たちからも、かなり関心をよんだばかりでなく、たびたび賛同を得た(28)。

奉献の記念

十字架上の主の死が奉献という性格のものであることを認める以上、感謝の祭儀が奉献の性格をもつことも、認めざるをえなくなる。こういうふうに、感謝の祭儀では、新しい奉献があるのではなく、唯一の奉献が新たに現在のことになるのが明白だからである。この結論は事実上認められている(29)。

もちろんプロテスタント陣営には、奉献を認めざるをえなくなるからということで、反対の結論をひき出しては、現在化に警戒する声も、ないわけではない(30)。

ことばとしるし

さてこの現存の内容を、もっとくわしく調べてみよう。この内容はまず第一に、それを示すのに用いられるしるしによって明らかになる。このしるしの本質的な要素とは、キリストの定めたパンとぶどう酒、そして彼の代理者の唱えることばである。しるしは、このことばといっしょになっていても、意味されているものをありのままに表現するものではない。それを用いておこなわれる儀式は、救いのできごとのコピーでもなく、ましてや劇の演技などではない。それはシンボルにほかならない。つまり対象となるものの輪郭を、いくらか目だつように描くのである。

しかし自然的レベルでのシンボルが、意中のものを表現するのになんとか使えるなら（この考えかたはプラトン哲学の根本原理の一つである）、なおさら秘跡的シンボルは、救いのできごとを現在のこととするのにふさわしい。そこでしるしとして役だつためにぜひ必要かつ十分なものを、教会は託された啓示の宝庫から取りだし、たいせつに心をこめて豊かなものにした。それが教会の典礼なのである。教会はとりわけ、主の感謝[31]と「わたしの記念として」[32]をとりあげ、奉献文にしあげた。その意味するものをもっとはっきり表現し、参加者に意識させようとしているのである。

過越秘義

この意味するものとは、なんだろうか。それはまず、すでに明らかにしたように、主が自分のすべてを救いのためにささげること、十字架上の死の奉献のことである。けれども教会にまかされたように、主が父のもとに行く行為をくりかえし振りかえり、記念することによって、その意味するものは完結する。すなわち主は復活したのである。栄光化は、神人の死の奉献を補完するのに欠かせないものであった。同時に、奉献の受けいれであった。だからほとんどすべての諸典礼は、制定句につづくアナムネシスにおいて、主の死のほかに復活と昇天をも、記念の対象としたのである。けっきょく記念されるものは、キリスト秘義、過越秘義（ミステリウム・パスカーレ）である。世界の救いと刷新のフルコースである。そのことは新約聖書に出てくるたくさんの賛歌でたたえられている。とくに一テモテ3章16節、フィリピ2章5－11節、コロサイ1章12－20節に見られる。そしてこれらの箇所には、よく祭儀的な性格があるとされているが、根拠のないことではない。

それに比べると受肉のほうは、救いのしごとのスタートだというのに、典礼のあちこちに控えめに入れられているだけであった。ギリシア教父たちは、アナムネシスの対象とよんでかなり強調し、供えものによって現在のものになることを、人と成る点と重ねて描いている[33]。

東方諸教会のアナフォラ（奉献文）には、たいていキリストの再臨も追加されている。もちろんこれは、もはや思いだして祝うのではなく、先を見こして待ち望めるだけである。

救いの現存

アナムネシスでは、教会の創設という、教会自身に関わる救いのしごとの一面を、ことばでとりあげることはしない。救いは人類の救いである。教会において、新しい神の民が集められることである。この面は、ことばで表わすまでもない。祭儀自体がそれを表現している。ミサはまさに、教会における救いのしごとの現存なのである。

けれどもそれはまた、アナムネシス以外の典礼文、すなわち感謝の祈りに適切に表わされている。たとえば新しい『ローマ・ミサ典礼書』の第三奉献文では、叙唱のあとにこう続くのである。「絶えず人々をあなたの民としてお集めになるからです。日の出る所から日の沈む所まで、あなた（御名）に清いささげものが供えられるために」。ミサのなかで現在のこととなる奉献は、教会に託されて教会がささげるものである。キリストの奉献であり、教会の奉献である。

第三章　キリストの奉献と教会の奉献

感謝の祭儀において、わたしたちを救う奉献が現在のことになるとすれば、ミサはおのずとキリストの奉献だということになる。この考えは、こんにちではプロテスタント神学者からも、ますます認められるようになってはきた。

それにひきかえ、カトリック典礼のなかにある「わたしたちは……ささげます」(1)というくだりは、教会の奉献を同時に表現することになるというわけで、乗りこえがたい抵抗にぶつかっているようである。(2)――教会は受けることとしかできないのだ、せいぜい祈りと感謝のうちに受けることはできよう、だがわたしたちの間に現在する十字架の犠牲を、まるで教会自体がささげるかのように思われたりしないようにすべきだ、と考える人もいる。(3)そんなことになれば新しい奉献をすることとなり、「一度だけ」(4)という言葉に、疑いをはさむことになりかねない（ヘブライ7・27）。だからプロテスタントの新しい『式文』も、共同体のささげる行為だととられそうな表現を、慎重に避けている。そこでその間の事情を、くわしく調べる必要がある。

教会のすべきこと

いずれにせよ、主が「これをわたしの記念としておこないなさい」と命じたことには、教会が何かをしなければならない、しかも記念によってしなければならない、という含みがある。それは、クリュソストモスが「わたしたちは主の死の記念をとりおこなう」ということばで表わしているものである。教会は、主が明くる日の自己奉献を先どりしたそのしるしを表わすべきである。ひいてはこのしるしが教会のなかで、その時の自己奉献を新たに現在のことにする。そして教会が主のおこなったことをするのなら、「感謝しながら」しるしを表わさねばならない。主が「感謝をささげて」(5)あの行動をとったのだから。そこで教会も、彼のしたとおりにしなければならない。自分にまかされたことを、感謝の気もちで、信仰・希望・愛をこめ、神に向かって果たしていく。

だから東西双方のどのカトリック典礼も、神の前で祈りつつ、制定叙述をとなえるのである。ローマ典文にも「天に向かって全能の神その父あなたを仰ぎ」(6)とある。いつでも叙述は、祈りの枠に収まっている（ルターは、福音の朗読口調で聖別のことばを告げるべしと定めたが、キリスト教の伝統を損ねたのではないかと懸念される。だから司式者が祭壇のうしろに立ち、会衆に向かってことばを唱えるように求めたわけである。(7)聖別のことばは、その前後の祈りと同じ調子で唱えるべきか否かということが、一九五五年のドイツ・ルーテル教会の新しい『式文』起草にあたって問いなおされた。そうしてもよいとする解答の余地が残された(8)）。

教会のすべきこととは、だから、神のことを思いおこすことである。教会はキリストの奉献を、神の前で現在化（再現）する。神にささげるわけである。もちろん神のみ心にかなうように。しかしそれは奉献（オブラチオ）にほかならない（だから制定叙述の前後の祈りを拒むルーテル教会の厳格派も、この結論は認めている）(9)。だとすれば、伝統が提供している「ささげる」(10)という言葉を使おうが、それを避けて「さし上げる」(11)で置き換えようが、同じことである。(12)

したがってミサは、二重の観点から奉献なのである。現在化されたキリストの奉献であり、またミサ自体も、現在化としてのささげること、オブラチオ、奉献である。

しかしこの奉献は、教会が独力でするような自律した行為だというわけではなく、人間の力だけでできることでもない。それは神の力と神の恵みのおかげで、「あなたの与えてくださったたまもので」[13]できる行為なのである。ただキリストから教会に授けられた力だけで、おこなわれる。

教会は、洗礼によってキリストのからだのメンバーになり、信仰によってその心にキリストがすでに住んでいる人々の共同体である。キリストの名によって集められた人々の共同体である。そういう教会が、あの記念をおこなうのである。教会は、キリストからまかされて、任務とともに授けられた全権をもって、すなわちキリストの祭司としてのつとめに連なる者として、記念をおこなうのである。

伝統の見かた

教父たちは、このように理解していた。だから、キリストのことを大祭司とよんだのも、十字架の奉献のためとか、天における普遍的な仲介のつとめのおかげで「キリストによって」わたしたちの賛美が神にささげられるからだというだけではない。明らかに、教会のささげる奉献もその理由の一つである。

たとえばローマのクレーメンスは、キリストのことを「わたしたちのささげものの大祭司」とよんでいる。キュプリアーヌスによれば、司祭たちは「キリストの代わりに」[14]つとめを果たすのだという。後代にはアリオス派式の誤解を招くからというので、キリストに対して、仲介のつとめとか祭司のつとめという言葉を用いる時には慎重になった。だからといってこの種の表現が、消えたわけではない。

サラゴサ司教ブラウリオ（六五一年没）は奉献のことを、毎日祭壇の上でささげられるもの、すなわち「真の大祭司キリスト・イエスによって、ささげられるもの[15]」という。セビーリアのイシドールスは、キリスト者たちの奉献をささげる教会のことを、「キリストのからだ[16]」とよんでいる。聖トマスはもっと正確に、司祭のことを、「キリストの姿をとり、キリストに代わって、その力をもって[17]」聖別のことばを唱える者だと言いなおしている。ここでも司祭と供えものは、ある意味で同じものなのである。[18]

トリエント公会議は伝統を要約し、こう説明している。「それは同一の供えものである。それは、いま、司祭のつとめを通してささげているものと同じである。[19]ささげかたが異なるだけである」。

キリストとともにささげる

したがってミサの奉献では、キリストと教会はいっしょになって行動するわけである。

外見上は司式司祭という人によって、教会の新たな奉献行為が、その時その時におこなわれる。この人は、キリストから委託された教会の代弁者となり、キリスト自身が定めた聖なることばを、同じくキリストの定めたパンとぶどう酒の供えものに唱える。キリストはこの人において、秘跡的に行動する。キリストこそ、ささげる者自身である。[20]そこで、ミサがささげられるたびに、毎回キリストが行動するのだといえよう[21]（だいじなことは、キリストの奉献の秘跡を、沢山の場所で続けていくことである。ミサの価値は、あの唯一の行動で定まっている。だからミサを、つまり秘跡行為をたくさんしても、価値が増すことにはならない。この点については、あとでもっとくわしく述べなければなるまい）。

しかしミサをするたびに、キリストが物理的に新たに奉献する、などと考えるべきではない。唯一永続する奉献行為が、効果をもたらし続けていく。それで十分なのである。[22]さもなければミサは、まったく別個の新しい奉献をすることになり、相対的なものではなくなってしまうだろう。

それは本質からして、十字架での唯一の奉献を、教会のなかに再現し、新たに現在させるものなのである。けれども教会にも、聖なるミサの奉献において、ほんとうにやらなければならないことがある。教会は、特定の時点、特定の場所で、絶えず秘跡をおこなう。キリストの献身の姿勢を、その時その場にあらわす秘跡をおこなう。

こうして、その時その時に集まった信者は、この献身に自分を合わせ、この目に見える奉献によって、自分の信仰と献身という、かくれた奉献を表現できるようになるのである。あるいはもっと正確には、キリストが信者を自分に引きよせ、自分の唯一無二の奉献に巻きこむのだといえよう。こうして彼の約束したことが、いよいよ力づよく実現していく――「わたしは地上から上げられる時、すべての人をわたしのもとに引きよせる」(ヨハネ12・32)。

奉献の秘跡

ミサは、唯一の奉献を再現し、なん千もの形でいまに表わすものでもある。

トリエント公会議は、唯一の奉献とミサの外見上の相違について、「流血の」奉献と「無血の」奉献という表現でコントラストを出した。公会議はこれらの言葉を、奉献のしかたの相違をはっきりさせるのに用いた。それはギリシア諸典礼で昔からよく知られているもので、中世末期にはラテン教会の神学者もよく使っていた。それ以前には、「真の」とか「神秘的な」という形容詞を用いていた。「無血の」という表現は、ミサにおけるささげかたの違い(23)を示してはいるが、取りあえず否定的に表わすものでしかない。内容から積極的に確定していかねばならない。

つまりキリストは、かつてはひとりでささげた奉献を、いまミサのなかでは、ご自分の教会といっしょに教会を通しておこなうのだ、ということである。キリストは、洗礼によって教会を自分に引きよせることで、事足りとはしないのである。

洗礼においても、キリストとその救いのしごとが行動的に現在しはするが、奉献の形でおこなわれるのではない。洗礼では、受洗者はほとんど受け身である——成人の洗礼では、受けるがわも行動を求められはする。

ミサでは、教会は、行動を呼びかけられている。教会は呼びかけられ、自分を生みだした救いの奉献を自分もいっしょになっておこない、加入している契約を自分のほうからも承認していく。

こうしてはじめて新しい契約の奉献が完成する。それはまず、すべての人のために、ささげられた。いまはまた、すべての人によって、すなわちこの契約に入るすべての人によって、ささげられる。世界を救うキリストの行動は、そうしてはじめて目的を達する。ここで人間は、キリストの死にも、それとともにすでに復活にも、結ばれるのである。

ミヒャエル・シュマウスはこの意味で統合の過程のことを適切に語り、この考えにもとづいてミサの奉献を説明し、自説をかつての「破壊説」に対比させて「統合説」とよんでいる(24)。

ミサは、キリストの唯一の奉献の秘跡的現存である。だが秘跡的奉献ということでは、教会にゆだねられているものである。だからその形を、主が直接に定めた以外の部分で、さらに発展させ、しあげていくのは、教会の仕事である。

この発展としあげにあたって、教会が自分の使命だと受けとめていたものを、よく表わしている基本概念がいくつもある。これらの基本概念のなかでもっとも重要なものは、すでに教会の初期のころから出てきている。こういう基本概念は、さまざまな時代、さまざまな場所で、多岐にわたってミサの形態に影響を与えた。それをいちばんよく表わせるのは、元々のギリシア語名である。そうしたもののなかに、すなわちアナムネシス、エピクレシス、エウカリスチア、プロスフォラがある。

1．アナムネシス

ミサ全体は、なんといってもアナムネシスである。「アナムネシスは、ミサの一部ではなく、根本原理なのである」(25)。

教会の行為とキリストのしごととの関係は、アナムネシスという考えに、いちばんよく出ている。「アナムネシスという概念は、かつてのイエスの奉献と現在の教会の奉献をひとつに結びあわせるものである」(26)。まなざしは、世界を救うキリストのしごとに向けられている。これを現在の瞬間に、この祭儀をする共同体のつどいに持ちこむことになる。これができるのも、単なる主観的回想にとどまらない「記念」のおかげである。そこでアナムネシスの強調点は、教会の記念する行為よりも、記念されるもののほうにおかれるのである。

すでに見たように、アナムネシスという考えは、四世紀以来ギリシア教父の著作によく出てきており、あらゆる典礼のなかに、いまもなお存続している。それを直接に表わす祈りになり、アナムネシスという名称もついている。昔のローマ・カノン（典文）のなかで、制定叙述に続いて始まる「わたしたちはいま……を記念して……」(27)ということばである。

2．エピクレシス――神の呼びかけ――

全体としてのミサは、とにかくその奉献文は、エピクレシス（呼びかけること）だと考えられた(28)。この意味でエイレナイオスは、神の呼びかけを受けて(29)、もはや普通のパンではなくなるパンのことを述べている。バシレイオスは、聖書には出てこないある教会規則のなかで、エウカリスチアのパンをささげる時にとなえられる呼びかけのことばに言及している。[30] 明らかにこれは、エウカリスチアの祈り（奉献文）全体のことである。

エピクレシス概念がいわんとするもの。それは、用意された供えものに「唱えられる」聖なることばによって、キリストの奉献が現在のことになる、ということである。この聖なることばは、ユスティノスの言うように、[31] 狭い意味でとろうが広い意味でとろうが、「彼（キリスト）に由来することば」だと受けとることができる。あるいは物質的なささげものがキリストのからだと血になるように、上からの力を祈る願いのことばだとも受けとれる。

東方では四世紀以来、エピクレシスは特定の祈りのことをさす、狭い意味のものになってしまったようである。ここでは特定の形をした祈りで神から来るに相違ない、変える力を求めている。ここで神の力に、あるいは大部分の奉献文ではもっと具体的に「聖霊」に呼びかけ、供えものの上に来てくださいと祈るようになったのである。

3．エウカリスチア

キリストの奉献を記念して現在のことたらしめること、またこれを祈りつつ受けとめることは、エウカリスチア、すなわち感謝という考えでひとつになる。ミサはすでに初期のころから、すぐれて「エウカリスチア」と描かれている。エウカリスチアとアナムネシスで考えかたが異なるのは、そもそもエウカリスチアでは、はっきりと神を仰ぎ、神のありがたみを、祈りのかたちで思いおこすところである。二つの考えかたは、教父たちに出てくるように、たいへん緊密な関係にある。[32]

クリュソストモスは、「身ぶるいするような秘義」を示すエウカリスチアという名称を、「恩を忘れぬ最善の方法は、この恩を覚えていて、絶えずお礼を申しあげることだ」[33] といって説明している。

文字どおり「エウカリスチア」とは、カリス（恵み）を経験し、しかも豊かにカリスに恵まれ、だからこそ「エウカリストス」*[34]である人、しかしまたそのことを思い、受けとめて、ことばや行動で表わす人の態度のことなのである。つまり感謝することは、[35]欧米語では語源からも、受けた恩のことを思いめぐらすことに[36]ほかならないのである（二コリント8・9およびテトス2・11参照）。

＊感謝の気もちをもっている、感謝している。

すでにアナムネシスも、ときには受肉から再臨におよぶ広い流れをつつんでいるように、感謝も、十字架上の死という切り離された出来事だけに、とどめておけるものではなかった。まさに主のとなえた感謝の祈り（エウカリステーサス）[37]が、あきらかに昔からの神の民にも新しい神の民にも恵みを満たす神のしごとを包括していたように、教会の感謝の祭儀も、創造から完成にいたる救いの歴史全体の広がりを持てたのである。

そこで主が模範を示したからだけではなく、そういう表現がぴったりだとわかったこともあって、早くからミサの基本線を「エウカリスチア」と描くようになったのである。こんにちにいたるまで東西のほぼすべての感謝の祈り（奉献文）では、それを始めるにあたって、「感謝をささげましょう」[38]と呼びかける。この「エウカリスチア」は、それに続く祈り全体と、そのなかで秘跡としておこなわれることを示す、いわば見出しになっている。またそこから出てくるたまものは、ユスティノス以来こんにちにいたるまで、「エウカリスチア」とよばれている。ちなみにすでに見たように護教家たちの時代には、エウカリスチアの祭儀は「祈り」という一般的な名称でもよばれていた（本書43ページ）。だがそれは、他の一般的な言いかたと大差ないもので、とくに門外漢と話す時に、聖なる祭儀のことをはっきり言わずに、それとなくほのめかそうという言いかただった。

4．プロスフォラ

エウカリスチアで、イエスの救いの行動を記念して表明するところに、神に向かっていく心のうごきが、すでにはっきり現われている。神の恵みがもたらされ、それに答えようとする応答のうごきである。エウカリスチアは、エウアンゲリオン（福音）へのこだまである。このうごきは、祈りのことばだけに限られるものではなく、供えものも含むものなのである。プロスフォラやオブラチオという奉納の概念には、そういうものがある。

またこの思想がすでに初期のころから出てくるのも、印象的である。[39]『十二使徒の教え（ディダケー）』に出てくるトゥシア（ささげもの）は、プロスフォラよりも強い概念である。これがミサのなかで表現されるキリストの奉献を表わすものかどうかは疑わしいが、ローマのクレーメンスが述べている「プロスフォライ」は、明らかに教会の行為のことである。エイレナイオスは、大地の作物から取られ、キリストのからだと血となり、神にささげられる供えもののことを、とくに強調している。ラテン語のオブラチオ（奉納）、サクリフィチウム（奉献）、およびそれに相当するギリシア語は、そのころからミサの名称として好んで使われた。ローマのヒッポリュトスのころから、「わたしたちはささげます[40]」ということばは、奉献文の冒頭に「感謝をささげましょう」がいつも出てくるように、その頂点にかならず出てくる（ヒッポリュトスにおいては、二つの概念はほぼ同義語なのである[41]）。

感謝をほんのわずかおし進めると、すぐ奉献になる。エウカリスティンという概念からは、感謝はことばで表わされるべきか、供えもので表わすべきか、定かではない。教会は、キリストの十字架上の奉献を現在化する時、感謝してともにささげながら、そうするのである。キリストは、教会の代わりにささげた奉献、彼のみが自由にできた奉献を、教会の手に託する。キリストが教会の手にゆだねた奉献を、いま教会は、キリストの定めた秘跡的なしるしをおこなうことによって、キリストとともに果たしていくのである。

諸典礼のなかで、「記念して」のすぐあとに「ささげます」が続く時に表わされているのは、まさにこのことである。そもそも秘跡的なしるしが教会によって行われなければならないということ自体が、ミサとはキリストと教会との奉献なのだということになる。(42)

昔の著者たちによると、奉納とは単純に供えることであり、奉献とは、供えものを破壊したり変化させて、供えることである。このように区別すると、現在のこととされて祭儀本来の内容となるのは、十字架上の奉献だといえる。(43) 教会によっておこなわれる現在化自体は、それだけでは奉納にすぎない。(44)

だがキリストと教会による二つの奉献は、合流してひとつになる。教会の奉納の意義は、十字架上の奉献で完成されたあの献身に、信仰と希望と愛をもって加わるという一点にかかっている（ミサの奉献でキリスト者は「キリストの献身を自分の行為に、また自分の秘跡行為をキリストの献身にしていく」のでなければならない）。(45) そこでミサ全体がまた奉献なのである。

奉納が本質的秘跡的に完了するのは、主ご自身によって定められたしるしが行われる時、すなわちパンとぶどう酒の聖別の時である。しかし当然のことだが、教会はそれと同時に、自分自身の献身の意志を表明しなければならない。そこでこの表現に幅をもたせたのである。それが奉献の祈りでおこなわれることで、まさに記念と同じくどの典礼にも、かならず存在している。たいていは、「記念して……」のあとで、伝統的なローマ典文でとくに強調されるようになった「……ささげます」ということばだけに限られるものではない。

表現動作

奉献を表わす儀式の一挙一動にも、いっしょに唱えられる祈願と同じく、それがよく出ている。これらの儀式的な動作は、ミサ式次第（初版一九六八年）では最小限に減らされたが、刷新された典礼の奉献文にもまだ残っている。聖別の前のエピクレシスの間に供えものの上に手を延べるのと、聖別のあとでささげものを受けいれてくださるよう祈りながら深くおじぎをするのが、それである。伝統的な形のローマ典文でも、供えものをさし示す（十字架のしるしをする形になった）手ぶりがその祈りについていた。聖別の時のパンと杯の奉挙さえも、奉献を表わす儀式の動作が元になっている。すなわち、主ご自身が最後の晩餐で、食後の感謝の祈りの規定どおりに、杯を食卓から手の幅ほど持ちあげる、供えものの奉挙をしたのである。(46)

しるしとなる物

教会の奉納は、物質的な供えものの準備をきちんと重視し、またその根底にある象徴的意味を活かすところに、たいへんはっきりと表われている。これが、東方典礼にもガリア型典礼にもある、供えものを荘厳に運び祭壇の上に置く儀式の由来である。またローマ典礼における奉納の儀の起源でもある。

もちろん奉納の儀は、別なものにすべきではない。スコートゥス学派の考えかただとそうなってしまうが。こんにちでは正反対の極端に走りがちである。奉納の儀が全廃できたら、物質的な供えもののいかなる「奉納」もなくせたら、せいぜい聖別のあとで唱えられる「ささげます」という言葉くらいは認めてやってもいい、と思っている人もある。

しかしキリスト自身が、大地の実り、しかも一定の意義を有する大地の実りを選んだのだ、ということを忘れてはならない。彼がパンとぶどう酒を選んだ第一の理由は、地上の食物になれるものだから、天上の糧をもたらすものになる、ということである。

だが彼はなんといっても、同時に人間の生活と人間の仕事を、否、この世のすべてを神の秘義に組みこんでいく、あの供えものを選んだのである。

いずれにせよ、そのためにすでに持ちこまれ、だからこそ奉献のうごきに組みこまれるべきものであることにも、注意を払わねばならなかった。提供されているシンボルを使わずじまいで、おまけに捨ててしまおうとするのは、おかしなことではないか。とにかく、エイレナイオス以来スアレスにいたるまでの大神学者は、奉献行為を地上的な供えもので始めるのを認めても、本質的なできごとがうやむやになるなどとは、思いもよらなかったのである。

ミサの教会典礼全体は、教会が秘跡的しるしを広げ、形をととのえることである。ここでいう秘跡的しるしとは、パンとぶどう酒の聖別で本質的に終わるとわかっているものである。中世の間ずっと、そこに含まれているアナムネシスを、ミサのさまざまな場面やさまざまな儀式にも見つけようとし、新しい記念の表現を与えようとした。同じくそこに含まれている感謝も広がり、よく発展したどの典礼でも、制定句の前の多少長く立派な叙唱になっている。

そしてまたせめて奉納を、ただパンとぶどう酒の準備を実際にしておくだけで、すますわけにもいかず、それが秘跡的におこなわれる前に始めるのは、さしつかえない。そのさい、はっきりしておくべきことがある。つまり奉納とは、独立した行為としての教会の奉献でもなく、秘跡的なできごとの先どりでもない。神聖な儀式の序曲にほかならないのである。

とくにこれからおこなわれる奉献をすくなくともほのめかすような、よく出来た奉納の儀は、貴重な刺激となる。教会の奉献であるミサがどんなものであるべきかを、参加者全員に気づかせてくれる。

それは、うれしいにつけ悲しいにつけ、わたしたちの生活・望み・計画が、神に合わせられていくべきであり、大祭司キリストのささげた奉献、わたしたちとともにささげている奉献に合流しながら、神に向かっていくのを表わすものである。

第四章　ささげる教会

もはや神学の関心は、キリスト自身が言及している神聖なできごとを突きとめることによって、ミサの特徴である奉献というものを弁護することには、集まらなくなった。そうこうしているうちに、教会の行為のほうに、目を向ける余裕が出てきたのである。

教会がささげる。いまこの事実に、もっと注目すべきである。

このことは奇妙なことに、過去なん世紀もの間あいまいなままで、だれも問題にもしなかった。だがそれが強調される時は、疑いの目で見られたものだ。普通の信徒にも聖別の権能がある、などということになりはしないかとの懸念があったのである（ミヒェルはミサの定義のなかに教会を含めることを拒み[1]、教会の頭であり、本来の祭司であり、見える司祭の奉仕を通してささげるキリストのことが出ていれば、それで十分だとした）。

しかしながらこのことは、すでに見たように、古代の教会の生粋の伝統である。とくにアウグスティーヌスがひじょうに明確に主張しているし、そのまま中世初期までとぎれずに受けつがれてきたのである[2]。

新しい神学は、この古い伝統の復興を促進してきた。これは、モリース・ド・ラ・タイユ（一九二一年）やモリース・ルパン（一九二六年）の著作、シュルテの歴史的研究（一九五九年）や、R・エルニが一九五四年に、またブルクハルト・ノインホイザーが一九六〇年に編集した教会の奉献に関する論文集をあげれば、十分にわかることである。ミヒャエル・シュマウスも熟考の結果を短く簡潔にまとめて命題にしている。「ミサはキリストと教会との奉献である」[3]。

第二バチカン公会議の解釈も、この路線をとっている。教会は、過越の秘義を祝うために、ともに集まる（『典礼憲章』6）。教会の典礼祭儀は「キリストとそのからだである教会の仕事」なのである（同7）。

ささげる主体

しかしここで問題が生じる。この教会とは、何を意味する概念なのか、である。

ミサを監督し、やりかたを定めるのが教会権威の任務だという意味で、ミサは教会の奉献なのだということは、過去数世紀間、だれからも疑問視されたことはなかった。かえってつよく力説されたほどである。最近でも、この教会位階の任務は、回章『メディアトル・デイ』の中で強調され、第二バチカン公会議もそれにふれている（『典礼憲章』22）。けれどもこの箇所では、教会の関与を示すのに「教会の権能」[4]（同上）とか「母なる教会」[5]（同14、21）という、もっと正確な表現を用いている。司式し、聖別する司祭において教会が行動するということも、いつも当然なことだった。

さてここで問われるのは、信徒の共同体としての、神の民としての教会のことである。問題はこうだ。こういう意味での教会は、奉献をささげるといえるのだろうか[6]。

歴史的な文書は、これが当然の考えだと一般に認められ、たいして考察されもせず、中世最盛期まで伝えられてきたことを示している。とりわけセビーリアのイシドールスがこのことをはっきり主張し、感謝の祭儀をささげる主体のことを、「教会」、「キリスト者」、「信者」、あるいはただ「われわれ」と、いろいろ言いかえている。(7) キリストが大祭司として神秘的な聖香油を注がれた時から、「全教会」は油注がれ、聖別されたのである。教会が彼に組みこまれているからである。(8)

ヴァラフリードゥス・ストラーボは、一つの場所にではなく、ひとつの信仰において、霊的に呼び集められた信者総体が、(9) 奉献をささげるのだと述べている。彼と同時代のリヨンのフロールスの発言も同様に明確で、こんにちでも、しばしばくりかえされている。「司祭がその特別な役務でおこなっていることを、みなは、信仰と真心によっておこなう(10)」。

だからその数世紀間、ミサに参加した一般信徒にも、彼らはミサを「祝う」のだとあっさり言えたのである。たとえば、ただの助祭だったアルクィヌスの伝記には、「毎日ミサ聖祭を祝っていた(11)」と書かれている。さらにローマ・ミサの構図全体からも、信者の奉献ということが、奉献文の頂点でも「わたしたち」という、いつも変わらぬ明確な言葉で強調されている(とくに第一奉献文〔ローマ典文〕では「わたしたち奉仕者と聖なる民(12)」)。

だからどうしてこの言葉が、その後の数世紀の間に聞き流されてしまうようになったのか、ふしぎなほどである。聖トマスが力説しているが、すべてのキリスト者は、洗礼と堅信の時に刻みこまれた「印章(カラクテル)」によって、「神を礼拝すること」ができるのである。(13)

歴史上のゆれ動き

ところがその後、この見解はもはや力をなくしていく。十三世紀以来、新しい考えかたが登場した。当時神学者たちはますます、有効に執行するための資格や権限という観点から、秘跡や聖なる奉献といった教会活動全般をみるようになった。

もっと古い時代には、教会のことを、なによりもまずキリストの花嫁、大祭司キリストのからだとみていた。そこで教会は、キリストとともに唯一永遠の奉献をささげるように、招かれているものであった。

だから祭司の役わりは、すべての信徒についていえることである。とはいえ、受洗した一般信徒の祭司のつとめと叙階された司祭のものとが対立している、云々というわけではない。司祭の決定的な使命を疑う者はなかった。それよりも、あらゆる祭司的権能の源はキリストだというのである。この点からみれば、地上の教会はすでに天上の教会の始まりなのである。二つを別物にすることは、ほとんどできない。それはまさしく聖霊に満たされた教会、聖なる教会なのである(14)。

盛期スコラ神学と同じ時分に、奉仕のための制度を否定する異端が登場し、これと戦う必要が出てきた。論争は十六世紀以降、とくに激しさを増した。その結果、昔からのものの見かたは、この当時すっかり引っこめられ、教会活動は、教会にある権限、すなわちキリスト自身によって特定のメンバーに授けられた権限という観点で、みられるようになった。もはや、すべての信者に共通の恵みと聖霊という観点では、みられなくなったのである。

これはとくにミサに関して、まずい影響を与えた。この観点からみれば、司祭だけが聖別できるということになる。そのようなわけで会衆の参加と行動は、無意味になってしまう。ほかの要因もはたらいて、長らくこうした傾向が強まっていった。そしてますます信徒は、ミサに信心深く出席するだけになる始末であった。

第二バチカン公会議は、古い秩序をとり戻した。完全で豊かな教会概念を理論的に刷新したばかりか、信者が意識的行動的に、典礼に参加するよう求めてもいる。このような参加は、「典礼そのものの本質から要求されるもので」、キリスト者は「洗礼によって、これに対する権利と義務を持っている」のである（『典礼憲章』14）。ふたたび目覚めて次のことに気づいたのである。信者のつどいにおける感謝の祭儀全体こそ、教会のもっともたいせつな生命活動なのだ。まさにこの祭儀のなかで、教会の本質がまざまざと実感されるのである。(15)

集まった会衆こそ行動の主体

ミサをささげる教会とは、信者共同体のことである。わたしたちがこのことをふたたび認める以上、そこでさらに説明を要することは、この信者共同体のなかで、具体的な典礼集会と全教会との関係を、どう評価していくのかである。

たしかに感謝の祭儀が託されたのは、全教会である。しかし全教会そのものが、行動する主体なのだろうか。なるほど全教会は、信者の総数以上のものではある。キリストの霊によって結びつけられた神秘的統一体である。そのため、母とも花嫁ともよばれている。だから人格的な特色をおびたものである。

しかし教会は、キリストと信者の間に割って入るような人物だ、などと思うものではない。(16) だから全教会が奉献をささげることはできない。それができるのは、ただ具体的な個々の地域教会だけである。全教会に属する最高権威から委任されても、そういう形で委任されているからといって、ミサの本質はなんら変わることなく、その価値が増すわけでもない。(17)

全教会が奉献をささげることができるのは、地域教会のなかで、祭壇を囲んで集まった具体的な共同体のなかで、いまここでいっしょに行動している信者のなかに現在するかぎりにおいて、である。

これこそまさに、『教会憲章』で第二バチカン公会議が言明したことである。(18)「キリストのこの教会は、信者の正当なあらゆる地域的な集会のなかに、真に現存している」(教会憲章26)。『教会憲章』はまた、これらが新約聖書のなかで「諸教会」とよばれていることを指摘し、とくに祭壇を囲んで感謝の祭儀を祝う共同体に言及して、神秘体の一致のシンボルだと述べている。同様に『典礼憲章』も、教会がもっとも完全に表わされるのは、司祭と会衆が司教を囲み、祭儀に生き生きと参加する時だ、とみている（典礼憲章41）。

さらに、典礼自体に出てくるいろいろな表現も、祭壇を囲んで集まる具体的な共同体のことを、いま述べたばかりの意味でさしているといえよう。典礼がローマ典文のなかでふれている教会とは、まず出席している信者のことである。「ここに集まっているすべての者」(19)とよばれ、「あなたの全家族のこの奉献」(20)のことを語る時、それは明らかである。出席している信者は、「祈りましょう」、「感謝をささげましょう」(21)と祈りに招かれ、また祈りのなかでは「あなたの教会」、「あなたの民」(22)といわれる。ある拝領祈願で司祭は「あなたは聖なるたまもので、あなたの家族を飽かせてくださいました」(23)と祈るが、これも、じっさいに参加している人のことをさしているというほかはない。また同じく、「みなさん、このささげものを……祈りましょう」(24)という招きのラテン語原文にある「わたしの奉献とあなたがたの〔奉献〕」(25)という語句、さらにきっぱりと「ささげます」(26)と唱える「あなたの奉仕者と聖なる民」(27)という語句が意味しているのは、じっさいの参加者のことにほかならない。一九六九年に出た新しい『ローマ・ミサ典礼書の総則』も、司祭は「会衆一同の名によって」(28)ミサの諸祈願を唱えなければならないと明記している（10、13も参照）。

だからまた司祭は、全教会から、すなわち教皇の権限で委任され、(29)この委任にもとづいて全教会を代表するかぎりにおいて、教会の名によって(30)典礼のなかで行動するものだと想定するまでもない。司祭はむしろ、ここに集まったこの共同体の代弁者として行動する。この共同体に全教会が「出席している」(31)のである。そういうものとして司祭は祈願をとなえ、そういうものとしてキリストから授かった自分の聖別権を行使する。(32)

祭壇を囲んで集まるどの正当な共同体にも、おのずと全教会との結びつきはうまれるものである。そのきずなは、儀式のうえでも守りぬかれている。儀式自体が、教会権威から提示され、承認されたものでなければならない、ということによるのみならず、どのミサでも、取り次ぎの祈りのなかで教皇と司教のために祈ることによっても。

結論

ミサ典礼の外観上の全体像では、教会の奉献が、キリストの奉献よりかなり強く表現されていることは疑いない。これまで述べてきたことからすれば、驚くまでもない(33)。

教会の奉献の趣旨は、キリストが教会の手にゆだねた奉献をささげることにある。教会の行為はもっぱら、キリストがささげる奉献に向けられている。教会はキリストによって、この奉献に巻きこまれる。だから教会の奉献は、どこまでも全面的にキリストの奉献に従属するものである。キリストが率先してなさるからこそ、できることである。キリストは教会にゆだね、権能を授け、聖霊を通して教会のなかで、みずからはたらくのである。

以上述べてきたことから、ミサに参加するひとりひとりの信者にふさわしい役わりに、新たな光が当たる。教会が信者の共同体としてすること、祭壇を囲む地域共同体がすることを、ひとりひとりのキリスト者もする。彼らは奉献をささげるのである。教皇ピウス十二世はこのことを、回章『メディアトル・デイ』の中ではっきり確認した。信者は「司祭の手を通して」ばかりか、ある程度、また「司祭とともに」奉献をささげるのである(34)(92)。

それは信者が、洗礼によって自分もつらなっているキリストの祭司のつとめを、何にもまして発揮する行為である。だから信者が、「イエス・キリストにより、神に喜ばれる霊のいけにえをささげる」よう課せられた使命を果たすのは、第一に教会の典礼（神への奉仕）においてなのである（一ペトロ２・５）。

第五章　秘跡行為と必要条件

輪郭を大まかに確認したところで、中心問題にとりかからなければならない。すなわち教会のなかでキリストの奉献の秘跡ができるために、満たされねばならない条件とは何か、という問題である。この条件は、主体、素材（質料）、聖別のことばに関するものである。

秘跡行為の主体

感謝の祭儀をおこなう主体は、教会である。教会のなかで秘跡的奉献を遂行するのは、司祭の仕事である。司祭は、司教の按手によって聖別（叙階）されて、パンとぶどう酒に聖なることばを有効に唱える権能を、キリストから受けたのである。

この権能をワルド派が否定したことがきっかけとなり、第四ラテラン公会議でその教義が宣言された。(1)十六世紀の宗教改革者がふたたびこれに異議を唱えた時、同様の措置が必要になった。この時、同じ教義がトリエント公会議で強化された。(2)第二バチカン公会議は、奉仕のために制度化された祭司のつとめと、信者なら誰もがもっている祭司のつとめとの関係を、簡潔にまとめた（『教会憲章』10）。

「〔奉仕のための祭司は〕キリストの代理者として感謝の奉献をとりおこない、(3)それを民全体の名において神にささげる。[4] 信者は、自分にある王的祭司のつとめの力によって、感謝の祭儀の奉献に参加する[5]」（用語の正確さに注目しよう。叙階された司祭は、奉献をとりおこない、それをささげる。信者も、ささげることをいっしょに行う。もともと、（キリストの）「代理者として[6]」と（民の）「名において[7]」とは、同じことを表現する言いかたである。「名において」は、十五世紀以来のヒューマニズムの影響を受けた教会法学者の間で用いられるようになった）[8]。

このような教義は、聖書に書いてあることと一致する。もちろんいく人かの神学者たちのように、旧約の律法を持ちだしたりして、奉献をささげるのは司祭の独占的な仕事などといえば、まと外れになろう。感謝の祭儀こそ、十字架の奉献同様、独自の奉献であるがゆえに、旧約の祭司職を終わらしめたものだからである。しかし新約聖書にも、聖なる奉仕の担当者がある。なるほど区別を考慮しなければならなかった初期の資料は、ヒエレイス[9]という名でよんではいない。これは旧約の祭司や異教の神官をさす用語だったからである。

新しい事のためには、新しい名が開発された（たとえばプレスビュテロスという語から、「司祭」という用語が出来た）[10]。使徒たちにまかされた仕事は、後任に代々引きつがれていった。主が自分を記念するように定めたことは、「主が来られるまで」おこなわれるべきことだからである（一コリント11・26）。キリストのからだと血をいただくよう、みな招かれている（ヨハネ6・53－58）。しかしながら秘跡が制定された時、そこに集まっていたのはただ使徒たち一同のみであった。彼らだけが「これをおこなえ」とまかされたのである。

初期段階の教会の伝承は、この点でどの資料を見ても一致している。クレーメンス一世は、担当者の仕事は供えものをささげることだと書いている。[11] 殉教者ユスティノスによれば、感謝（の祈り）を唱えるのは、兄弟たちの前に立って司会する人[12]だけである。ローマのヒッポリュトスは同じ考えを、もっと明確にうちだしている。テルトゥリアーヌスは司祭の仕事[13]について、乙女の位にある者にはさまざまの特権があるが、この仕事は自分のものだといってはならないと語り、さらに聖なる行為をとりおこなう聖なる奉仕者[14]について語っている。キュプリアーヌスによれば、司祭はキリストの代理者として、とりしきるのである。[15]また鉱山労働の刑を受けたため、神への奉献をささげることができなくなった、司教や司祭の宿命を嘆いている。[16]

東方諸教会の伝統にも、いささかのずれも見られない。一つだけややあいまいな記述が『ディダケー』に見られ、預言者たちには「望みのままに感謝」させるべきだとあるが（14・6）、おそらくは彼らも担当者と考えられていたということであろう。

秘跡的奉献をとりおこなうという、司教や司祭の特別な権能に異議を唱えたりするのは、およそ、キリストがご自分の教会のなかに、特定の権能を有する人を任命したことにまで、異議を唱えるようなものである。キリストはそうすることで、将来のどの時代にも、救いの実りが伝わるようにしたのである。

司祭が大小さまざまな共同体の長として、つとめを果たすところでこそ、司祭の仕事はもっとも意義ぶかいものとなる。司祭は自分のための人ではない。だから、どのキリスト教典礼も、出席している会衆に司祭が参加を呼びかけてから、感謝の祈りを始めるように出来ている。同じく奉献文の結びの栄唱で、「アーメン」と言って承認するように会衆に求める点でも、どの典礼も同じである。「アーメンと言うことは、署名することを意味する」[17]。

しかしながら司祭はその権能を、民から受けるのではない。キリストから授けられるのである。それは「ぬぐい去れない印」として司祭に刻みこまれる。洗礼同様、失われることはない。だから有意義な使われかたができるのは、ただ教会に奉仕するとき、教会共同体の中でだけである。にもかかわらず、教会に反対していながらでも、有効に行使することはできる。

キリストから授けられた任務だという本質から、必然的に出てくるこの結論は、長い間、抵抗にあってきた。もちろんたいてい、有効か無効かを決めるような二者択一の問題のようには、はっきりしていなかった。そのため若干の教父たちは、否定的な答えを出しがちであった。(18) かくて大グレゴリウスは、離教あるところ、「有効な司祭職も真正な奉献もない」(19) と言明できたのである（この文章は、中世の教会法学者の間で、ある役割を果たした(20)）。

中世盛期の多くの神学者たちは、事実上、離教した司祭の唱える聖別が無効であることに賛成意見を出した。そのなかにペトルス・ロンバルドゥスもいる。(21) ほかの神学者はそこまで主張する気はなく、離教した司祭に聖別する資格は認めたものの、ささげる資格は認めなかった。スコートゥスもその一人で、教会の奉献に関する彼の説の結論はこういうものであった。(22)

問題は聖トマスによって解明された。(23) トマスはそのさい、教会の外にいる者のなかには、洗礼同様、叙階の秘跡も手つかずにそのまま残っているのだ、と力説するアウグスティーヌス(24)を引用した。(25) 何かを持っていることと実行に移すこと、正しく持っていることと実行に移すこととは、別だからである。(26) 教会の一致の外にいる司祭も、キリストの代理者として聖別し、ほんとうにキリストのからだと血を聖別するのである。(27) しかしもはやそれは、一致の霊からの奉献ではない。ただの秘跡にはなる。しかしその司祭が教会を代表して唱える祈りは、教会のまじわりに根づいていないので、効力がない。(28)

この結論の根拠になっている原則が、トリエント公会議で明文化された。すなわち、ミサのなかで司祭を使ってささげるのは、十字架上でささげている、あのキリストなのである。(29) 司祭は聖別のことばを、自分の名においいてではなく、キリストの使者として、彼を雇った唯一の大祭司の名において、となえるのである。

このためにこんにちでも時どき、あるプロテスタントがわで、ミサの奉献に関するカトリック教義に「魔術の跡」が残っていると言われるが[30]、そういった非難は、およそ秘跡の効力への信用を傷つけるようなものだと心得るべきである。さらに独立の権能ではなく、大祭司キリストの人格が影響を与え続けることだけが、問題なのである。魔術云々など、まるでお話にもならない。

司祭個人が共同体なしにおこなうミサは、感謝の祭儀の本来の完全な形ではなく、中途半端だというのは正しい——ちなみに共同体を暗示するミサ奉仕者がいなければ正当ではない——。また、中世におけるミサの典礼形態の進展につれて、ますます司祭が共同体から不自然に切り離されるようになったのも、ほんとうである（この点については、第三部第八章で若干述べることにしよう）[31]。祭儀の意味を台なしにまではしなかったが、あいまいにしたこの進展は、とうに現代のふさわしい刷新のおかげで克服されたのである。

秘跡の素材

秘跡的奉献のために必要な物（質料）は、パンとぶどう酒である。

教会ではパン[32]は、つねに小麦のパンのことであった。いずれにせよ過越の食事ではそうときまっており、過越の祭りが種なしパンの祭りとかち合ったため、最後の晩餐には小麦の種なしパンがあった。さて教会は伝統的に数世紀の間、種入りパンか種なしパンかの区別には、あまりこだわらなかった。どちらも用いたのである。

西方諸国ではその後、種なしパンだけを感謝の祭儀に用いる習慣が守られるようになった。そのことを示す最古の確実な資料が、ラバーヌス・マウルス（八五六年没）の著作である[33]。なるべく恭《うやうや》しくとり扱うべきだという要求には、薄くて白い一枚のパンがよく合っている、と思われたのである。

東方神学では、東西双方の教会分裂が始まったころ、種なしパンを用いるのは、信仰にもとることだと見なされた。パン種[34]は、キリストの魂をほのめかすものと思われたからである。パン種の入っていないこと（アズュマ）は、生気のないこと（アプシハ）なのである[35]。しかしやがてこの見解はやわらいだ。

もう一つの素材は、ぶどうの房からとられたぶどう酒[36]である。品質と色に関するこまかい規定は、別に問題にならなかった。初代教会では、ぶどう酒の代わりに水を使ったり、その使用を認可したりする傾向が生じた。だがすでに述べたように、キュプリアーヌスはこれをきっぱりとはねつけた。そういった傾向が出てきても、ふしぎではない。四つの制定叙述はぶどう酒のことはあげておらず、杯[37]のことしか明記していないからである。もちろん前後を読めば、すなわちルカ22章18節の短い叙述から、「ぶどうの木の実から造ったもの」のことであるのは明らかである。そのうえ最後の晩餐は、過越の食事としておこなわれた。そして過越の食事には、ぶどう酒、それも赤ぶどう酒とはっきり定められていた[38]。

聖別のことば

秘跡のいわゆる「形相《けいそう》」[39]に相当する聖別のことばが、「これをおこなえ」とまかされたことで求めているのは、主のなさったことをやらなければならない、ということであった。これは教会の伝統では、キリストの代理で行動する司祭が、主が唱えたことをパンとぶどう酒に唱えなければならず、またそのあとで「食べ」たり「飲ん」だりして、交わりを深めるべきだというふうに、つねに理解されてきた。

長い間、そのために要求されることばの長さが正確にはどのくらいかとか、どんな文章のものであるかについては、ほとんど考えられていなかった。それは最古の伝統全般によれば、主のエウカリステーサスとエウロゲーサスに対応する感謝の祈りの形をしていた。伝承された主のことばを含む制定叙述が、そのなかで唱えられた。ユスティノスは、「キリストに（由来する）祈りのことばによって」キリストのからだと血に成るのだと、『護教論』の中で述べているが、これらのことばのことをさしているようである(40)。

東方と西方の諸典礼の伝統は、この点では一致していて変わらない。たしかに東方には例外がある（東シリア典礼では、二つの後期のアナフォラ、すなわち『テオドーロス奉献文』と『ネストリオス奉献文』には、ふつうに制定叙述が見られる。だが『アッダイとマリの奉献文』の最古の写本には、制定叙述が抜けている(41)。六世紀のアナフォラの断片も同様だが、こちらには制定叙述を簡略にしたものが入っている(42)。制定叙述が欠落していることについて、いろいろな説明が提案された。いちばんもっともらしいのは、ネストリオス派の間でエピクレシスを重視しすぎるようになった時分に、叙述がはじめて削られたという仮説である(43)）。

アンブロシウスの秘跡注解は、はっきりしている(44)。「聖別(45)」という表現も使っている。聖別によって、パンはキリストの肉になる。アンブロシウスは自問自答する。聖別はどうしてできるのか？　どんなことばと祈りでか(46)？　「主イエスの〔ことば〕で(47)」。そして、主のことばの力は、世界を創った神のことばの力に匹敵するという。続いて制定叙述を引用する。

教会の教導職は、『アルメニア人への教令』の中でこの教義を明文化している。「この秘跡の形相は、この秘跡をもたらす救い主のことばである(48)」。しかしながらこれは、有効におこなうための条件をめぐる問題に、答えているにすぎない。「これはわたしの体である」、「これはわたしの血である」ということばは、秘跡が出来あがるのに最低限必要なものではある。

じっさいは古代のどのキリスト教典礼も、主が感謝の祈りの流れで言われたように、これらのことばを感謝の祈りに盛りこむべきだと確信していた。許容範囲内の最小限なものを、法的な問題としか見ようとしなければ、多くの箇所で感謝の祈りを過小評価するようになる。その結果、宗教改革から生じたいくつかの教団では、部分的に感謝の祈りをなくしてしまったのである。

この感謝の祈りは、とくにマタイやマルコの制定叙述におけるエウロゲーサスを思い浮かべるなら、そのまま同時に祝福だと理解さるべきものである。しかしこの祝福は、天の祝福が下るよう呼ぶことである。そこでのちに、エピクレシスとよばれるようになった。つねに祝福は、神の祝福を求める祈りである。神の祝福を求める祈りは、広い意味でエピクレシスである。

神に祈り求める祝福は、一つには、パンとぶどう酒という供えものに関わるもので、神の力でより崇高な供えものに変えてくれるものである（聖別エピクレシス）。もう一つは、参加者にも関わり、この参加によって「あらゆる天の恵みと祝福に満たされますように」と祈るものである（交わりエピクレシス）。

ヒッポリュトスの奉献文に入っているエピクレシスは、後者に属するもののようである。いろいろな手がかりを考えあわせると、これがエピクレシスの本来の形だったらしい。さらに祝福は、神の力や神のことば、すなわちロゴスや、聖霊の位格のことだと受けとれるような霊が降りかかるように、祈ることでもある。こういった表現はいずれも、ミサの歴史のなかに出てくるものである。

三位一体の秘義をめぐって、聖霊の位格にまでたち入った論争があった。そしてアリオス派は、この第三の位格の神性を否定するにいたった。その時点で、しかも反対派も擁護派も含めた両陣営が、自然にミサのなかで、聖霊の降臨を求めるエピクレシスを好んで使うようになった。これは三八〇年ごろ『使徒憲章』の中に現われ、それから間もなく『ヤコブ奉献文』に組みこまれた。これは西シリアとビザンティン典礼のすべてのアナフォラ式文の原形である。

そのさい聖霊の力で供えものを変えてくださるようにとの祈りが、制定句のあとにのみ置かれているのは、ふしぎな感じがする。しかしまさに『使徒憲章』の実例が説明にもなっている。その奉献文は、この箇所でもヒッポリュトスの奉献文を拡大したものであることがわかる。ヒッポリュトスの場合、同じ箇所に、「聖なる教会のささげものの上に、聖霊を送ってください。………すべての人をひとつに集め、聖霊で満たしてください」という祈りがある。ここで扱われているものは（したがって本来は）、聖なる供えもの自体へのはたらきが、もちろん暗示されていないわけではないが、交わりエピクレシスなのである。

供えものの上に聖霊が来ますようにという祈りは、やがて、独自の決定的なはたらきを求める祈りにしあげられた。もちろん、制定句の前に置かれていたら、もっと意味深かったであろうが。

この祈りはエジプト典礼では、じっさいに制定叙述の前にあった。とくに『セラピオーン奉献文』が示すとおりで、ここでも古風な祈りかたで、神の力がこの奉献を満たしてくださるよう願うのである。

西シリア・ビザンティン様式のアナフォラでは、感謝の賛歌と制定叙述の間の祈りは、主として救いの歴史にあてられ、聖別エピクレシスをはめこむには流れがうまく合わなかった。そこで、交わりエピクレシスといっしょにし、聖霊が来て、供えものをキリストのからだと血に「して」くださるように祈るのである。

表現は、『使徒憲章』[49]、聖バシレイオス典礼[50]、聖ヨアンネス・クリュソストモス典礼[51]、『ヤコブ奉献文』[52]ではそれぞれ異なる。けれどもどの表現も、変えるという意味で、同等に理解されている。このように同じ意味にとりやすかったのは、そもそも変化の起きる時点のことなど考えた人もなかったし、ただ感謝の祈り全体によってその変化が起きるということだけが、いわれたからである。

こうして別段気にもせずに、エピクレシスは表現されていたが、それとともに中世初頭でも、制定叙述には、まさにここで、キリストのことばによってそのからだと血が現在化される、という意味にしかとれないような儀式がついていた事実がある。それは九世紀のバルベリーニ写本によって伝えられたビザンティン様式の聖ヨアンネス・クリュソストモス典礼によく出ている。(53) 制定句前のアナフォラの部分は小声で唱えられるが、主のことばは大きな声で唱えられたり歌われたりし、(54) 会衆は承認して、これに「アーメン」と答えるのである。

シリア・ヤコブ派典礼では、これより少し前の時代に、制定叙述が強調され、パンに唱えられたことばのあとにも、ぶどう酒に唱えられたことばのあとにも、会衆が承認の「アーメン」を表明したものである。(55) すでによく定着していたこの習慣は、九世紀になってモーシェ・バル・ケーパーから批判された。彼はちょうどここで変化が起きることになると、正しく見ぬいた。ということは彼の時代には、パンとぶどう酒の変化はエピクレシスの時にはじめて起きるのだとする意見が、東方神学に生じていたわけである。

ダマスコスのヨーアンネース（七四九年没）は、この新しい見解が出はじめたころの人であった。彼は『バシレイオス奉献文』では制定叙述とエピクレシスの間で、ささげものがキリストのからだと血のアンティテュパ(56) とよばれていたことに気づいた。彼はこの語を、聖画論争の雰囲気のなかで、現実そのものを表わすのに用いられたほかの用語(57) のように古い意味でではなく、単なる「イメージ」の意味でとった。そしてこのことから、バシレイオスは「聖別のあとではなく、聖別の前に」この語でささげもののことをさしている、だから聖別はエピクレシスによってはじめて起こるのだと結論したのである。(58)

それ以来この説は、東方諸教会のなかではほぼ通説となった。もちろんそれがいわんとすることは、エピクレシスは、効果をもたらすために主のことばが添えられるものだ、というくらいのことであった。十四世紀以降、制定句の意義はただの「叙述」だとされて評価が下がり始め、ラテン教会から分離させる教義上の相違点ということで、エピクレシスの意義が、ますます強調され始めた。[59]

古来の伝統的な典礼様式は、主のことばが直接はたらきかけるのだとしているようで、この意味で解釈が変わったのである（ビザンティン様式の聖ヨアンネス・クリュソストモス典礼の典礼注規には、助祭が「これは……」ということばの時、自分のオラリオン〔ストラにあたるもの〕で供えものをさし示すこととあるが、とくにこの典礼注規がそのケースになる。一八三九年の『エウコロギオン』の中の注は、主のことばが、ただ歴史的な叙述[60]として唱えられるのと同様に、このしぐさは、祭壇上の供えものをではなく、最後の晩餐における供え物をさし示すものだと強調している）。

制定句のあとでも聖別エピクレシスを唱えることは、カトリック信仰に反するものではない。ローマ教会と同盟している東方教会も、ずっと前からこの聖別エピクレシスを使ってきた事実からわかる。変化の本来の瞬間のあとでも、聖霊のはたらきを祈ることは、おかしくはない。たとえばローマ典礼では、なん世紀もおこなわれてきた司祭叙階式の習慣で、秘跡的按手のあとではじめて、ひとりひとりに司祭としての権能の授与を表わす儀式をおこなう。[61]じっさい、ガリア系典礼とモザラベ典礼[62]におけるたくさんの形式の聖別後の祈願にも、エピクレシスが見られる。[63]例外的には変化の話になることもあるが、いずれにせよ、これで供え物の聖化を祈るのである。

ところで、制定叙述につづくもっとも初期の形のエピクレシスで、すなわちシリア様式（モプスエスティアのテオドーロスとニシビスのナルサイ）で、制定句の効果とエピクレシスの効果の区別が、すでに念頭におかれていたようである。主のからだと血は、制定句によって、死んだ時のありさまをとるのだとされた。それに対して、聖霊が下るよう呼びかける祈り（およびキリストのからだと血を杯の中でひとつにする混和）によって、聖霊のはたらきで復活し、新たに生きるものとなり、供えものが不滅の糧になるのだとされた。[64] この区別は、イメージによる思いに即したものである。これでもって現実を神学的に記述するつもりではなかっただろう。

エピクレシスをめぐる議論が一時激しかった理由には、西方教会が秘跡の本質と有効性の条件ばかりにこだわりすぎていた、ということもあった。古来の伝統から受けついだ儀式で満足していた東方教会は、およそこんなことには、かかずらわりたくなかったのである。さらに、東方神学流の考えかたは異なっていて、あらゆる救いのはたらきを三位一体から展望し、その完成を聖霊のはたらきに帰するのである。

東方神学のこの関心事は、やがて西方神学でもますます理解されるようになった。たとえば一九六八年にローマ・ミサに新たに導入された三つの奉献文のどれにも、聖霊という言葉を使ったエピクレシスが入っているのである。

第六章　会食による交わり

感謝の祭儀は、パンとぶどう酒で制定された。パンとぶどう酒は、食べられ、飲まれるべく定められた。そして主は、はっきり「取って食べなさい」、「受けて飲みなさい」と命じて供えものを与えた。だから聖体拝領は、感謝の祭儀の本質に属するものなのである。

なるほど、いけにえの会食をしないいけにえも可能だし、宗教史上の事実でもあるということで、会食は奉献を補完する部分でしかない、といいがちな向きもある。旧約聖書でも、いけにえの宴をともなわない犠牲がとりおこなわれていた（レビ3章、6章参照）。

しかしながらキリストの制定したものに関しては、他のいけにえと比べてみても、なんの結論も出せない。独特のやりかたなのである。飲食することは、感謝の祭儀に欠かせない要素である。会食ぬきでは、キリストの制定したものを全うしたことにはなるまい。すくなくとも司祭自身が拝領することは、感謝の祭儀の変わらぬ本質に属するものである。

食事以上のもの

新約聖書の制定叙述では、食べて飲むように与えるところが、たいへん目だっている。だから外面的に見ようとすれば、その枠になっている過ぎ越しの食事は別としても、その行為をただの食事としか読みとらず、制定されたものを、ただの会食の祭儀にしてしまいかねない。じっさいに十六世紀の宗教改革者たちはそうしてしまったのである。また教会一致の対応への願いとからんで、カトリックがわも、そちらのほうへ時おり引きずられているようである。たとえばプロテスタント教会の用語である「晩餐」という表現をとりこみ、(一部で全体をさす)[1]名称として代用できたらということでは足りず、この概念で事柄自体を言いかえよう、といったぐあいである。

トリエント公会議は、ミサの奉献とは「キリストが、食べられるために、わたしたちに与えられる」[2]ことにほかならないとする見解を、しりぞけている。見える出来事の「もとで」、宴会の形で、ひそかにその場に、奉献とよべるものが存在するようになるのだ、と言うだけでも足りない。

奉献は見えるできごとであり、それ自体が本質的なしるしである。キリストはミサのなかで、司祭の奉仕のつとめを通して、見える形で奉献をささげるのである。ミサのなかで、しるしそのものに奉献の特色がなければ、ほかのあらゆる秘跡も、対等に奉献とよんでいいことになる。どの秘跡でも、効果をもたらすのは十字架上の奉献だからである。[3]

しかしミサは、会食のようにしか見えないではないか。なるほど目に映るものはといえば、どれも宴会を思わせるものばかり。テーブル・クロスがかかっていて、パンとぶどう酒が置いてあり、食べ物や飲み物として配られている。

だがすでにふれたように、ミサの目に映るだけの姿にも、奉献という要素がないわけではないことが見てとれる。それはなん世紀にもわたって、こんにちでも示されているとおりである。しかし秘跡としてのしるしには、秘跡的奉献の場合も、表と裏がある。すなわち見えるものと聞こえるものである。聞こえるものは、見えるものの意義を定める要因である。ちょうど現代は、感謝の祭儀のなかでも、ことばという性格を強調する。[4]奉献のことばがなくとも、エウカリスチア全体が、天上へのうごき、すなわち奉献を表わしていることを、見のがしてはならない。

そういうわけで千九百年以上も前に感謝の祭儀は、ごちそうから切り離されたのである。だから宴をその「根本形態」にしようとしたりすべきではない（ローマのヒッポリュトスは「主の晩餐」という名称を、アガペー（愛餐）にあてたのであって、エウカリスチア〔感謝の祭儀〕には使ってはいない。[5]すでに指摘したとおり、ミサは十六世紀以前には、どんな典礼のなかでもけっして、食事〔宴〕とか晩餐、などとよばれたことはなかったのである）。

食事としてのミサ

不可欠の要素

ミサ全体の根本形態ではなくとも、食事は、欠かせない本質的な構成要素なのである。ミサの会食は奉献の食事である。ミサは会食ぬきでは祝えない。このことは教会の伝統のなかでは、とくに次の規則で明確に打ち出されている。それによると、司祭が会食する前に続けられなくなった場合、ほかの司祭が続行しミサを完了させねばならないのである。

救いのなかへ

会食は感謝の祭儀の頂点であり、目的地である。キリストが命じたからだけではない。この秘跡のねらいが、キリストの贈り物である救いのなかに、ひとりひとりを巻きこむことにあるからでもある。

神が下りて人間と同じ立場になるということ。それは受肉によってこの大地に触れ、会食において、この世の中における最終段階に達する。この会食にあずかる者は、「永遠の命」を確約される。神であり人である方の命にあずかるのである。主の死と復活に巻きこまれるのである。「終わりの日（もっとも若い日）のよみがえり」を約束するものである（ヨハネ6・54）。秘跡においてキリストのからだをいただくことは、同時に、神秘体にくみこまれていくことを表わし、いっそう確かなものにするのである。

完全な参加

感謝の祭儀の完全な意味が実現するのは、集まった共同体が、奉献に参加し、この参加を賛同の歓呼で表明したように、会食にも参加する時である。この時、ご自分の者たちを自分に引きよせ、いっしょに父のもとへつれ帰ろうとする、主の願いが実現される。しかし参加者がわからいえば、決定的に「はい」と答えて、自分をゆだねるキリストの奉献に、秘跡の形で入っていくことである。

こういうわけで第二バチカン公会議は、より完全なミサへの参加の方法として、同じミサのなかで聖別された聖体を、信者が司祭とともにいただくことを、切に勧めているのである（『典礼憲章』55）。

けれども、聖体をいただかずにミサに参加するのも、無意味で空しいものではない。なんらかの理由で聖体をいただかなくても、恭しく参列し、「アーメン」と唱えることによって、会衆は信仰を発揮し、また自分を神にささげる表現として、司祭がささげる奉献を肯定する。彼らの参加は、秘跡という面では完全なものになってはいなくても、本物で、有益なものである。

両形態による会食

信者が一つの形態だけで聖体をいただく場合も、もちろん完全に有効な参加である。そういう方法でも、秘跡的奉献への秘跡的参加が実質的におこなわれる。もちろん、しるしが完全になるには、二つの形態の奉献だけでなく、両形態での会食が必要である。だからすくなくとも司祭は、両形態でいただかなければならない。

一つの形態での会食は、これを短縮したものである。だがこの短縮は、主自身がとった表わしかたにもとづくものといえよう（ヨハネ6・57―58）。いずれにせよ、相当の理由がある場合には、そうしてもよい。そういう場合とは、参加者が多く、カリスから受けるのはぐあいが悪くなったり、とくにキリストの血に対する不敬になる恐れがあるといって、なにかと気にするような人がいる時である。そうした場合が十三世紀にあったのである。

前々から不敬になるのを避けたり、減らしたりする、さまざまな方法が模索されてきた。十三世紀にはその点で一歩前進した。それは聖体の秘跡への崇敬がとくに盛んになった時代であった。当時、杯から受けるのをやめやすくなったのは、そうこうするうちに解明された（キリストが両形態のどちらにも全体としているという）併存の教説のおかげであり、キリストのからだをいただく人はキリスト全体をいただく、という認識のおかげである。

この見解を否定する異端説が出たので、トリエント公会議はやり玉にあげられた教説を擁護した。(6) またその結果、この規定の免除されるのは、たいへんまれになり、一時的なことであった。信徒が杯から受けるという問題は、神学的なものではなく、典礼上司牧上の問題でしかない。

第二バチカン公会議は、可能と思われる範囲で、いっそう多くの場合に杯から受けて飲むことができるように図り、こうして再度、秘跡として完全なしるしを強調したのである。

第七章　ミサの意義と価値

救いのしごとの現在化

世界を刷新するキリストのしごとは、歴史的には、小国の中でわずかな歳月の間におこなわれ、受難と復活がその頂点となった。感謝の祭儀では、それがあらゆる国と時代にとって、いまのことになる。

キリストの救いのしごとが現在のことになるための方法は、これしかないわけではなく、またいつも同じしかたで現在するわけでもない。キリストは、そのことばがのべ伝えられる時にも、そこにいる。あらゆる秘跡において現在する。それが行動的現存のことであり、すでに以前論じたことがある。洗礼とゆるしの秘跡での再生によって、罪びとが正しい者とされる時、とくにキリストの救いの力がそこにあって、罪にうち勝つのである。

いっぽう感謝の祭儀は、すでに救われ、秘跡によって聖化された者たちのつどいである。キリストは彼らを、彼のみが果たしえた、神への偉大で究極的な賛美に巻きこむのである。

主日に集まる共同体の祭儀

ミサの意義を理解するには、一人きりの司祭によってだれかのために挙行されるような私的なミサみたいに、中途半端な場合を前提にしてはならない。たとえそれがこんにち、数のうえではいかに圧倒的だろうと。前提とすべきものは、おおやけに教会がおこなう祭儀である。

それは二世紀においても（おそらくは一世紀でも）、現代のように、「太陽の日とよばれる日に」集まった信者集会である。この集められた共同体の祭儀が、こんにちにいたるまでミサの根本構造になっている。それは、会食に秘跡の形でも参加する準備が出来ている信者を前提としている。だから、感謝の祈りとして構成されており、その主要部分は「わたしたちの神である主に感謝をささげましょう」という呼びかけで始まる。それは、毎週日曜日に、救いの完成の日に、救われた者の共同体によって祝われる、救いの祭儀である。彼らは、まさにこれを通して、自分のとうとさと希望を自覚するようになる。

しかも通常は、公式に任命された司牧者を囲んで集まる共同体である。だから主任司祭は、主日の（また主日と同等の祭日の）ミサのためには、個人的な意向を受けとってはならないという原則は、こんにちでも有効である。主任司祭はミサを、自分の（小教区）共同体のために、というよりは共同体とともに、しなければならないのである。

第二義的な考えかたがはびこったことが、誤解を生むもとになった。このすぐ前で述べた主日の義務が、私的ミサでのいいかたをまねて、（ミサを信者共同体のために）適用する義務とよばれることがよくあった。それがもとで、こういうミサの誤解の一つが助長されたのである（旧教会法典306条*）。すでにドゥンス・スコートゥスが、この教会法の定める「適用」[1]について述べているところによると、主任司祭は「とくに自分の小教区民のために」[2]ミサをささげなければならないという。

＊「「主任司祭は……主日ごとにまたその教区において守るべき祝日に、自己にゆだねられた民のためにミサを捧げる義務を有する」（新教会法典534条）。

しかし本来の理念から見て大事なことは、主任司祭のやることではなく、集会（エクレシア）が正当な司牧者といっしょに祭儀をすることである。

ミサの意義

主日ごとの共同体の感謝の祭儀において、ミサのほんとうの意義が発揮される。それは感謝と礼拝である。いただいた恵みに対する感謝。信仰、希望、愛にはずんで神の威光を賛美する、すばらしい意味での礼拝。それは同時に二義的にのみ、謙遜な嘆願でもある。わたしたち貧しい被造物の感謝と祈りは、つねに同時に願いであり、神のいっそうの恵みと、わたしたち罪びとへのあわれみを乞い求めることなのである。(3)

過去の歴史

ふつうミサの目的を語る時、奉献のねらいとして、四つの目標があげられる。礼拝、感謝、嘆願、あがないである。

トリエント公会議以来、よくこういう形でいっしょに数えられたものだから、同じレベルのものだと思われるようになった。公会議自体がこういう数えかたをしたわけではない。だが公会議は、提起された問題に答えるさいに、ミサはあがないのいけにえでもあると明言したのである。そして、ミサが「単なる賛美と感謝のいけにえにすぎず、あがないのいけにえではない」とか、「生きている人と死んだ人のために」ささげられてはならない、と主張する者を排斥した（第22会期の規定3条）。

トリエント公会議は、ミサと十字架の奉献が同一のものであることを指摘し、ミサがあがないというものであることを、つよく弁護した。そして、神がこの奉献を顧みてくださり、回心の恵みを与えて「悪事と罪を、どんなに重い罪さえも」(4)ゆるされる、と宣言したのである（教理第2章）。そのさい別の箇所で、そのようなゆるしは、直接にミサの奉献によってではなく、ゆるしの秘跡を経由しておこなわれると、はっきり断言している。

公会議の宣言を、時代情況から切り離して考えたりすると、誤解を招くことになる。公会議は、攻撃されていない点、すなわち、ミサはなによりも礼拝と感謝の奉献だというようなことは、くわしくは論じなかった。ただ攻撃された点だけを弁護し、確保したのである。

宗教改革者たちが目の当たりにしていたもの。それは紛れもなく、当時のしきたりで偏ってしまったミサの扱われかた、すなわち、数えきれないほどの生者と死者のための意向のミサや、その効力に対する、迷信にまみれた信心のようなやりかただった。

ところが改革者たちは、偏りや迷信と闘うだけでよしとせず、基礎そのものを攻撃した。そうした弊害が基礎のせいなのかどうか、問いなおそうとはしなかった。ミサに嘆願やあがないの意義があるとは認めなかった。けっきょくは感謝の祭儀に奉献の性格があることまで否定した。ルター派の正統的信条の根拠とされている一五七七年の『和協信条』(5)の中で、いずれにせよ、「生者と死者の罪のためにささげられる」(6)ミサの奉献は、捨て去られている。最後まで、あゆみ寄りにやぶさかでないプロテスタント神学者でさえも、ミサの性格をあがないの奉献と承認することが、最後のつまずきの石なのだ、と明言している。カトリック教会の「根本をくつがえすほどの誤り」(7)だとか、「教会を分裂させる」(8)教義上の相違だ、などといったぐあいである。

そんなことは、唯一全面的に世の罪をあがなうためにささげられる十字架上の奉献に、何かをつけ足そうとするようなものだ、という声もあがっている。(9)

奉献と嘆願

この非難は、ほんとうにまとを得ているのだろうか。

ミサは、唯一全面的な十字架上のあがないの奉献が、現在のことになるかぎりでのみ、あがないの奉献なのである。ワルナッハによれば、キリストの奉献だけが「本来の意味であがなって救う奉献であり、教会の供えものと祈りの奉献、すなわち感謝の祭儀のほうは、器を出してそれを形にするのである」(10)。この奉献はすでに述べたように、まず第一に教会の、すなわち、あの奉献によって救われて聖化された者たちの、感謝と礼拝の奉献として現在化される。

しかし、教会は旅の途中である。「弱さにつきまとわれ」(ヘブライ5・2)、「罪にまみれた教会」である。さまざまな苦労にさいなまれている。だからその賛美と感謝の奉献は、神の恵みにみちたあわれみを求める嘆願とも、ならざるをえないわけである。

このことは早くから、感謝の祭儀の祈願文構成にもあらわれている。典型的な例がエルサレムのキュリロスの『第五秘義教話』の記録にある。「この和解の奉献の上でわたしたちは、教会の平和のため、世界の幸福のため、そしてわたしたちの以前に眠りについたすべての死者のために祈ります。それが魂にとって最大の益となろうことを確信して、畏れかしこむべき聖なる奉献がわたしたちの前にあるうちに、その人たちのために祈願をささげるのです」(5、8、9)。それは、それ以来どの典礼でも、奉献といっしょに行われるようになった、取り次ぎの祈りのことである。

意向ミサの歴史

そこで前に述べた意向ミサが登場してくる。これが西方教会で行われるようになったのは六世紀ごろのことで、中世末期までに異常なほど広まった。じつのところアクセントをずらしただけにすぎなかったのだが、そのおかげで、たぶんに主観的な受けとめかたが変わり、偏った見かたを助長する結果になった。伝統的な教えには、なんの変化ももたらさなかった。ミサは依然として、原則的に感謝の祭儀のままで、奉献文は「感謝をささげましょう」で始まった。だがその時以来、もはや祈りは、ただ奉献と合わせてするものであるだけでなく、今度は奉献そのものが、とくに心にかけていることを願うためのものになったのである。

こうして、もはや感謝の祭儀は、キリストにあって祈りの気もちで神の前におもむく、信者の集まりに関わるものではなくなった。

かえって、特定の事情で助けが要る人とか、悩みをかかえている小さなグループの人々とのつながりに、なってしまった。極端な場合この関わりは、司式司祭とせいぜい他の参加者を代表する侍者との関係に限定されてしまった。ミサは、生者や死者のだれかのために、ささげられたのである。

このようなミサ理解が大いに広まり、『ローマ・ゲルマン司教典礼書』[11]（九五〇年ごろ）に編入された、叙階の儀の式文にまで入りこんだ。そのなかで司教は、司祭叙階にあたって、新たに聖別されたカリスとパテナをわたし、こう言うのである。「生ける者のため、また死せる者のために、主の名において、神にいけにえをささげ、ミサを司式する権能を受けよ」[12]（一九六八年に改訂された司祭叙階のための儀式書では、その部分は次のように修正されている。「神にささげられるべき、聖なる民の供え物を受けなさい」[13]§26）。この式文こそ周知のとおり、のちにルターを憤慨させたものなのである。

だれかのためにささげることは、その人の代わりにする、という意味にとれる。モザラベ典礼で、死者も「ささげる者」[14]とよばれる時、いつもそう受けとられた。しかし概してそれは、ある人の益のためにささげる、という意味しかない。それはたびたび名前をあげて示された。もちろんこうして名前をあげるのは、呼ばれた人がなんらかの形でその場に居あわせている、と思っていたからである。[15]とくに気がかりでとりなしてあげたい願いごとも、こんなぐあいに、健康の「ために」、敵による苦難からの解放の「ために」、平和の「ために」、唱えられたのである。

けっきょく、そのような人の名前を出したり意向をあげたりするのは、いずれも、わたしたちみなと同じ罪びとだけれども、神がその人をあわれんでくださるように願ってのことである。そこで願いの奉献はいずれも、同時にあがないの奉献となる。あがないの奉献だとはいっても、ミサは何かしら権利を主張したり、借金を返済したりすることではなく、嘆願以外のなにものでもない。ここで現在のことになる、わたしたちを救う唯一無二の奉献に、祈りながら訴えるのである。新たに現在する救いの奉献が、何もできずにいられるはずはない、わたしたちに神をもっとよくわからせてくれる、わたしたちを神のいつくしみに開いてくれる、と確信するからこそ。

ミサの「効果」

上述の解答は、いつもはっきりと表明されていたわけではない。だが神学者たちは、ずっと前からそれを知っていたし、認めていた。聖トマスはそのことを示唆して、[16] ミサのカノン（典文）の中の取り次ぎの祈りを、その論拠にあげている。この解答は、ミサとはあがないの奉献だとする[17]トリエント公会議の説明を、正しく判断するためにも十分なものである。

おおぜいの神学者たちは諸秘跡の場合と同様に、なるほどミサにも、実行された行為によって（事効的に[18]）、まちがいなく効果があるものだとした。たしかに事効的という表現の意味するものは、ミサの条件がととのっていれば、たとえふさわしくない司祭が司式しても、有効な奉献祭儀がいつも成立する、ということにすぎない時もある。[19] しかしこの表現はたいてい、効果に関わる。すなわち諸秘跡同様、まったくそれだけで、すなわち奉献がおこなわれたことで、参加者は救いの実りにあずかり、罪のゆるしを受け、恵みを増してもらうというのである。

それに引きかえスアレスも、[20]またド・ラ・タイユはもっとはっきり、[21]秘跡と奉献が本質的に異なるものであることを強調している。すなわち、秘跡の場合にだいじなのは、受けることであるが、奉献では、ささげることなのである。奉献の場合、事効的[22]という概念は、普通の意味ではあてはまらない。奉献は、神に敬意を払うことだからである。

ささげる者に効果をもたらすのは、奉献の本質から出ることではない。奉献が神に喜ばれるかぎりでのみ、神の喜びとなるものになり、人の道の根本になり、神がわたしたちに好意を寄せ、喜んで情けをかけてくださるように、できるのである。そのかぎりで、ド・ラ・タイユの用語によれば、「実質的嘆願、[23]行為による嘆願」である。そういった、奉献によって表わされ強められた嘆願という意味でのみ、すなわち、ミサのなかで「わたしたち自身のどんな祈りにもまさる、わたしたちの大祭司の嘆願が、いまや神に受けいれられ聞きいれられ、わたしたちの手を通して天に昇る[24]」かぎりにおいて、ミサは事効的にはたらくのだといえよう。

恵みと救いをもたらす神の意志に関しては、ミサの奉献は一つも動機にはならない。十字架上の奉献のあがないの力に、それ以上つけ加えられるものは何もない。もうすでに、キリストの十字架上の奉献によって、神の救いの意志はきまっている。その神の決意が、「具体的にここでいま、歴史的に見える形で人間に出会い、その人をとらえる」のである。[25]十字架上の奉献の成果が、適用されるのである。

時おり教会の文書で、神がミサの奉献によって「なだめ」られると書かれることもある。この表現が意味するものは、上述の適用ということか、「ミサの奉献が十字架上の奉献を典礼で現在化するものと見なされ、その概念に十字架上の奉献も含まれているから、それでほんとうに神がなだめられるといえる」[26]かの、どちらかである。

ミサの実り

中世後期以来、ミサの奉献は参加者にいつも霊的な利益を必ずもたらすものだという確信が、ミサの「実り」という、仰々しい教義になってきた。この教義の端緒はドゥンス・スコートゥスに見られる。

スコートゥスはすでに、参加者へのミサの実りのもたらされぐあいを、三つに分けている。司式者にはまったく格別に[27]、全教会にはおおまかに[28]、祈る相手のためにはとくに[29]。しかしこれらの区別をするうえで取り次ぎの祈りをモデルにした点が、スコートゥスの特徴である。どの祈りも、まず第一に、祈る人のためになるのは明らかである。また教会の一員の祈りは、いつも全教会のためにも役だつ。しかしなにより、祈る相手のためになる。同様に、どんな人間の行為もそうだが、そういう祈りは力と効果が限られていることも明らかである。

スコートゥスがその区別とそこからの結論を、いきなりミサに転用できたのは、ミサを教会の行為としてのみ、考えたからである。したがって奉献の価値の決め手となるのは、供えものではなく、供える人である。だからその行為の価値は有限なのだ、というわけである。

その後、このあやしげな議論の進めかたには、もはや注意は払われなくなった。しかし実りは有限であり、とりわけ祈りをささげる相手に特別にもたらされる実り[30]は、有限だというわけである。そこで同時にこれを論拠にして、たくさんのミサは、妥当かつ必須のものだ、という確信が深まった（もう一つの、つねにもっともな根拠は、取り次ぎの祈りとしてささげられる奉献が、まさに嘆願の性格を有するところにある。願いは限られたものに向けられる。願いをくりかえすのは、それが切実なものだという表現なのである）。

もはやそこで認められていないのは、ミサの奉献の価値や効力が、それだけでとるなら、ミサのなかで現在のこととなる、十字架上の奉献の価値や効力と同じだということ、したがって限られたものではなく、人間の感性、心がまえの点で限られるにすぎない、ということである。この心がまえとは、ローマ・ミサの典文（第一奉献文）に出てくる、参加者の「信仰と真心」(31)のことである。

どのミサにおいてもキリストの奉献が、現在のことになり、全力をあげて救い出し、いやしをもたらしていく。

力を発揮して、天地の間に完全な平和を築き、神と人との完全な交わりを創造していく。また現在のこととなって、あの人この人のため、あれこれの困難のために、お願いする。しかしわたしたち貧しい人間の理解力には、限界がある。

だから、効力を段階に分けたり、さまざまな価値の「実り」を区別したりしても、あまり意味がない。願いの成果は、祈る人にはよらず、予測の立たない、聞きいれる神の自由な意志しだいなのだから、しかたがない。

しかしなにより、ミサをささげてもらっている人でも、じっさいのミサの奉献に参加しているどの人でも、どんな実りを受けられるかは、その人の気もちの持ちかたにかかっている。この点では、司式者も、共同司式者や出席者、あるいは奉納金（謝礼）を出してミサをしてもらうほかの人も、同じことである(32)。

参加者の気もちしだいなのだから、実りのない無益なミサの奉献になってしまいかねないような極端な場合も、考えられる。すなわち、必要とされる心がまえがまったく欠けていたり、ふさわしからぬ司祭がふさわしくないしかたで奉献をささげたり、その他の参加者がだれひとり「信仰と真心」をまったく持ってこなかったりする場合である。そんなミサでは、せっかくその時その場で、キリストの奉献を新たに現在のことにしても、なんの価値もなんの効果もない。神を侮辱することにしかならない。全教会のための益が考えられるにせよ、教会の奉献としても、なんの実りもありえない。第一、教会はそんなふうにささげられることを望むはずがないし、第二に、キリストの神秘体の特定の構成員がそういう効果を受けないのなら、全教会のための効果など、およそ話にもならないからである(33)。

奉納金

奉献をささげることに寄与する特殊な手段は、奉納金をさし出すことである。奉納金は、提供する人にこそ「実り」をもらえる当然の権利があるかのように保証するものではない。ただ自分の願いごとのためにミサをやってくれるように、すなわちささげものを携えて神の前に出る時に、自分のために祈ってくれるように、司祭を義務づけることである。

前例となるようなものが、古代教会にもなかったわけではない（エピファニオス〔四〇三年没〕は、新受洗者がある額のお金を授洗司教に手わたして、「わたしのためにささげてください(34)」と頼んだ例を報告している。またミサの奉納金は、信者の奉納行列を起源としている(35)）。

奉納金を提供する人は、こうして特殊な意味での、ささげる者となるのである(36)。

数世紀来、ミサの謝礼の考えられそうな乱用防止を目的とする、ややこしい立法がおこなわれた（旧教会法典824－844条、新教会法典945－958条）。ところで慣習そのものと、特定の人物に適用する権限は、ピウス六世がピストイア教会会議を非難して出した教令の中で、弁護されている(37)。

ミサにおける奉献の理解

あがないの奉献としてのミサは、今世紀にいたるまで、カトリック教会の奉献解釈に反対する改革者から、いつもくりかえし非難されている。それだけで十分なはずの、十字架上のキリストの奉献を補うことになってしまうから、というわけである。

過去数十年にわたる論議と解明のおかげで、好意的な批評家は非難をずっと控えめにし、多くの人はやめることにした。ミサはまさに十字架の奉献を、教会のなかで現在のことにするものなのだという認識が、この合意に達するうえでひじょうに重要な一歩であることがはっきりした。ミサは「教会のとりおこなう、十字架の奉献の秘跡」(38)なのである(これとほとんどまったく同じ定義が、現代のプロテスタント神学者の著書に出てくるのは注目に値する。「エウカリスチアとは、キリストの奉献のサクラメントであり、教会の奉献のためのチャンネルである」(39))。

あきらかにミサは、十字架の奉献を補ったりすることではなく、それを教会という次元でくり広げることに、ほかならない。

教会の教義上の公文書や、その神学上の説明で、ミサがキリストの奉献を補う、などと述べているところは一つもない。教会が人間的な願いごとでささげる時に、キリストや彼の奉献を、教会が「思いどおりにできる」ものでもない。教会が思いどおりにできる自由とは、わたしたちがミサのなかで、ある人のためになにか祈りができることにほかならない。

だからプロテスタントがわからも確認されていることだが、感謝の祭儀の奉献があがないの奉献であることを認めるのは、ほんとうは、感謝の奉献であることを認めるよりも難しいわけではない。感謝の場合も、決め手は

神が受けいれることだからである。(40)

もちろん、救いをもたらす奉献を現在のことにするのといっしょになる、教会のささげる活動に、疑念を寄せたり、制定のことばを祈りの枠で囲むのをためらったりするようでは、合意に達するのは難しくなる。そうだとすると、人間には信じる以外、何もできないことになる。しかしこの立場も、すでに実践的に解決され、最近の『式文』にはもう入っていない。そのうえこの立場は、ほんとうは、もはや教会の奉献、すなわちあがないの奉献という特定の場合にではなく、キリスト者である人と神との根本的な関係、そして正しい者とされることの教義に関わることなのである。(41)

トリエント公会議は論争の雰囲気のなかで、教会の本質的な遺産を守り、キリスト教生活の刷新をおし進めなければならなかったが、第二バチカン公会議では、そんな雰囲気はもうなかった。いまやミサを守ったり、危険にさらされた立場を強化したりする必要はなくなったのである。

公会議が始めた典礼やミサの刷新のねらいは、ただひたすら、ミサの本質的なものをより完全に実現し、その豊かさをよりよく発揮させることにあった。またたくさんの誤解を、一掃しなければならなくなってきた。そこで強調すべき点がはっきりされた。このことで最もはっきりしたのは、豊富になった感謝の祈り（叙唱）と新しい奉献文の式文ではなかろうか。(42)

第三部　ミサのかたち——その典礼形態

第一章　見取図の成立

ミサの構成と形のことで、教会の初期から伝わっているものについては、もうすでに歴史的に描くなかで　個々に確かめた。そこでは感謝の祭儀の本質がどう理解されてきたか、という問題に注目してはいたが。ところでその答えは、主として形から　読みとらざるをえなかった。だから、初期の当時のことでまだやり残したことは、そこでそなわった個々の特徴をここで要約することだけである。

使徒時代伝来の基本構造

使徒時代に感謝の祭儀がどのように祝われていたかは、新約聖書のなかの制定叙述に反映されている。というのも、「わたしの記念として、これをおこなえ」とまかされたことを果たすうえで関わりのないことは、明らかに全部省かれているからである。初代教会では、感謝の祭儀は食事といっしょにしている。座長をつとめる者が、パンを取って裂き、主の行動を語り、その上に感謝のことばを唱えて、授けた。また杯を取り、感謝の祈りと伝来のことばを唱え、授けた。

パンの式が食事の前に、杯の式が「食事のあと」におこなわれたのは、すでに聖パウロの時には、過去の思い出になっていたようである。二つの儀式は一つの式になっていた。だからいずれにせよ、一世紀のうちには、箇略化された式次第がもう出来あがっている。すなわち、座長がパンと杯を取り、感謝の祈り、つまりエウカリスチアを唱え、パンを裂いて授けるのである。

すでにこのように、その後のどの時代にも、いつも基準となるような感謝の祭儀の輪郭が出来ていた。食事は、感謝の祭儀から切り離され、省くことができた。実際問題、共同体が大きくなるにつれて難しくなり、やめざるをえなかったのである。

だがそれとともに強調点もずらされた。もはやそこには、パンを裂くことに始まるごちそうはなかった。だからパンを裂くことは、もう強調されなくなった。力点は、パンとぶどう酒に唱えられる祈りに移った。これはただの食前の祈りにとどまらないものである。いまや、つどいの性格の決め手は、もはや向かいあっていっしょに食事をすることではなく、みなで神のほうを向いて、いっしょに祈ることなのである。

感謝の祭儀のつどいは、祈りのつどいである。そこにはテーブルが一つだけ置かれてある。ユスティノスのいうように、その「前に立つ者」が、パンとぶどう酒のささげものの上に、感謝の祈りであるエウカリスチアを唱える。それは、二世紀の護教論者たちが、およそ感謝の祭儀でだいじなのは、祈りだけであるかのような言いかたをし、テルトゥリアーヌスも、ときおりそれを端的に「祈り」(1)とよぶほどのことである。またこの祈りのうごきに、パンとぶどう酒がとりこまれ、「ささげること」、まさに「奉献」のことが語られる。式は、聖別された供えものをいただく会食でひとつになって、完了する。根本的なかたちは、エウカリスチア(感謝)である。まず供えものが用意され(後世の奉納の儀)、そのあとでパンが裂かれ、会食による交わりに続く。

聖書朗読の典礼

朗読の典礼がつけ加えられるようになったのは、意味のある出来事であった。主日の感謝の祭儀の第一部として、朗読の典礼がおこなわれたのは、ユスティノスのころである。だから二世紀中ごろには、もう既成の事実となっていた。こうして、ユダヤ人キリスト者なら当然よく知っているシナゴーグのしきたりが、感謝の祭儀の第一段階として、一般に加えられたのである。これがシリアの伝統に由来するものであることは、はっきりわかる。そこでの朗読の順序では、シナゴーグに習って、まず「律法の書」の一部と「預言書」の一部を朗読し、そのあとではじめて新約聖書を朗読する。また朗読にひき続き、祈りを唱える。みなが心にかけていることのために、祈る。これもユスティノスが証言するように、シナゴーグのしきたりを手本にしている。

けれどもその後なん百年もの間、朗読の典礼は、かならずしも感謝の祭儀といっしょに行われていたとはかぎらない。感謝の祭儀とは別の場所ですることもできた。十二世紀にも聖サバス修道院では、ことばの典礼の間は国別に分かれ、感謝の典礼はいっしょにしていた。またほかの方法で、朗読典礼によるのと同じ価値の心がまえをさせてやれるものなら、まったくしなくてもよかった(2)。けっきょく朗読の場合も、朗読そのものだけがやたらに強調されたわけではない。参加者が、感謝の典礼で神を賛美するのに先だって、まず神のことばを聞くために神のもとに集まるというところに、力点がおかれたのである。

奉献文の多様性路線は、法規制によってではなく、慣習から、また一致したいという意志から定まったものである。だがその枠内には、かなり自由があった。だから教会ごとに、ずいぶん異なっていたらしい。成文化されたり規定されたりした式文のことは、何も伝わっていない。

ローマのヒッポリュトスの奉献文は私的な作品であり、それ自体が例外でもあった。著者も草案文の直後に、司教は先にあげた言葉に「暗記すべきもののように」こだわる「必要はまったくない」、と述べるのを怠ってはいない。だから読みあげるなど、思いもよらないことで、おのおの自分なりに祈りを唱えればよいのである(ボット初訳29ページ)。もちろん後期に編集されたテキストでは、「必要はまったくない」の「ない」が消されている(同　28ページ)。けれども原典伝承の報告によれば、シリアでもエジプトでも、このローマ人の著者がギリシア語で書いた原文が愛用されてきた。エチオピアの教会では、かなり拡張されてはいるものの、ヒッポリュトスの式文がミサの主要式文として、こんにちまでずっと使われている。と同時に、それほど普及したという事実も、自由が広範囲に存在した証拠でもある。これはもちろん当時の事情にもよるが、あとから結束しようという気運にもよった。

本質的なところでは結束し、個々の点では自由だった。このことは、エウセビオスが伝える(3)ささいな出来事から等しく確認される。一五四年ごろスミルナの司教ポリュカルポスは、ローマでアニケトゥス教皇を訪れたさいに、教会で感謝の祭儀を司式するよう、教皇から頼まれた。小アジアから来た司教が自己流で感謝の祭儀をしても別段さしつかえもなく、懸念することもなかったわけである。おまけにまさにこの場合、十四日派(4)の指導的中心人物たる司教のほうが、微妙な立場におかれた。この派には、典礼の式次第の重要な点で、独自の慣行があったからである。もとよりこの相違は、奉献文の特色にもあったとみてよい。

ヒッポリュトスの提供する草案は、簡潔明瞭で、ローマやアレクサンドリアでの典型的なものではあったただろう。だがたしかに伝統をそのまま書いたものではない。とりわけ救いの歴史が、旧約で準備されたことを思わせるものは、何もない。

そのほかにも、すくなくともユダヤ人キリスト者の伝統によるものがあったはずである。これはユダヤ人の食前の祈り「エウロギア」をとり入れ、イスラエルの選びのことにも言及するものである。『ディダケー』にのっている祈りは、それ自体が秘跡としての感謝の祭儀の部分ではなかったにせよ、このことをほのめかしている。

それは新約思想全体を、古風なよそおいで包んでいる。(5)

東シリアのアッダイとマリの奉献文にも、ユダヤ人キリスト者の伝統が、すくなくともセム的な伝統が、生きつづけているようである。(6) そのなかで三回唱えられる「聖なるかな」を含む祈りは、古い奉献文のなごりらしい。なかでも天使の世界と偉大な神への賛美が、とくに目だっている。

ヘレニズム世界の中にも、いろいろなタイプがあったに違いない。キリスト紀元一世紀のころ、ストア派やプラトン派の哲学では、とくに自然をことほぎ、宇宙をたたえて歌う傾向があった。この気もちと態度が、キリスト者の祈りのなかに、とりわけ感謝の祈りのなかに目だつが、そうならざるをえなかったのである。すくなくともユスティノスは、キリスト者たちが「神がわれわれを創造したゆえ、われわれがすこやかであるために神が与えたすべての助けのために、多種多様な生物が存在するために、季節の移り変わりのために、神をたたえて歌っている」と伝えている。(7) 神ははかりしれない、無限な、創られざる存在なのだというふうに、その本性をとくに好んで否定的な表現で描くのも、これらの哲学の特徴である。そんないいかたが、セラピオーンの『エウコロギオン』にも出てくる。

なん度も言われてきたように、『使徒憲章』第8巻に収められている奉献文は、あまりにも長く、(8) とてもそのままでは現場で使えたものではない。だからここにあるものは、すでにあった式文を集め、伝えられた主要なタイプを組みあわせたものだと推測できる。じじつ次の三つの部分は、アンティオキアに由来するものであることがはっきりしている。こまかい自然描写をともなう長い宇宙的な部分。人祖が堕落してから旧約における民の選びと指導までの、人類の救済史の部分。それに続いて（感謝の賛歌のあとで）、制定叙述を含むキリスト論の部分（その中にはヒッポリュトスの式文の断片もある）。

共通の伝統と諸典礼の発展

共通の伝統を守ろうとする意図が見えているところが、そのほかにもある。とりわけ、自由に式文が作られた数世紀の間もずっと、使徒時代の初代教会から受けつがれたとしか考えられない個々の形式が、どこでも伝えられていたことである。そういった形式のなかには、あいさつをしてから祈りに招くこと、神が永遠であることにふれて祈りを結ぶ栄唱、さらに元の言葉のなごりのアーメン、アレルヤ、ホザンナがある。

三一三年にコンスタンティヌスから寛容令が発布されると、おびただしい数の人々が教会に流れこんできた。そこで、もっときちんと典礼をととのえる必要が生じた。それは唯一の中央機関によってではなく、主として総司教たち各自の判断でおこなわれた。こうしてさまざまの諸典礼が出来てきたのである。

その一つ、セム語系のシリア語による東シリア典礼は、東方地域（メソポタミア、シリア）で支配的になり、のちにギリシア典礼から強い影響を受け、インドにまで広まった。そこで「シロ・マラバル典礼」とよばれる。アンチオキアを中心とするギリシア語圏では、ヤコブ派やマロン派の間で発達した西シリア典礼（ヤコブ典礼）が幹となり、そこから枝葉のようにビザンティン典礼が派生し、やがて東方全体に広まった。

ビザンティン典礼によく似ているのが、アルメニア典礼である。エジプト典礼は、その中心地アレクサンドリアに起こり、のちにコプト典礼およびエチオピア典礼に枝分かれしていった。

西方ラテン教会には、ローマ典礼（北アフリカの典礼はこれと親類関係にある）とガリア典礼が出来た。後者のほうは、やがてイスパニア典礼、ガリア系典礼、ミラノ典礼に枝分かれし、相互に独立した流れとなった。ケルト典礼のこともあげている著書もあるが、これは別個の枝とはいえまい。

ミサの典礼上の構成

ミサ典礼の形や構造に関して、その後の進展をたどって理解するために、これからいくつかの構成要素を調べていこう。そのさい主要典礼、とくにローマ典礼のなかでの歴史的発展という流れに、注目していく。こういう見なおしは、進展の所産たる現行のミサ典礼を理解し、第二バチカン公会議によってとりいれられた改革を、正しく評価するうえで役だつことだろう。

第二バチカン公会議は、ミサを二つの部分に分け、前半を「ことばの典礼」、後半を「感謝の典礼」と名づけたわけだが（『典礼憲章』56）、このよびかた、とくに前のほうは、内容をうまく表わしているとは、とても思えない。『典礼憲章』自体も、「いわば」[9]という言葉をつけているくらいである。じじつ、あらゆる伝統的典礼のなかでは、神のことばの宣言の前に導入部がある。それは、聖書朗読によることばの典礼の一部だとはいえないものであって、「開祭の儀」とよばれている。開祭の儀と聖書朗読によることばの典礼とがあいまって、『前ミサ』なるものになるわけである（こんにちの典礼学者の多くは、聖書のことばの品位を落とすことになりはしないかと心配し、この表現はよろしくないとしている）。

けれどもこの語句自体は、そう低い評価を示すものではない。神のことばも秘跡を準備する役わりを有する、といっているだけである。だからスキレベークスは「ある面から見れば、『前ミサ』はまずい言葉だとはいえまい」と主張している。[10] つまり、ことばも、感謝の典礼において絶対必要なものであるとはいえ、ことば以上のものたる秘跡そのものの構成要素に、ほかならないのである。スキレベークスの指摘のように、「神のことばの宣言は、感謝の典礼における決定的なことばの前文なのである」[11]。

第二章　開　祭

感謝の祭儀は、個人個人のためにおこなわれる（たとえば洗礼のような）*ほかの教会儀式と比べると、本質的に共同体の祭儀である。だからどの様式の典礼でも、ミサの祈願は複数の人でするもので、所どころは対話の形になっている。感謝の祭儀は、教会が共同体だということを表現し、明らかにするものなのだ。感謝の祭儀は通常、教会の集まりを前提とする。

＊ たしかに従来は、洗礼は個人のための秘跡と考えられがちであったが、第二バチカン公会議後は入信の秘跡における洗礼も、教会共同体に受け入れる典礼として刷新された。

さて当初は、「太陽の日とよばれる日に、町や村に住む者はみないっしょに集まる」とユスティノスが報告しているように、じっさいに集まるだけでよかったわけである（『第一護教論』67・3）。しかし典礼がある程度出来あがってくると、集まるかたちも儀式としてととのえることを、重視せざるをえなくなった。世俗の会合などではなく、神に向かう集会、しかも神に招かれたつどいだからである。本質的に呼び集められたもの（エクレシア）*である教会を、神が呼び集める。同じく教会の指導者は、神からまかされて各自の場所で、「シュナクシス」や「コレクタ」**とよばれる日曜日の集会を招集する。

＊ ギリシア語で、集まること。　＊＊ラテン語で、集められたもの。

そこで、騒がしい世間の雑踏から抜けだして来た人は、教会の前庭を通って聖なる場に着いた時、始まりを沈黙のうちに待つのがふさわしいと思われた。古代キリスト教がエジプトで始まった時期の『バシレイオスの典礼法規集』(1)に、信者が来る間は詩編を唱えているように、と定めてあるのはそのためである。

一、開祭の歴史

ローマ典礼の初期に、集会の開始をはっきりした形にしようという気運が高まった。こうして入堂の儀式(イントロイトス)(2)を主とする、開祭の部分が出来たのである。司祭は、すでに集まっている会衆の輪の中に入って行き、最初の祈りを唱える。荘厳な典礼の時は、奉仕者たちは聖歌隊(スコラ・カントールム)が歌っている間に入堂した。その歌が、厳密な意味での「イントロイトス」(入祭の歌)である。

キリエの連願は、六世紀初頭からどこでも行われていた。それは司祭の最初の祈願への心がまえをするものであった。

これは、行列の途中で聖堂を訪問した機会とか、司教や高位聖職者が会衆の中に入ってきて、神の家に迎えられた時におこなわれたものと、本質的に同じものである。(3)のちになってから挿入された、いわゆる階段祈祷や、祝祭日だけに歌われる栄光の賛歌は別だが。

人は、集まった共同体の中で、祈りをこめて神の前に出るものだ。この考えは、東方典礼でさらに発展した。ビザンティン典礼では、朗読の前に「開祭」(エナルクシス)をする。これは、小時課に似かよった一連の祈りからなり、三つの詩編唱和を中心にしている。はじめの二つの詩編には、助祭の唱える短い連願がつづき、司祭の唱える祈願で結ばれる。第三の詩編は、主日にはふつう真福八端の歌の唱和にかわる。この(教会の祈りの)

昼の祈りに似たやりかたが、東シリア典礼の初期にもおこなわれていたことは、明白である。[4]
ビザンティン典礼の開祭を聖所の前庭に見たてると、この前庭のすぐ前に、すくなくとも前庭がもう二つあると言わざるをえない。すなわち典礼は、あとで祭壇に運ぶ供えものを支度する、長時間にわたる儀式（プロスコミデ）で始まるのである。続いて献香の儀式がおこなわれる。

献香式

献香式はどの東方諸典礼でも、さまざまの形でおこなわれる。祭壇、内陣（司祭席域）、身廊（会衆席域）、会衆、奉仕者に献香される。儀式は祈りを唱えながら行われる。ビザンティン典礼やマロン典礼では、そのあいだに「ミゼレレ」とよばれる詩編50（51）が唱えられる。これらの典礼にとって、献香にまずどんな意味があるかが、ここからうかがえる。神聖な煙は、ゆるしの詩編のように浄めと聖化を暗示し、もたらす効きめがあるというわけである。

八世紀以来、これとまったく同様のものが、西方諸国で習慣になった。主日には典礼を始めるにあたって、聖堂と会衆に聖水をふりまくのである。その時には、同じく詩編50（51）の初めの句と「わたしを洗い清めてください」[5]という答唱句を唱える。

キリスト教がはいってくる以前は、香や香をたきしめることには、なにより魔よけの意味があった。すなわち悪魔を遠ざけるのだとされていた。そのことで一般大衆の頭のなかに何が残っていたにせよ、教会でおこなわれる時には、祈りの言葉がさしているように、神に清める力を祈るのである。

コプト典礼のミサでは、献香には大きな意味があるとされ、多くの場面でくりかえしおこなわれる。秘跡同様に、まさに罪を消す力もあるといわれていた。[6]コプト典礼ではミサのはじめに献香する前に、おごそかな回心の祈りがおこなわれた。司祭は、使徒に与えられた罪を免じる権能にはっきり言及し（ヨハネ20・22―23）、「至聖なる三位一体の口から」、聖なる教会と十二使徒と諸聖人の「口から」、罪のゆるしを、自分や奉仕者と全会衆にいただけるように祈るのである。(7)

ミサ中の回心式の発達

初期の時代から西シリア典礼では、前述のものと同様の祈りを中心とする儀式ばった回心式(8)が、ミサのはじめにおこなわれていた。この回心式では献香にはあまり力点をおかないが、全然献香しないわけではない。シリア諸典礼には、さらにミサの別の場面、すなわち聖体拝領を準備するところで、はっきりそれと見わけられる形の回心行為があった。しかも明らかにこれは、ゆるしの秘跡と同様の効果を求めるようなものだった。(9)

このようにミサのはじめにおこなう、なんらかの形をした回心式は、たいてい献香と関わりがある。全東方典礼の共有財産というほどでもないが、よく広まっていた習慣である。形こそさまざまだが、アイデア自体はあきらかに最古の伝統からのものである。すでに『ディダケー』でも、主日の感謝の祭儀を祝う前に、罪を告白するよう求められている。(10)

同じ原則が西方諸国にも影響を与え、ローマ典礼の入堂の儀が拡大され、回心行為を含むようになったのもふしぎではない。もちろん東方典礼の儀式ほど、長いものにはならなかった。もっとも西方典礼でも、回心を表明するところは、ミサのはじめだけではない。(11)古代ガリア典礼では、朗読のあとでとりなしをする。『ミサ解説書』(12)によれば、これには回心の性格があるという。司祭と助祭は、ひれ伏して「会衆の罪のため」とりなしをしなければならないからである。

ローマ典礼で、回心の要素がミサ中の三箇所に見られるようになったのは、ローマ典礼がガリア・フランク領内にはじめて伝わってからのことである。ミサのはじめと、福音のあとと、聖体拝領の前である。ここには前述の灌水式は含まれていない。それがミサの一部と考えられたことはなく、小教区の教会で主日に限って行われてきたものなのである。

ミサのはじめに出てくる回心行為は、もともとは会衆には関係がなかった。それが階段祈祷＊といわれるものである。

＊　第二バチカン公会議後の刷新以前に行われていた、祭壇のもとで唱えられる祈り。

それに対して十世紀から、共同の回心行為のようなものが、朗読の結びにおこなわれるようになった。聖木曜日には、おおやけの償《つぐな》いをすませた罪びとに和解とゆるしが与えられるが、その儀式をモデルにしたものである。こんにちでも『司教儀典書』(13)は、これが荘厳な儀式たるべく定めている。回心の祈り（コンフィテオル）がまず唱和され、ひきつづき司教が荘厳に赦免と祝福を与えるのである。(14)

同じ儀式が、(15)各教会の司祭の事情にあわせて簡略化された。すなわち福音後の罪の告白につづいて、あわれみを求める祈りとゆるしを願う祈りを、(16)司祭がとなえる形式をとるようになった。やがて中世末期ごろには、どこでもおこなわれる習慣になった。聖カルロ・ボロメオ（ボルロメーオ）はそれをだいじにした。ヨーロッパの多くの教区では現代まで、主日の説教は毎回、ミサ以外でおこなわれる場合にも、こういう回心行為で結ばれていた。

三番めにこういう回心行為は、聖体拝領の準備をする時におこなわれた。一九六〇年に典礼注規が改訂されるまでは、ミサで聖体拝領をしたい信者は、回心の祈り（コンフィテオル）と罪のゆるしを願う二つの祈りを唱えることとされていた。

あとのほうの二つの場合は、会衆の回心行為である。だが最初にあげた、いちばんよく知られている場面、すなわち階段祈祷で回心の祈り（コンフィテオル）をとなえるのは、公会議後の刷新以前は、もっぱら司祭と侍者の役めだったのである。

階段祈祷で司祭のとなえる回心の祈りは、八世紀になってはじめて登場する。[17] それは、司祭が自分のいたらなさをたくさんの言葉で告白する、謝罪の文体の祈りだった。

十一世紀以降には、ここで、しかも対話形式の告白の祈りをするのが習慣になった。これは聖務日課（時課）では、すでに長い間、ふつうに行われていた唱えかたである。まず司式者が補佐役の前で罪の告白をとなえると、今度は補佐役が司式者に同じ祈りをとなえる。どちらも、あわれみを求める祈りでこたえる。結びに司式者は、ゆるしを願う祈りをとなえる。この祈りは、スコラ神学が主流になる以前は、秘跡で赦免を与えるときに用いられていた式文である。当時の人には、この式が秘跡だと受けとめられないようにするつもりは、すくなくともなかったようである。そのようなわけで司式者はときどき、ゆるしを願う祈りのあとに、償いの義務をつけ加えたこともある（たとえば主の祈りが加えられたりしたものである）。

この回心の祈りは階段祈祷の核となった。ほどなく拡大されて聖人たちの名を含むようになった。その前には詩編43がおかれた。答唱句が「わたしは神の祭壇のもとに行く[18]」となっているこの詩編は、元来は祭壇へ行く途中でとなえるものだったのである。そして「不義を取り去ってください[19]」の祈りで結ばれた。

新版『ローマ・ミサ典礼書』

一九七〇年版の『ローマ・ミサ典礼書[20]』に手本として描かれた、ミサのはじまりのことは、こうした歴史的背景と照らしあわせて考えてみなければならない。ここにも「開祭」と題して、開会式が定められている。この開会式は集会祈願にまで続いていく。司祭の最初の公式の祈りである集会祈願で、開会式は一つにまとまる。集会は、司祭の案内で共同体となり、神の前に出る。信頼にみちて神の前に進み出るのである。はじめに罪を告白するのは、ある意味で、そこにうつる影のようなものである。神の前に出る教会の構成員は、罪にまみれた人間たちなのである。共同体づくりは、歌うことで準備され、支えられる。

二、入祭の歌

そこで最初の歌、入祭唱（イントロイトス）が始まると、司祭と奉仕者一行が祭壇に着くまで歌われる。この歌は、永遠の都ローマのバジリカ大聖堂における、集会指定聖堂（スタチオ）の典礼に由来する。司祭と奉仕者一行が支度する部屋は、ここでは一般に入口（アプシス〔奥陣〕の反対がわ）のそばにあった。そのため、祝祭のおりの司祭と奉仕者一行の入場は、意味ふかい儀式であり、歌が必要だった。この歌は、奉納や聖体拝領の時のように、訓練された歌手のグループ、いわゆるスコラ・カントールム[21]（聖歌隊）が受けもった。歌詞は詩編からとられ、聖歌隊が二つのパートに分かれて交互に歌った。

だが入祭の歌には、もう一つの機能がある。それは時代をこえて、こんにちでもよく発揮されている。とくに祝日には、お祝いの特別ないわれを掲げ、気分をもりあげ、ふさわしい雰囲気をつくる序曲のはたらきをするのである。

新しい『ローマ・ミサ典礼書の総則』(26)では、会衆がこの歌に参加することが重要視されている。ひとつにする歌の力は、いっそう重視されている。いっしょに歌うことで、おおぜいは結ばれ、ひとつになる。

この力を発揮させるために、新しい規定は、『ローマ聖歌集』（グラドゥアーレ・ロマーヌム）[22]にある伝統的なものや、新たに出来た『簡易ローマ聖歌集』（グラドゥアーレ・シンプレックス）[23]を演奏して、詩編の歌がまた使えるようにしただけではない。「その日のミサと（典礼）季節にあう、このミサの部分にふさわしいほかの歌」を、その代わりに用いることもできるようにした。ただしその歌詞は、司教協議会から認可されたものである。こうして大きな可能性が開かれた。既存の教会の聖歌の中からあうものを選ぶもよし、またとくに新しく作詞作曲されたものもよし、である。

三、あいさつ

祭壇に　司祭は祭壇の前に着くと、古代から伝わる習慣で、祭壇に接吻してあいさつする。* 現行の式次第では、最近の刷新以前のように、なん度もくりかえすようなことはなくなった。それは祭壇のところに着いた時と、ミサのおわりに離れる時だけにした。それから司祭は自分の席に着く。これもふたたび昔の習慣をとり入れたもので、意義ぶかい。典礼の第一部での司祭の場所は、祭壇ではなく、集会の中の司会席なのである。

* 日本では、合掌して深く頭を下げておじぎする（『総則』27参照）

会衆に　歌がおわると、司祭はどの集会でもするように、会衆に向かってあいさつし、祭儀を始める。たとえばアウグスティーヌスも、感謝の祭儀をあいさつで始めたのである。[24]

神の祝福

けれどもこれは、世間の会合でおこなわれるような、ありきたりのあいさつなどではない。わたしたちは神のもとに集まるのである。それは宗教的なあいさつであり、神からの祝福のことばにほかならない。つまり使徒の手紙の中に見られるものや、すでに典礼のなかで広く慣用になったものである。開祭は宗教的なものである。そのことは、はじめに十字架のしるしをすることでも、そのしるしをしながら「父と子と聖霊のみ名によって」と唱える、古くからの三位一体の式文によっても、強調されている。(25)

このあいさつのために、『ミサ典礼書』は三つの式文を選べるようにしている。

一つめは、パウロが『コリントの教会への第二の手紙』を結ぶことば（13・13）からとられた。彼は、あらゆる恵みの源が神のうちにあり、それが聖霊の恵みとして発揮されることにまっすぐ目を向けて、信者のために「キリストの恵み」を願う。ローマ典礼以外のある典礼では、このあいさつで奉献文の前の対話句がはじまる。

二つめは、パウロがほとんどの書簡の冒頭に用いたあいさつの式文である。ローマふうの祈願文の構成になっている。「主イエス・キリストによって、神である（わたしたちの）父からの恵みと平和がみなさんとともに」。

三つめは、一般にふつうのあいさつの形をしており、同じく聖書的な「主はみなさんとともに」である（ルツ2・4参照）。主の名によって集まる共同体のなかに、主が現在していることを表わすのにぴったりである（マタイ18・20、28・20）。

ミサの紹介

さらにこの場面は、司祭が「手短にその日のミサを紹介する」のに好都合のようである。そのことは『ミサ典礼書の総則』（11）でも想定されている。必要な場合には、朗読や叙唱の前に同じような導入をしてもよい。それは、ガリア型典礼で（もちろんここではなく朗読のあとで）、構成は変えないが内容は日によって変える式文に表現したものを、典礼の進めかたにとりいれたのである。すなわちミサのなかの感謝の典礼は、通常、会衆への呼びかけに始まり、そのなかで祝日の秘義を述べ、ふさわしい祈りをするように招いたのである（『ゴート・ミサ典礼書』では、この呼びかけに「ミサの叙唱」という表題がつけられている）。

四、回心式

最初の重点は、そのあとでひき続きおこなわれる回心式におかれる。以前は司祭だけが階段祈祷をしていたのだが、いまでは共同体に関わることである。

回心式が集会に知らされ、そこで式の意味も語られる。それはゆるしの秘跡云々のことではなく、自分は罪びとだが、さらに神の恵みのうちにありたいと望むなら、そのことをわたしたちが「告白する」ことなのである。主がご自分のものに期待した、この謙虚な告白のおかげで（ルカ18・13参照）、いたらなさが軽くされ、聖なる秘義に近づけるようになる。

こういうわけで、罪の告白に対する伝統的な応答の二つの式文——あわれみを求める祈りとゆるしを願う祈り——の中から、司祭はここで前のほうだけを唱える。この式文のほうは、古来の伝統では、告白者に神のあわれみが注がれるよう願って、信徒もとなえることができたものである。だが二番めのほうは、なん世紀にもわたって秘跡で赦免を与える式文に用いられてきたものである。同様の理由で、回心の祈りには「兄弟のみなさん」がそのまま残されてはいる。しかし回心の祈りは、会衆から司祭に向かってくりかえされることはなく、会衆も、一度だけいっしょにとなえるのである。もともとは司祭の秘跡的なとりなしを請うものだったようだが。

現行の回心の祈りの形は、簡潔さと単純な点で、最古のコンフィテオル式文に近い。

中世後期にはしばしば、聖人の名への祈願がむやみにふやされ、コンフィテオルの二つの部分に並べて入れられていた。だが今度のものでは、最小限に減らされた。ちなみに最古の式文では、聖人のことには一般的にふれるのみで、式文の前半で「すべての聖人(26)」という言葉をそえるにとどめている。告白がおおやけのものであることを、強調しようとしたのである。後半部分は、まったく無かったものか、「わたしのために祈ってください(27)」と、地上の教会とその司祭に向かって祈りを頼むものかの、どちらかだったのである。

回心式の式文としては、『ミサ典礼書』にはこれしかないわけではない。補遺にのっている第一の形式は、神のあわれみを求める二重の祈りで回心の祈りに替えるものである。第二の形式は、「主よ、あわれみたまえ」を用いたもので、あわれみを求める嘆願が含まれている。救い主として来てくださるよう、キリストに訴えかけることばを、いちいちこれにそえていく。しかもどんなことばにするかは、自由にできるようになっている。

五、あわれみの賛歌

あわれみの賛歌そのものは、省略してはならない。ラテン語文の中にギリシア語の音声のまま残っていることからも、その由来は推して知るべしである。「キリエ・エレイソン」は、ギリシア東方教会ではすでに四世紀から、連願の中のそれぞれの嘆願に対する会衆の答唱であった。嘆願は助祭が唱えることになっていた。西方では五二九年にヴェソン教会会議で、キリエ・エレイソンという「恵み豊かなしきたり」(「たいへん有益ですてきなしきたり(28)」)が、すでにいたる所に、イタリアやローマにまで広まっていたことが確認されている(29)。ローマですでにゲラジウス教皇（在位四九二〜六年）のもとで、そのような連願が用いられていたことをものがたる理由が若干ある。それがすなわち、「ゲラジウスの嘆願」として伝わるものである(30)。それぞれの嘆願に続けて、キリエ・エレイソンと声をかける。大グレゴリウス時代には、完全な連願の形とは別に、それもキリエ・エレイソン、クリステ・エレイソンと交互に唱えるやりかたで、嘆願の声をくりかえすだけの形も、もうふつうに行われていた。

キリエ・エレイソンは、あらゆる人間的な必要をこめられるほどに単純な、嘆願の声である。だからなん度も唱えたり、神聖な数だけくりかえしたくなりがちなものだった。じっさい、ビザンティン典礼の聖務日課にも、十二回や四十回もの「キリエ・エレイソン」がある。古いローマ典礼では、なん回くりかえすかは、きまっていなかった。最初の『ローマ式次第』によれば（七世紀末）、教皇があいずをするまで、なん度でもくりかえした。[31]一世紀たってから、それ以来ふつうに行われていたように、キリエ、クリステ、キリエの順に三回ずつ、計九回することにおちついた。

けれどもそのさい、もともと三位一体にまつわる解釈など、考えもしなかったし、前後の流れからも必要ではなかった。ところが九世紀以降、そういった解釈だけが、典礼学者や信心書でほとんど支配的になった。当時流行した信心の波を、もろにかぶったせいである。

しかし「キリエ」とは、もともとキリストのことであった。「キュリオス」は、聖パウロのころから好んで使われていたキリストの名であった。彼は自分の祝いごとのはじめに呼ばれる。いわば自分の名で呼び集められる集会に、招きいれられるようなものである。

こんにちのミサの式次第では、三度呼びかけるたびごとに、会衆がくりかえすことになっている。これは、以前のように三回ずつ九回唱えるやりかたに比べると、簡素になっている。他方、呼びかけの回数をふやしたり歌詞を加えたりすることは、全然さしつかえない（『ミサ典礼書の総則』30）。いろいろと前述のようにつけ加えて、回心式にもなる。あわれみの賛歌が歌われるようになってから、呼びかけに歌詞をつけ加えて大きなものにすることがあった。中世末期には「トロプス」とよばれて、おおいに好まれた。それを集めたものは、一巻本の大半

を占めている。(32)

六、栄光の賛歌

あわれみの賛歌は、とくに本来の祈りとして唱えられる時には、賛歌というよりは祈願である。だが栄光の賛歌のほうは、はじめから賛歌や歌だとされた。同時に、最古の時代のキリスト教賛歌の、貴重な形見なのである。一定の韻律がなく、聖書の歌や詩編を指針として作られたものである。ギリシア語のものが三八〇年ごろ、『使徒憲章』に出ている。また新約聖書のアレクサンドリア写本（五世紀）にのっているものは、ほとんど現行のことばづかいのままである。

栄光の賛歌は中世初頭には、わたしたちが「賛美の賛歌」（テ・デウム）をこんにち用いるのと似たような形で、祝日の歌として用いられた。けれどもローマでは、かなり早いうちから、たぶん六世紀以前から、主日と祝祭日のミサにとり入れられた。もっとも当分の間、教皇ミサでだけだった。はじめてフランク領内で、ミサの通常式文となった。初めのうちは会衆の歌と考えられ、簡単なメロディーで歌われた。だがやがて音楽的な作曲の対象となり、トロプスを加えて大曲になった。

構成

栄光の賛歌は、初期のキリスト教のほかの賛歌と同様に、聖書の句で始まる。典礼で好まれたとらえかたをすると「天のいと高きところには神に栄光、地には『善意の』人に平和『あれ』」というぐあいになるのだが、聖書の本文とは、正確に対応していない。キリスト誕生の秘義の場面では、神の栄光は、むしろ直接法（事実を物語る叙述「ある」）にとるべきである。また「善意」（エウドキア）は、人の善意のことではなく、神の好意、すなわち神のいつくしみ深いはからいなのである。だが冒頭の歌詞は、わたしたちがあらためて神を賛美するために集まるという、典礼の場面にぴったり合うように、わざわざ変えられたのである。

賛歌そのものは、二部で構成されている。前半は神をたたえ、後半はキリストに呼びかける。テ・デウムと同じ構成になっていて、けっきょく、キリスト教の福音の根本構造を形成しているものと同じである。「永遠の生命、それは唯一の真の神であるあなたとあなたがお遣わしになったイエス・キリストを知ることです」(ヨハネ17・3)。前半で三一の神のことが語られているかぎりでなら、グロリアを、ときに三位一体賛歌とみてもよい。じっさい伝統の一部には、たとえばバンゴールの『交唱聖歌集』(六九〇年ごろ)にもあるように、この前半が「全能の父なる神、ひとりごなる主、神なる聖霊」という敷衍された句で結ばれているものがある。[33] もともとギリシアで敷衍されたものらしいが、そこにも元来はなかったのである。昔のローマの伝統に習い、「ひとりごなる主」で後半が始まる。[34]

神に栄光を帰するため、いちばん単純な形で、賛美の表現をつぎつぎに連ねていく。そもそも乏しい人間には、それくらいしかできない。なかでももっとも印象的なのは、おそらく「主の大いなる栄光のゆえに感謝したてまつる」というくだりである。つまり、まさに神が自然の中で、また歴史において、その栄光をあらわしたことこそ、わたしたちの礼拝だけではなく、感謝するうえでも、いちばん大事な理由なのである。

後半は、キリストへの呼びかけで始まる。キリストが神であり人間であることを示す、二とおりの名前を並べて呼びかけ、賛美する。「神の小羊」という名前には、特別な響きがある。そのすぐあとに短い連願が続き、キリストの救い主の役わりにふれた洗礼者のことば(ヨハネ1・29)が活かされている。だが小羊の勝利という、黙示録の思想も感じとれる。そのあとに続く賛美表現は、初期キリスト教的な色彩にあふれている。そこには、たくさんの神々やなかば神らしきもののいるような、異教への反発が感じられる。

「聖なり」（ハギオス）という言葉は、しばしば神々のことを述べるのに使われていた。キュリオス、すなわち主とは、いろいろの儀式で崇拝の的となった、神のごとき英雄のことを指す用語であった。とりわけ古代の統治者崇拝において、皇帝は「主」（キュリオス・ドミヌス）とよばれていた。これに対して栄光の賛歌は（一コリント8・6とフィリピ2・11のことばで）、キリストを唯一の主に立てるのである。

後半の結びでは、聖霊のことが父なる神とともに語られ、賛歌はおごそかに三一的な和音でおわる。なるほど大栄唱とよばれるのも、もっともである。

七、集会祈願

開祭における祈りのうごきのゴールは、司祭の祈願である。これはこの場所で、優先的にラテン語で「コレクタ」[35]、すなわち、集め、まとめること、とよばれている。

はじめてこの表現が使われたのは、ガリア典礼である。[36] まとめることだというわけで、ほかの部分に、たとえばとりなしの祈りの結びとか、奉納や拝領の結びのようなくぎりのところにも出てくる。[37] 刷新された典礼では、その重要性が増し、ふたたび元のように、一つの祈願だけが唱えられることになった。もはや、二番めの主題を思いおこさせるために使われるようなことはなくなった。集会祈願が開祭の流れとぴったり合ったものであることを、次のことが強調している。その直前では、あらためてあいさつはしない。このあいさつは、開祭全体のはじめに会衆に向けられているからである。現行の集会祈願の前では、祈りへの招きがあっさりと、しかも「祈りましょう」という、もっとも簡潔な形でおこなわれる。

この招きは、ローマ典礼以外の典礼では、言葉数がたいていもっと多い。祈願の内容や趣旨を述べることもよくある。こういうことはローマ典礼でも、別の機会、たとえば聖金曜日の荘厳な祈願の時におこなわれる。

そのほかローマ典礼はいろいろな機会に、古来のやりかたをとって、祈りへの招きの次に「ひざまずきましょう」[38]と呼びかけることもある。つまり司祭が祈願を唱える前に、ひざまずいて黙祷するよう、会衆に促すのである。

しかしこのひざまずく動作は、主日と復活節中はしないことになっていた。[39]この時には、復活した（立ちあがった）方に敬意を表し、ただ立って祈りたかったのである。このことは、ニケア公会議（三二五年）で言明されるほど、大事にされた規則にある（20条）。けれども、「ひざまずきましょう」と声をかけて、祈りのまあいをとるが、このまあいのほうをとらずに済ませるようなことは、けっしてなかった。

新しい典礼は、この祈りのまあいを新たに強調し、その意義をうまく描いている。「一同は司祭とともにしばらく沈黙する。それは、自分が神のみ前にいることを意識し、自分の願いを思いおこすためである」（総則32）。[40]

ここでの司祭の祈りは、まとめるという性格のものであるため、どうも一般的な内容のものにならざるをえない。

とにかくじっさいにここで大切なのは、司祭が会衆を代表し、畏敬の念にみちて神に語りかけ、みなが神の前に出るということである。この祈りのために一定の式文が作られ、編集されて典礼書になった。それ以来、式文の形式を定める規則が、必然的にそのなかから明らかになった。祈願はどんな場合も、聖人や殉教者の祝日でも、神自身に向けられるのである。

それは、その言葉の豊かな古典的な意味で、祈りであるべきである。つまり、心を高めて神に向かうのである。

キリストに向けられた祈願というのは、例外でしかない。刷新された典礼には、比較的新しい伝統によるものが若干残されているだけである。キリストの名は、結びで仲介者としてあげるよう、定められているからである。ギリシア典礼ではしばしば、神の究めがたい本質を、たくさんの言葉で言いかえてとらえようとする。それに比べると、ローマの伝統における呼びかけのことばは、短くすっきりしている。「全能の神よ、永遠の神よ」。それに、神の偉大さに口をつぐむことが、ものがたることなのである。ラテン語式文の場合でいえば、呼びかけに（「……である神よ」式の）[41]いわゆる関係文がつくのは、祝祭日と特別の機会だけである。神の名にひきつづき、そのミサで記念する秘義や、わたしたちの信頼の特別な動機がたたえられて強調される。

集会祈願のジャンルと性格

司祭の祈願は言葉のスタイルから見れば、格調高い演説のタイプなのである。典礼の歴史のなかでは、神の光栄のために、話題や話術や言葉で人間が使える手段なら、なんでも尽くそうと努めている。けれども司祭の祈願が、詩の形をとる例はほとんどない。同様にその唱えかたも、ラテン語の祈願のようにきまったスタイルになっていても、単純な朗誦以上にはなりえない。人は神を歌で賛美できるし、またすべきである。だが人間の言葉がどんなに鳴り響こうとも、崇高な神に直接あいまみえれば、すっかり色あせる。

他方では、独特な宗教言語を創作しようとするのも、よけいなことである。だらしない平凡な言葉を使う必要もない。だが人々の毎日の具体的な生活から、あまりかけ離れたものにせず、あらたまった口調でお祝いのときの言葉を述べるくらいにしておくべきである。

さて洗練されたスタイルのものが一つ、古い伝統から保ちつづけられている。司祭は祈願をとなえるとき、手を広げてオランスの姿勢[42]*をとるのである。

＊　オランスとは初期キリスト教時代の、手をあげて祈る像のこと。

祈願には嘆願の性格がある。ここでは礼拝でもあり、感謝でもありうる。けれども感謝の祈りは、まさに祭儀内容の中心となっている。

一般的なものにならざるをえない嘆願を式文にするとき、ローマ典礼はコントラストを好むのがわかる。すなわち、人間の努力と神の助け、時間的な行為と永続的な現実、この世の生活と永遠の幸福。おそらく毎回新しい祈願文を作る規則だったため、ローマ典礼の伝統の祈願は、内容よりも言葉が豊かなものが必然的に多いのだといえよう。

祈願は嘆願の祈りであるのに、賛美の動機も、とりわけ祈りの結びで重要になる。神がはからってくださった救いのいとなみ。その大きなつながりの中に、わたしたちの祈りが組みこまれるからである。わたしたちの祈りは「わたしたちの主イエス・キリストによって」父のもとに昇る。そこには同時に、わたしたちの信頼の根拠があらわれている。彼はわたしたちと結ばれており、また神と結ばれている。古来のローマの式文は、双方とのキリストのきずなを表現している。彼は「わたしたちの主」であり、わたしたちは彼のもの。そして彼は「あなたの子」。人間と神とのかけ橋なのである。

しかし彼は、人類の初穂として「あなたの栄光」のなかにいる。彼は生きている（ヘブライ7・25、黙1・18）、彼は王である（黙1・5、17・14参照）、しかも「聖霊の交わりのなかで」。この句はいずれにせよ、子が聖霊と「ともに」支配しているという以上のことをいっている。それは聖霊に根ざす一致なのである（エフェソ4・3参照）。そこで、このつながりのなかでこそ、父と子の間の一致のことが考えられるわけだが、その一致はさらに広がっていくはずである。それは、キリストが生きており、王である勝利の教会をつつみこむ一致である。

三一の神の秘義のことは、直接述べられてはいないが、ほのめかされている。

ことにローマ典礼の祈願の特徴は、「キリストによって」である。つまり神への道を昇っていくという意味である。これはすでに新約聖書に出てくるとおり、古代キリスト教の遺産なのである（ロマ1・8、16・27、二コリント3・4、ヘブライ13・15、一ペトロ2・5、ユダ25）。それは、その後数世紀間は、典礼の祈願の共有財産だったが、四世紀の激動のために東方諸典礼は、わずかなものを残して、放棄してしまった。

この「キリストによって」とは、わたしたちは自分がどうしようもない人間で、とても直接神の前に立てないが、キリストはわたしたちの仲介者、弁護者、大祭司なのだという意味なのである。彼のおかげで、わたしたちは神の前に出るのである。

だから典礼祈願の古い式文では、よく嘆願や賛美を「我らが大祭司イエズス・キリストによりて」唱えている。かならずしも仲介の「によって」で、古代のキリスト者が、自分の嘆願書を有力者に提出してくれる弁護人のことしか、考えなかったとはかぎらない。遠方の友人に使いの者を出す時に、その人が届けてくれる手紙の中で、使いの人のあいさつのことをよく「彼を通してよろしく」と書く。そこでキリスト教教会は、祈るとき、わたしたちの先頭に立って行く方を通して、わたしたちの父なる神に語りかけるのである。

第三章　ことばの典礼

どの典礼においても、教会典礼の第一部は聖書朗読である。ことばの光は、信仰の神秘の先に立ち、その前を照らしていく。だいじなのは好き勝手に朗読することではない。信者に絶えず福音をのべ伝えるという、教会の本分を果たせるような朗読をすることである。そこでどの伝統ある典礼も、かならず四福音書のうちからとられた箇所の朗読に、頂点をもってくるのである。

福音以外の朗読の歴史

福音の前に読むものについては、典礼様式によってそれぞれ流儀がちがう。

シリア典礼は、ユダヤ教会堂の慣例にもとづき、律法と預言書の中から一つ朗読し、第二朗読では福音書以外のものを新約聖書から読むことにしている。ヤコブ派典礼は多くの場合、そのほかに旧約聖書から三つ、新約聖書から三つ朗読する。それ以外の諸典礼、たとえば元のビザンティン典礼やガリア型典礼のような西方典礼では、新約聖書から二つ朗読する前に、旧約聖書を一つ朗読していた。復活節の間だけは、これも新約聖書からの朗読におきかえられた。

復活の秘跡である感謝の典礼の前には、新約聖書だけを読むものだとする一般原則が、初期に浸透したのはエジプトだけである。ローマ典礼でも聖霊降臨後の主日については、このやりかたが踏襲され、福音の前にはいつも書簡から朗読するようになった。例外がいたる所に残っており、聖書によるものではない読み物、たとえば（ミラノのように）保護の聖人の祝日には『殉教伝』[1]も使われたことがある。

信徒が集まるのはたいてい主日や祝祭日だけで、それ以外は考えられなかった。だから典礼の朗読には、聖書のもっとも重要な文書から選んだものをあてるほかなかった。狭い意味での継続朗読[2]が、かつて典礼でおこなわれたことがあったかどうかは疑わしい。[3]シリア典礼の朗読配分は、この継続朗読という理念にかなり近いものだったらしい。[4]それ以外では、古くから伝わる朗読箇所表や朗読聖書には多くの場合、個々の書からとられて朗読用にくぎられた、かなり段落の長いシリーズ物がよく見られる。だが一つの書全体をどこも省略せずにのせているものはない。たとえばビザンティン典礼では、聖霊降臨後の十七の主日の朗読はマタイから、それ以後の十六の主日にはルカからの朗読だが、いつも一部分を抜粋したものである。ローマ典礼ではその昔、なんらかの方法で朗読が継続されていたらしく、公会議の刷新以前にあったように、福音朗読を告げる「……聖福音の続き」[5]という形で、そのなごりをとどめている。

初期のころから祝祭期間中の朗読には、聖書の特定の書があてられた。アンティオキアでは復活祭の前には、モーセの書を読んだ。ほかのところでは、聖週間にはまずヨブ記、復活の八日間にはヨナ書を読んだ。復活節にはとくに使徒言行録を割りあてた。[6]

典礼での聖書朗読が枠づけなしのまま、というのはふさわしくない。そこで開始と結びの式文を、朗読につける。それからまたホミリアでことばを説き明かす。一般のスタイルでは、さらにその反響を歌に響かせ、祈願で結ぶよう定められている。

ビザンティン典礼ではふつう、「プロケイメノン」（前に置かれているもの）[7]とよばれる歌が、その前に歌われる。ギリシア以外の東方諸典礼では、その代わりに準備の祈りをとなえる。時には信者は、第一朗読の前でもあいさつの式文で呼びかけられ、今からの朗読に耳を傾けるように促される（プロスコーメン）[8]。ローマ典礼では昔から、ミサでは聖務日課同様、朗読に続いて答唱詩編を歌うきまりである。訓練された専門の歌い手が、教会最古の聖歌集である『カンタトリウム』[9]を手に進み出て、詩編を歌い始める。会衆はこれに、答唱句で応唱する。

詩編を歌うために先唱者は、朗読台（アンボ）に登るのを許されていた。けれども最上段には上がらなかった。最上段は、福音朗読のための場所だった。先唱者は上から二段め（グラドゥス）に立った。そこでこの歌はフランク領内のローマ典礼では「昇階唱」（グラドゥアーレ）とよばれた。たいてい答唱句は、先唱者の歌う詩編からとられた。

福音の直前の歌は、アレルヤ唱である。福音に先だつアレルヤ唱は、古い伝統に由来するもので、（エチオピア以外の）どこの典礼にもなんらかの形で出てくる[10]。

福音朗読

福音朗読は、昔からいろいろなしかたで目だつものにされた。まず本の装丁がりっぱになった。祭日の典礼で用いられる福音の写本は、象牙の表紙で製本された、真紅の地に金銀の文字入りの高価な手写本であった。

ほかの書を朗読するのは朗読者の役だったが、福音は助祭以上の者が読むことになっていた。典礼の規定では、司式者の役わりと朗読者の奉仕を、ふだんは区別するほうがよいとされていたが、ビザンティン典礼などでは大祝日には、司式司祭や司教も福音を朗読する習わしだったという。

朗読者は、ろうそくと香を持った祭壇奉仕者の先導する短い行列をして、朗読台に進んだ。こうして福音書に対して、古代文明の宮廷儀式で君主が登場する時に払われたような敬意を表したのである。君主の前には、たいまつと火の入った鉢が運ばれたという。[11] 福音が朗読されるときには真昼でもろうそくに火をともしていると、ヒエロニムスが書いているが、このしきたりが根拠だったにちがいない。[12] 東方諸典礼でこれにあたるのが「小聖入」である。第一朗読の前に、福音書を祭壇に荘厳に運ぶ儀式である。

六世紀のガリア系のミサの古い解説書は、福音書を携えた行列を、いまや「命の賜物」[13]を告げ知らせるために玉座に昇る、キリストの凱旋行進に見たてている。[14] 同じ所に「主に栄光」[15]がはじめて出てくる。この歓呼は、キリストが福音のなかにおられるとの確信を表わす。のちにつけ加えられ、広く用いられるようになった「キリストに賛美」[16]も同様である。[17]

東方では四世紀から、ほかの書が朗読されている間は座ったままだが、福音は立って聴くことにきまった。西方では九世紀になると、そろって十字架のしるしをするようになった。やがて十字架のしるしを、三回するようになった。わたしたちがキリストのことばを、額をあけて（堂々と）支持し、口で信奉していると表明し、とりわけ心にいだこうとしているのを、表明するものである。*

＊ 刷新された現行の典礼では、「福音をのべ伝える者は……自分の額、口、胸と福音書に十字架のしるしをし」となっている。これは司祭の動作であって会衆の動作ではない。なお「日本では、額と口と胸の十字架のしるしは省かれ、福音書に十字架のしるしをしながら（○○○による福音）と唱える」ことになっている（典礼省『ミサの聖書朗読指針』17、『ローマ・ミサ典礼書の総則』95）。

朗読の意味は、もちろん信徒に理解されるべきものである。一千年以上もの間、伝道集会の説教や洗礼志願者（カテクメヌス）への手ほどき以外には、教会は主日の典礼、とりわけそのなかに組みこまれている朗読によるしか、教育手段がなかった。そのようなわけでこの教育目的をよく果たせるように、教会は、朗読の適切な選択だけにとどまらぬ工夫をこらしたのである。

ガリア典礼ではときおり、いわゆる合併福音書も用いられた。祝祭日には、このようにいくつかの福音書から抜粋した、いわばパッチワークのようなものが読みあげられた(18)。

聖書朗読台を聖堂の司祭席域(プレスビテリウム、内陣)から会衆席域(身廊)のほうへ移したのも、朗読者の声がよく聞きとれるように、と考えてのことであった。

言葉の壁

中世のことである。ほとんどどこでも時が経つにつれて、聖書の書き言葉であり朗読される言葉は、庶民の日常語からかけ離れていった。そこで朗読の理解と、なん世紀もの間にいっそう神聖視されるようになった言語で書かれた字句の維持との、どちらを優先すべきかという問題に直面した。

ローマ(および東シリア)典礼は、後者をとることに決めた。

他方ほとんどの東方諸典礼では、すくなくとも朗読は、各地の話し言葉にきり換えられた。バルサモーン総主教(一一九五年以降没)は、典礼を全部国語に翻訳することまでは許可しなかったけれども。たとえばコプト典礼や西シリア典礼では、朗読をアラビア語でおこなうようになり、その他の典礼式文をコプト語もしくはシリア語のままで唱えた。

ローマ典礼では、もちろんそれが踏襲されている地域で、すくなくとも托鉢修道会の時代から説教ブームになった。しかしラテン語はそのまま存続した。

主日の福音は、説教のはじめに、土地の言葉で朗読された。これを別にすれば、会衆には朗読など、おしるし程度のものでしかなくなった。それは、司式司祭だけがやっていればいいものになった。十三世紀以後になると、荘厳ミサで助祭が歌っている間に、司式司祭も同じものを読まなければならなかった。ラテン語のテキストは、もう理解できないものになっていたが、祝日には、会衆受けをねらって儀式ばった旋律で歌われた。

さらに埋めあわせようとして、福音朗読の儀式をますます飾りたてた。福音書は、書簡とは別にされて、右がわの「福音がわ」で読まれた。これは「書簡がわ」の反対がわに位置し、司教座からは右になる。福音書だけが、高い朗読台から読みあげることを許された。そこで福音朗読用の台は、鷲の形をした台になった。これは（ヨハネのシンボルである）鷲が翼を広げて本をのせたかっこうをしている。

同じ理由で十世紀以降、大きな聖堂では朗読台が二つになった。しかしやがて、朗読台そのものの意味がなくなっていることに気づいた。その代わりに、聖堂の会衆席域の高い所に、説教壇が設けられた。

こうなると、もはや典礼のなかで会衆のほうを向いて朗読をしなくなるのも、やむをえなかった。荘厳ミサの時ですら、副助祭が祭壇に向かって書簡を朗読するようになった。

刷新されたことばの典礼

第二バチカン公会議の典礼刷新の第一歩は、一つには、こういった状況の克服にあった（一九六九年九月二六日づけの指針49―52）。典礼が各地の言葉でおこなわれるようになるにつれて、聖書朗読台、あるいはともかく朗読のために特設された場所も、再登場した。ことばの典礼全体が新しいものになった。

公会議は、信者のために「神のことばの食卓」の支度がいっそう豊かにととのうことを、望んだのである（『典礼憲章』51）。

そこで一九六九年八月五日づけで決まった新しい朗読配分は、典礼季節以外の主日のために、共観福音書を毎年一つずつ割りあてて、朗読箇所を適切に選択し、全体を三年周期としている。ヨハネ福音書は一定の典礼季節のために使われる。

さらにこれまでも同様にあったように、主日と祝祭日には、使徒言行録や使徒の手紙による継続朗読のほかに、旧約聖書による第三朗読をすることが定められた。第三朗読の箇所はいずれも、その日の福音につながるもので、約束から実現に向かう救いの歴史の道に光をあてる。しかしこの第三朗読の実施については、各国の司教協議会にまかされている。

各地の言葉を使用するようになったのに合わせて、朗読のおわりの応唱も、これまではミサ奉仕者の役めになっていたが、会衆の役わりになった。「キリストに賛美」*と、すでに四世紀のキリスト者がさまざまな機会に用いていた「神に感謝」[(19)]**である。

* 「……おわりの〈Verbum Domini〉(日本では、「キリストに賛美」)はなるべく歌うことが望ましい。それは会衆も同じように歌って応唱できるためで、福音は歌わないでただ朗読する場合にもそうすることが望ましい。こうして福音朗読の重要性が明らかにされ、聴衆の信仰が活気づけられる。朗読のおわりの結びのことば〈Verbum Domini〉(日本では「キリストに賛美」)は、福音朗読を行った者とは別の先唱者が歌うこともでき、一同は応唱する。こうして、会衆は信仰と感謝の念をもって受け入れた神のことばに対して、誉れを帰するのである(ミサの聖書朗読指針18—19)。

** 日本では、朗読者は聖書に一礼し、朗読に立ち会う奉仕者があれば静かに「神に感謝」と唱え、会衆は直ちに沈黙に入る(ローマ・ミサ典礼書の総則89、91、ミサの聖書朗読指針125)。

朗読の間の答唱詩編の歌も刷新された。この答唱詩編は、つねに第一(旧約)朗読に呼応するものでなければならない。

アレルヤ唱は、書簡と福音の間で歌われる。四旬節中はこれを控える。

この二つの聖歌は、伴奏のように儀式をかざるだけのものではない。ミサを構成する独自の部分なのである。普通の歌集などから勝手に選んだ別の歌に、とり替えたりしてはならないものである。

説教（ホミリア）

神のことばをのべ伝える最後の部分は、ホミリアである。朗読のさし出すことばは、大昔の、とうに消え去った文化のなかで、書きとめられたものである。説教はこれを、いまここにいる人に結びつけるものでなければならない。

説教はそれと同時に、聖なる神秘の祭儀へ案内する、秘義教話のようなものでなければならない。すなわち朗読された神のことばを、感謝の典礼につなぐ輪となるべきものである。

したがって説教は、わざわざ典礼を中断するためにさしはさむものなどではなく、よくととのった典礼儀式には欠かせない部分なのである。

こういうわけで説教は、ユスティノスが描写した最古のミサにももう出てくる。偉大な教父たちの時代には、さかんにおこなわれたのである。けれどもふしぎなことに、東方諸典礼の文書にも、また古い『ローマ定式書』(20)にも記述されているようなミサでは、ひとこともふれられていない。唯一の例外はコプト典礼のミサである。西方では古いガリア系のミサ解説に、聖人たちの説教を信者にわかるように話してあげることと書かれている。(21)ヴェソン教会会議（五二九年）が要求しているように、司祭が説教するのが原則になっていたが、なんらかの事情でできない時は、助祭が説教を読みあげることもできた（会議規定3条）。中世でも説教は続けられはしたものの、頻繁にではないが、単なる象徴的な解釈になったり、主の祈りや神の掟の説明になることもあった。説教はふたたび中世後期にブームとなったが、ほとんどミサ以外の時におこなわれた。ピウス五世の『ローマ・ミサ典礼書』には、説教は福音に続いてすることができる、と書いてはあるが。(22)

第二バチカン公会議の規定（『典礼憲章』52）は、説教を「典礼そのものの一部」だと強調する。主日と守るべき祝日には、「重大な理由」もなく省いてはならない。

その内容は、単なる釈義では事足らず、その日の朗読と典礼が提供する聖句にまつわる信仰の秘義を、説明するものでなければならない。とくに年間以外の典礼季節中では、すぐそうなるものである。だがいつでも、そこから出てくる「キリスト教生活規範」を明らかにしなければならない（同）。

一九六四年九月二六日づけの『典礼憲章実施に関する一般指針』(55)は、以上の規定の意図を少々拡大解釈した。そして例外として、典礼暦年の流れにある程度合っていれば、説教シリーズも可能だとしている。

ミサ中のホミリアだけが、説教の唯一の形ではないことは、よくわかる。だがそれは、神のことばという霊的な糧を信者に届ける、いちばんふつうの形だし、信者の日常食のようなものなのである。

信仰宣言（クレド）

神のことばが伝えられたあとに、それにふさわしい答えとなる信仰宣言が続く。このことは説明するまでもない。

クレド（信仰宣言）は、ティモテオス総主教（五一七年没）がミサにとり入れるとすぐ、東方全域に普及していった。けれども東方諸典礼では、朗読の結びにではなく、奉献文のはじめに準備段階としておかれた。そうしたのは明らかに、信仰宣言には、信仰告白の形でだがまさに奉献文同様に、救いの歴史全体がまとまっていることを、より鮮明に悟ったからである。

はじめて西方典礼にクレドがあらわれたのは、五八九年のイスパニア全国教会会議の時である。[23] やがてアイルランドに登場し（ストウィ・ミサ典礼書）、アルクィヌスによって英国（ヨーク）にもたらされる。八百年ごろ、まちがいなくアルクィヌスの口利きで、アーヘンの宮廷聖堂で使われるようになり、カロリング王国全域に広まった。皇帝ハインリッヒ二世は一〇一四年、戴冠式でローマに行ったおり、そこのミサのなかにはクレドがなかったので驚き、信条の採用をベネディクト八世教皇に進言した。[24]

クレドの東方ふうの本文にも、東方起源のものらしさがある。これもローマ起源の使徒信条[25]と同じく、ミサ用に作られたものではない。三五〇年ごろにエルサレムのキュリロスが洗礼志願者に説明している信仰宣言は、もっと簡潔な形をしている。これはエルサレム教会の洗礼式で使われていた（『秘義教話』7―18）。三七四年ごろには、サラミスのエピファニオスの書に出てくる（『アンキュロートス』118章）。アリオス異端に対抗するため、神の子たるキリストと聖霊に関する宣言がここで加えられ、本質的にはすでにこんにちの式文と同じものになっている。これは、三二五年のニカイア公会議と三八一年の第一コンスタンティノープル公会議で宣言された信仰を含むので、ニカイア・コンスタンティノープル信条、あるいはただニカイア信条とよばれる。けれどもこれは、カルケドン公会議（四五一年）ではじめて特別に承認され、そこから東方全域に広まったのである。とはいうものの、個々の諸典礼は、固有の伝統に由来するさまざまなテキストとつながっていないわけではない。[26]

ビザンティン典礼とローマ典礼は、初期の洗礼式での「我は信ず」（クレド）[27]という単数の形を、そのまま残した。洗礼のときと同様、ひとりひとりが自分の信仰を表明しなければならない、というのである。たいていの他の東方諸典礼は、ミサ中の信条には、公会議の用いた「我等信ず」[28]という複数の形を使う。

元になったエルサレムの信条文では、神について、キリストとそのしごとについて、聖なる教会の救いの富についてのキリスト教の教えが、何よりも聖書的な表現で式文にされている。その点、ローマの信条と変わるところはない。なるほど、聖書の箇所（エフェソ4・5以下）が、すでに信条のバックボーンになっている。「神は唯一、主はひとり（エルサレムの信条文には「霊はひとつ」ということばもある）、教会はひとつ、洗礼はひとつ」。異端に対抗するかたちで出来た東方ふうの式文は、中世初期には西方においても、使徒信条にまさるとも劣らぬほどの確固たる評価を得ていた。

第二バチカン公会議以後の刷新でも、使徒信条よりの努力は成功しなかった。その過程では、エキュメニカルな観点がはたらいただけではない。我がローマ典礼では、とくにミサの奉献のところで、キリストが人間であることと、大祭司たる人間として行為していること（「キリストによって」[29]）を、かならず強調する。だからキリストが神であることへの重大な告白は、それを補完するものになるだけに、いっそう貴重だとの認識もはたらいたのであろう。

信条は、全員でとなえるものと規定されて組みいれられた。東方諸教会でも、共同体を代表する一人がとなえるギリシア教会のような場合以外には、このことが守られた。同じことは当分の間、西方教会にもいえる。トゥールのヘラルドゥス大司教は八五八年の『カピトゥラ』（諸規定）の中で、信条は栄光の賛歌、感謝の賛歌、あわれみの賛歌と同様、信者が受けもつものだと述べている（「全員で歌われるべきもの」[30]）。

全員で唱和するものなので、おのずと簡単な旋律（レシタティーブ）にならざるをえなかった。しかし歌詞がラテン語のままだったことから、そのうちコールス・クレリコールム（奉仕者の歌隊）の歌う聖歌になった。やがてポリフォニー（多声音楽）の形で聖歌「クレド」の大曲が出来、すぐれた作品になった。こうして、わたしたちの救いの秘義の賛美が、りっぱに表現されるようになった。しかしこの賛美こそ、はじめから偉大な感謝の祈りが目ざしていたものであることは、ほとんど忘れられてしまった。

会衆の言語をふたたび使うようになったことが、ここでも本来のありかたをとり戻させた。

共同祈願

開祭が集会祈願で結ばれるように、ことばの典礼は、共同祈願（オラチオ・ウニヴェルサーリス）[31]、すなわち「信者の祈り」でしめくくられる。

そういう結びの祈りは、教会の初期の時代にはふつうに行われていた。おそらく当時は、感謝の典礼が毎回ひきつづいて行われるとはかぎらなかったので、なおさらだった。ここでとり扱われている祈りが、その前に行われる説教とつながっていることは、明確に強調されている。セラピオーンの『エウコロギオン』（『秘跡論』）では、「説教の起立のあとの」祈りだと書かれている。

ローマ典礼では、聖金曜日に盛式共同祈願が、受難朗読に続いて行われる。これは古来の伝統の貴重ななごりであり、古典的な手本となるものではある。しかし感謝の祭儀のなかで、共同祈願を毎度そんなにたっぷりやろうとしても、たいへんで無理だというものである。

エジプト典礼には、よく似た形をした三部構成の祈りが昔からあって、短く「三つ」とよばれている。いつも祈りへの呼びかけ、信者の嘆願、司祭の祈りで構成される[32]。ビザンティン典礼にもこの三部構成の祈りが認められるが、司祭の祈りよりも助祭の連願のほうが目だつところが違う[33]。すでにユスティノスが述べているように、この祈願にはいつでも、みなの重大な関心事をもりこむ。教会のため、司教や奉仕者のため、世界平和のため、豊かな収穫のため、国のためや町のため、病人や貧しい人やすべての困窮している人のため、故人のため、罪のゆるしとキリスト者にふさわしい臨終を願って祈るのである。

ローマ・ミサではすでに古代末期には、信者の祈りの痕跡がかろうじて残っていただけである。これがすたれたのには、キリエの連願の導入がからんでいるようである。この連願は共同祈願に代わるものと見なされ、やがてミサのはじめに移された。キリエ・エレイソンは、なるほど東方典礼ではずっと前から、信者の祈りの構成要素だったのである。『ゲラジウス秘跡書』には、たくさんのミサ式文のなかで、共同祈願の結びの祈りとしか説明しようのない一つの祈願が、集会祈願と奉納祈願との間に残っている。

いっぽうガリア系典礼では、信者の祈りは庶民にたいへん好まれていたに違いない。この典礼がローマ典礼のやりかたに変わってからも、以前からの祈願のかなりの部分が残されたばかりか、新しいものも作られたくらいである。プリュムのレギーノは、いくつかの部分から成る古風な祈りを収録している[34]。

フランスでは今世紀まで、古来の伝統に従い、たいてい二部構成の共同祈願がとなえられていた。つまり福音朗読のあとで、説教者が意向を先唱し会衆が応唱するという、きまったやりかたをするものである。ようやく現代になって、その意義と司牧的な価値が再発見されたのである[35]。

ドイツなどその他の諸国では、説教がミサ中に行われた時には、そのあとに司祭だけで、あるいは出席者全員でとなえることのできる、たいていは形式ばらずに並べただけの、なんらかの祈りを続けて結ぶことがあった。そんな思い出しか残ってはいない。しかし東方典礼の伝統にふれたことが刺激となり、古代の形を手本にして、ほんものの信者の祈りを復興しようとした。一九四〇年ごろから典礼運動のなかで、こういう試みがなされてきたのである[36]。

第二バチカン公会議では、同じ努力が『典礼憲章』の53条に表現されている。そこには共同祈願（オラチオ・コムニス）[37]の基本線も描かれている。この基本線は一九六九年のミサ式次第のなかにも、「共同祈願」（オラチオ・

ウニヴェルサーリス）と名称を変えて出てくる（『ローマ・ミサ典礼書』第2版の総則45―47、一九七五年版）。

信者の祈りは、その前におこなわれた朗読や説教を、祈りの形に直して反響させるくらいのものであってはならない。公会議以前は、よく先走ってそうなりがちだった。また、たとえば小さなグループのミサでありがちなように、参加者の個人的なものが、幅を利かせるようでもいけない。むしろ教会のため、世界のための、嘆願の祈りでなければならない。けれどもミサの式次第は（『総則』46）、さしあたりお願いしたい心がかりなことを加える余地も、はっきり設けている。

共同祈願のその他の特徴は、ことばづかいに関する公式の規定が全然ないということである。ローマが示した『共同祈願すなわち信者の祈り』(38)（バチカン一九六五年）の規定と例文は、草案として出されたものである。したがって各地でいろいろやってみたうえで、司教が具体的な形を決めることとされ、一般的な指針だけが与えられている。基本の形としては、先唱者と会衆が交互に祈る連願の形が、念頭に浮かんでいる。そこでの司祭の役わりは、といえば、始めるにあたってみなに祈るよう招き、結びの祈りをして祈願をとりまとめることである。これはとりわけ古代の典礼注規に従うものである。

第四章　奉　納

奉納でミサの中心部が始まる。この章では奉納を、奉献文から離して、別個に検討していくことにする。そうするからといって、奉納そのものに重みがあるわけではない。奉献文に対する奉納の関係は、ミサ全体に対する開祭のようなものである。[1]

第二バチカン公会議はミサの中心部のことを、ことばの典礼と対比させて「感謝の典礼」とよんでいる。これはいわゆる洗礼志願者のミサとは区別され、「信者のミサ」ともよばれる。洗礼志願者は、古代教会の規定によれば、神のことばを聞くこともでき、それに続く祈願に参加することも許された。けれども、教会内規（アルカン法）の定めるところによると、感謝の典礼に出ることを許されていたのは、洗礼を受けた者だけなのである。

ここからの感謝の典礼の場は、司教座でも司祭席でも朗読台でもない。祭壇である。司祭はいまこそ、祭壇に歩み寄るのである。

一、東方典礼の中で

大部分の東方諸典礼では、祭壇の前に進み出るこの動きは、ただ場所を移すだけのことではないとみられた。

独立の典礼儀式の形になり、祈りの輪で包まれた。(2) とくに印象的なのは、東シリア（マラバールとカルディア）の司教司式の典礼における儀式である。聖堂中央の台（ベマ）で、司教の司会でことばの典礼が催される。それが終わると、指名された司祭は、司教のもとを離れ、祈りながら、三度立ち止まっておじぎをし、聖所(3)（内陣という訳語をあてられている）におもむく。祭壇の前で三度ひざまずき、祭壇の右と左と中央に接吻する。(4)『第一ローマ定式書』にも、（すでにミサのはじめにしたのと同様に）この場面で、祭壇に接吻してあいさつすること、となっている。(5)

最初にここで、パンとぶどう酒の用意をすることになっている。これはととのった典礼儀式の形でおこなわれたとはかぎらない。ユスティノスは　パンとぶどう酒を持ってくることと、具体的な準備の手はずのことを述べている。エイレナイオスは感謝の祭儀に関しても、物的なものを力説し、「被造物の初物」が祭儀のなかで奉納されると述べている。それは、グノーシス主義者の極端な精神主義から、地上の被造物とその価値を擁護せざるをえなくなってからのことである。信者が供えものを持ってくるという意味のことを、テルトゥリアーヌスとキュプリアーヌスがはじめて伝えているのも、このころである（本書48、52ページ）。

供えものの準備が、どの典礼でもはっきり典礼の流れに取り入れられたのは、四世紀からのことである。会衆がそこで特別な役を割りあてられるかどうかは、まったく別のことであるが。さてことばの典礼は、感謝の典礼の前におこなわれる。そこで供えものの準備を、ことばの典礼の前にするか、あとにもってくるか、二つの方法が可能だった。ローマ典礼は後者のやりかたを選んだ。東シリア典礼でもこのやりかたが基礎になっている。ほかの典礼でも、元来そうしていたのである。やがて一般に東方教会では、前もって開祭の中で、供えものの準備をすませておくようになった。(6)

供えものの準備は、八世紀以降ビザンティン典礼で、盛大な儀式になっていった。これがいわゆる「プロスコミデ」（日本の正教会では「奉献礼儀」）である。これは、司祭が助祭に手伝ってもらって、「プロテシス」という専用のテーブルでおこなう。まずここで聖書のことばを唱えて祈りながら、用意されているパンから「小羊」[7]（とよばれる小さなパン）を切り出す。次にぶどう酒と水が杯（「聖盃」）に注がれる。次いで同じパンから、小さく切られた部分がたくさん取り分けられる。これは、生ける人と死せる人の取り次ぎと聖人の記念のために、ささげられる。そのあとで供えものは献香され、三重の覆い[8]をかぶせられる。司祭の唱える祈願で、この奉納の儀式の第一部をしめくくる。

ことばの典礼を結ぶ祈りのあとで、供えものが大聖入（とよばれる行列）によって祭壇に運ばれる。ろうそく持ちと香炉持ちが先導して、ケルビコン聖歌[9]が歌われるなか、助祭と司祭は覆いのかかったホスチアと杯を、聖堂の会衆席の間（身廊）を通って司祭席域（内陣）に運んでいく。

この儀式が始まったのは、三九〇年ごろの昔、モプスエスティアのテオドーロスの時代だと見てよかろう。彼は、犠牲にされるべく引ったてられていくキリストを、先どりして見せるものだとしている。[10]『ガリア系ミサ解説』にも、ミサのこの場面で、同様に供えものをたずさえて入堂することが書いてある。[11]

二、西方典礼のなかでの奉納

a　奉納行列

他方ローマ典礼では、昔からいつも、感謝の典礼のはじめに供えものの準備をするだけである。それもさっぱりした形のものしかない。ドミニコ会典礼のように、前もってこの段どりをすませておくのは、例外であった。

それでも、会衆の参加がおおいに強調され、信者の奉納行列という形をとったのである。

信者の奉納行列は、東方典礼ではまったく行われていなかったわけではない。ビザンツでは、祭りのときに皇帝が自分の供えものをささげた。ついこの間までエジプトでも、信者がパンとぶどう酒を感謝の典礼のために持っていく習慣があったことが知られている。奉納行列が大発展したのは、西方諸国においてだけである。ローマでは七世紀末から『ローマ定式書』の示すように、教皇が助祭長と補佐役たちを従え、会衆のほうに降りて来て、貴族たちのささげたパンを自分で受けとり、助祭長がぶどう酒の供えものを受けとる形が選ばれた。

ローマ典礼がガリア・フランク領内に広まると、この儀式は独立した奉納行列になっていった。これを中世の典礼解説書は、枝の主日に主を出迎えて敬意を表する大群衆の行列にたとえている。信者の運ぶ供えものは、まだ初めのうちは、パンとぶどう酒である。そのほかに、聖堂専用の油やろうそくなども、供えられることがあった。しかし十一世紀以降からしだいに、ほかの供えものはすべて献金に取って代わられていった。

奉納行列は、数世紀もの間、主日の典礼の一部だった。カロリング朝のころには、いくつかの条令で催促されるほどだった。南ドイツの地方の各小教区では、二十世紀でもまだよく行われていた。しかしどこの信者にも義務づけられたような奉納行列は、中世末期には四大祝日だけになった。こうしたものはトリエント公会議以後は、もはや教会の条令には出てこなくなる。

しかし奉納の歌は、古来の伝統だということで残されていた。この歌は狭い意味で「オッフェルトリウム」(12)とよばれ、元来、奉納行列にあわせて歌うためのものであった。

b　儀式の進展

ここで司祭がするべきことは、供えものを祭壇の上に置くことであった。これは祈りながら行われた。さて古いローマ典礼では「供えものの上で唱える祈り」[13]は、奉納の儀の中で祈るもので、他の祈願と同様に、大きな声で唱えられた。しかしカロリング朝のころには、東方典礼に影響され、すでに至聖所に属する奉献の祈りだというわけで、黙って唱える習慣になった。この時分から、供えものの準備を進める間中、その他の祈りも黙祷するようになった。そして長い間、個人的な祈りでしかないと思われていた。

こうして司祭が助祭から供えものを受けとる時に唱える祈りと、パンとぶどう酒を別々に、またいっしょに供える時の祈りのことばが出来た。[14]そのほかにパンとぶどう酒の供えものを、まず別々に、次いで両方いっしょに祝福する祈りも、多くのところで作られた。水をぶどう酒に加える時には、「驚嘆するほどに人間という崇高なものを創られた神よ」[15]という言葉で始まる式文を唱える。これは十一世紀から使われるようになったもので、古いローマ典礼の秘跡書には、降誕祭の祈願としてのっている。

これらの祈りは、いつも儀式的なささげる動作といっしょに唱えられたわけではない。イタリアの写本によれば、十三世紀までは、パンとぶどう酒をただ祭壇の上に置くだけであった。[16]

北カロリングでは通常、奉納の儀の結びに、供えものに献香した。やがてこれが、司祭や会衆にも荘厳に献香する儀式に発展し、そのための祈りもつけられた。

献香のあとで、手を洗った。香炉を扱ったり、時には、すでに信者のわたす供えものを扱うこともあったことから、思いつかれたものである。けれども、ここが本来の場面ではないし、おまけに典礼のなかで手を洗う本来の意味も乏しかった。むしろ手を洗うのは、感謝の典礼の始まりで、この聖なる神秘に入りたいという、心からの清さを表わすシンボルなのであった。そのことを東方では、すでに四世紀に『エルサレムの秘義教話』（5・2）が示している。[17]さらに『第一ローマ定式書』によれば、教皇は、奉仕者からの供え物を受けとりに祭壇に向かう前に、手を洗うことになっている。[18]またこんにちまで『司教儀典書』[19]は、奉納の始めに司教が手を洗うように、と規定している。

供えものの上でする祈りが、声を立てずに祈りを唱える「念唱」[20]となっていったことは、それ以外にも影響をおよぼした。おかげで奉献文の始めから終わりまで、ずっと声を立てずに唱えなければならなくなったのである。こうした見解によれば、司祭のみが、聖域のいちばん奥に入って神の前に進み出ることになる。司祭はここで、叙唱という入口の扉を通りぬける前に、いわば会衆に別れを告げ、自分を彼らの祈りにゆだねるのである。これがやがて「みなさん、わたしとあなたがたのこの供えものを、全能の神である父が受けいれてくださるように祈ってください」[21]という言葉になったのである。これは八世紀末、奉献文を黙祷したとの最初の報告とほぼ同時代に現われた。ちなみにこれは長いこと、補佐する奉仕者だけに向かって唱えるものだった。中世後期になってようやく、たいていの所で、「兄弟姉妹のみなさん、……祈ってください」[22]と、全員に呼びかけるようになったのである。

三、新しいミサの式次第で

第二バチカン公会議から委託されたミサの刷新にあたって出てきた問題は、奉納を本来の簡素なものに戻すべきではなかろうか、つまりせいぜい段どりとして必要なものや、奉納祈願を結びとするくらいのことに、とどめるべきではあるまいか、ということだった。ミサの本質的なできごとは、まさに今これから始まるのであって、延々とおこなわれる奉納の儀によって曖昧にされてはならない。とりわけ、教会の奉献でもある奉献は、それは、聖別においてこそ行われるのだと心得、それとは別ものの教会の奉献であるかのように映る儀式で、うやむやにされてはならないのである。また司祭は、歌が歌われている間は、長々と声を立てずに祈ったりすべきものではない、という総意もあった。

新しいミサの式次第では、中道が選ばれている。祭壇の上に供えものを置くことに含まれているシンボルは、否定されることなく明瞭になった。信者の奉納行列が奨励されている。供えものを持ち上げるという、奉献を表わす所作も、続けられることになった。

他方では、これにあわせて唱える祈りのうちでカロリング時代に由来するものは、ほとんど全部すたれた。短い言葉を二つの動きにつけるだけである。このために採用された式文は、古代からのもの、おそらくはすでにキリストの時代のユダヤ人の食事で、パンとぶどう酒を祝福する時に用いられたものである。ルイ・リジェによれば、古代のユダヤ人は、次のようなことばでパンの祝福をおこなったのである。「万物の王にして大地よりパンを生み出されるわれらの神は、賛美されますように」。またぶどう酒の祝福では、「万物の王にしてぶどうの実りを創られるわれらの神は、賛美されますように」[23]。

新しい式文はわずかな言葉で三つのことを表わしている。パンとぶどう酒は、このわたしたちの大地の実りであるから、わたしたちの世界と生活を意味している。またわたしたちの手仕事と毎日の苦労を意味する。そして命のパンと心の飲み物になるものを包むものとして、ここでささげられる。それと同時に、「わたしたちはあなたに……ささげます」[24]ということばは、これはここで完了するような奉献のことではないのだ、ということもほのめかしている。

どの典礼でも、水をぶどう酒に加えるのは、とうとぶべき伝統として残された。これはかつてキュプリアーヌスが、その意義を強調していたものである（本書49、51ページ）。しかし従来唱えられていた降誕祭の集会祈願文の中からは、本質的な言葉だけが残された。すなわち、受肉で始められたことが秘跡によって成就しますように、わたしたちが、わたしたちのために人と成られたお方の神性にあずかることができますように。こう祈るのである。キュプリアーヌスは、これにはもっと広い含みもこめられているとみている。キリストが教会を自分に引きよせている、というのである。

「神よ、悔い改めるわたしたちを……」[25]の祈りは、いつも奉納の流れをよくまとめたものというわけで、おじぎをしながら唱えられてきた。[26]これも、すべての外的な奉納にこめられた、目に見えない心の奉献をよく表わすものだからというわけで、変更されずに残された。

手を洗うことも残された。しかも従来の場面に、である。『ローマ・ミサ典礼書の総則』(52)でもはっきり強調されているように、純粋に象徴的な意味があることは明らかである。その意味は、あらゆる時代のあらゆる人々によく通じる。もっとも聖なる儀式の座長を務める者は、また何にもまして清くあるべしという要求も、だれにでもうなずける。古代のキリスト者がそう思うのは至極当然なことで、テルトゥリアーヌスが[27]、心を高めて神に祈る前に毎回手を洗う必要はない、とわざわざ断らなければならなかったほどである。むろんテクノロジー一辺倒の味気ない時代には、こんなシンボルはなじまないけれども、おそらくそういう時代だからこそ、どうでもいいものとはならないのである。

「みなさん、……祈りましょう」[20]も残された。もともと典文が黙祷されるようになったからこの祈りをするようになったのだというのは、もう理由にはならなくなったが。それは、ミサのほかの所にある「祈りましょう」[28]という祈りへの招きと同様な役わりを果たす。奉納の儀のはじめに唱えられることはもうないし、唱えられるとしても、共同祈願の呼びかけとして使われるだけである。ここで、「祈りましょう」のあとで祈りのまあいをとるところに、「神の栄光と賛美のため……お受けください[29]」がある。十一世紀以来広まり、どこでも使われるようになったものである。

第五章　奉献文

一、歴史的進展

ミサの主要部分が形成されるとき、本質的な核になったものは、キリスト自身にさかのぼるものである。それは最後の晩餐で制定されたいきさつの叙述である。感謝の祈りをするなかで、聖別のことばが発せられる。感謝の祭儀は、このいきさつが新約聖書に書きとめられるよりずっと以前から、ささげられていた。だから最古の形は、聖書をもとにして出来たのではなく、まず順ぐりに伝えられてきたものであった。また一つの表現のしかただけに、こだわっていたわけでもなかった。

制定叙述の扱いかた

初期のころの様相を歴史的に調べてみると、(1) 東方でも西方でも、まったく独立にではあるが、同じ方向の発展がかなりあったらしい。

パンに唱えることばと杯に唱えることばを、なるべく同じものにしようとする傾向が、早くから出ている。たとえば、おもだった東方諸典礼は、どちらの場合の感謝を表わすギリシア語も、エウカリステーサス、エウロゲーサス、ハギアサスの三つにふやしている。同様に、マタイ26章28節で杯のことばにそえられている「罪のゆるしのための」ということばを、パンに唱えることばにもつけている。ローマ典文にも、こうした傾向が見られる。どちらの場合にも、同じ修飾語がくりかえされるだけではない。どちらの箇所にも、「あなたに感謝をささげて祝福し、弟子に与えて仰せになりました(2)」という、内容まで同じで、もっと長くなった言いまわしがある。

典礼での制定叙述にみられる第二の傾向は、なるべく聖書本文に似かよったものにすることである。ローマ典文は、聖書の語る要素をほとんどすべてとり入れた。パウロとルカの伝えた「あなたがたのためにわたされる(3)」という語句が、パンに唱えることばには入っていないのが目につくが。それは、ローマ典文の文章がマタイ26章26—28節をもとにしているためだと思われる(4)。

ローマ典文の式文には、さらに第三の傾向が出ている。飾りたてることである。主は「聖なるとうとい御手に」パンと杯をお取りになるという。驚いたことに、すでに六、七世紀の秘跡書にも、杯に唱えることばのまん中に、「信仰の神秘(5)」という語句がさしはさまれていた。この語句は一テモテ3章9節にあるものだが、もちろんそこでは別の意味をもっていた。すなわち助祭*は、純粋な気もちに「信仰の神秘**」のこもった人でなければならない、というのである。この語句は、杯を受けもつのが助祭の仕事だったというわけで、杯を聖別することばに結びつけられたのだと思われる。

＊　ディアコノス、新共同訳では「奉仕者」。　＊＊　ミュステーリオン＝秘義、新共同訳では「秘められた真理」。

中世には聖別に関心が集まり、制定叙述は文脈から切り離され、ほかとの関連ぬきで考察されるきらいがあった。けれどもそれは、すでに聖書の中でも力説されているように、感謝の祈りをしながら行われるものである。古代教会は、くりかえすようにとの主の命令を、感謝の祈りによってとらえることでも一致していた。

奉献文の構成

感謝の祈りの内容と構成に関しては、とくにきまった規範はなかった。感謝を向けるキリストの秘義に、わざと軽くふれるだけのこともあったし、ことこまかに述べることもあった。感謝することを、ただひとことで表わすこともあったし、天使の歌隊の賛美の歌に唱和するかたちで荘厳に表現することもあった。こういう意味ではかなり早くから、まず東方の、それから西方のあらゆる典礼に、感謝の賛歌が組みこまれていたわけである。

西シリア・ビザンティン様式の典礼では、感謝の賛歌に続く部分の中に、天地を包む感謝と賛美の荘厳な表現が続出する。感謝のまとは、神と人類との関わりの恵みあふれる歴史である。いよいよ感謝の賛歌のあとで、それがくり広げられていく。旧約における神のはたらきで始まることもある。このやりかたは、（四世紀の）バシレイオス奉献文の最古の形のものや、ヤコブ奉献文にも見られる。またすくなくとも受肉に始まる救いのしごとを、ことこまかに、あるいは短く描いたりする。こちらのほうは、ほとんどの後期西シリア典礼の奉献文でおこなわれていた。ガリア型典礼も多くの場合、この方針を踏襲し、感謝の賛歌のあとを「まことに聖なる、まことに讃えらるべき我等が主なるイエス・キリスト、彼は云々」(6)という句につなぐ形にした。

エジプト諸典礼は、奉献文の最初のところで救いの歴史に手短にふれて、感謝の意を表明してから、天上の賛歌を壮大に描きつつ、感謝の賛歌に進んでいく。しかしそこから別の行きかたをとる。すなわちエジプト典礼の古文書によると、ここでエピクレシスにつなげていく。ここでも天使の賛歌にふれられるが、「聖なるかな」という言葉にではなく、主の栄光は天地に「満つ」という語句のほうに、である。もっとも簡単なのはデル・バリゼー写本（六世紀）に出てくるもので、「わたしたちをも、あなたの栄光で満たし、あなたの霊をいつくしみぶかくこの供えものの上にお遣わしください」と続く(7)。セラピオーン奉献文とマルコ奉献文も似たようなもので、言葉数が若干多いだけである。その場合もエピクレシスに続き、そのあとに制定叙述がくる。

要するに昔のローマ典文も、このやりかたにもとづいて出来ているのである。冒頭の祈り(8)は、感謝の賛歌からではなく、それよりも前の部分全体からつながっている。そして「供えものを受けいれ、祝福してください」と求める感謝の祈りに続いていく。

エピクレシス

ところでここでも、この祈りでエピクレシスが始められる。というのは、ここと「わたしたち……のこの奉献を(9)」の祈りとの間に挿入されている、取り次ぎの祈りを外して考えれば、そのあとに出てくる祈り、すなわち「神よ、これを……まことのささげものにしてください(10)」は、ローマ典礼で「聖別エピクレシス」といわれるものなのである。もちろんこれは、聖霊が名ざしこそされてはいないが、供えものがキリストのからだと血になれるように祝福してくださいと、神に願う祈りである。

エピクレシスは、奉献文の正式の要素である。しかし元来はこの位置にではなく、聖別のあとで、聖別された供えものの拝領について述べる前におかれていた。たしかにローマ典文には、この初期の位置にも「聖霊(という言葉を使う)エピクレシス」はないが、「全能の神よ」と願う祈り(11)の後半に、それに相当するものがある。ここで、神がささげものを天の祭壇に受けいれてくださり、祭壇でキリストのからだと血をいただく者が「天の祝福と恵みに満たされますように」と願うのである。すでにヒッポリュトスの奉献文の同じところにも、内容も同じ、聖霊のことにふれる点でも同じ祈りがある。「教会のささげものの上に、あなたの霊を送ってください。あなたの聖なるものにあずかるすべての人をひとつに集め、聖霊で満たしてください」と神に祈る(12)。のちにどの東方諸典礼でもこの「交わりエピクレシス」は、聖別への願いと会食による充実した一致への願いを、両方とも表現するように拡大された。ここから生ずる問題はすでに(本書162〜165ページで)論じておいた。

アナムネシス

どの諸典礼も、エピクレシスよりもアナムネシスや奉献のほうが、ミサの秘跡的中心のすぐそばに置かれている。狭義のアナムネシスは、制定句の直後におこなわれる最初の祈りである。その始まりだといってもいいくらいである。ほんとうはすでに感謝の祈りのなかで、記念が展開されているし、広い意味ではミサ全体がアナムネシスになっている。だからここでは、自分のことを記念せよとの主の命令をわたしたちが遂行していることを、はっきりさせるだけでよい。したがって記念の内容は、ここではごく簡潔に表わされるだけである。

ローマ典文には、パウロの表現(「主の死」、一コリント11・26)や、ヒッポリュトスのことば(「受難と復活」)以上のことは、すこししか出てこない。東方諸典礼での記念の描写は、もっと豊かである。エジプト典礼は、パウロが使ったカタンゲレテというギリシア語を「彼の死を告げ知らせる」というふうに用い、同時に会衆をその告知に歓呼で参加させている。[13] ほかの諸典礼は、受難に埋葬をそえるだけではなく、復活と昇天に父の右への着座をそえている。西シリアの奉献文には、「畏れ多くも栄えある再臨」という言葉までつけ加えられている。そもそも再臨を指摘すること自体、記念の趣旨から逸脱している。そればかりか、このなかの少なからぬ奉献文が、ここに裁きのことをはめこんで描ききっている。すでに最古のものであるヤコブ奉献文では、会衆がここのところで、あわれみを求める叫びをあげて答えるようになっている。

ガリア典礼ではアナムネシスを、「わたしたちは思いおこす」、「わたしたちはこれをおこなう」[14]、「わたしたちは告げ知らせる」、「わたしたちは告白する」というような独立した文節で表わすことがよくある。だが東西双方のその他の典礼では、「記念して」、すなわち、わたしたちが思いおこすことによって、という分詞句の形にしている。だから奉献がアナムネシスに優先するかっこうになる。

奉献

奉献のことは、「記念し、……パンと杯をあなたにささげます」[15]というたいへん簡潔な形で、すでにヒッポリュトスの奉献文に出ている。似てはいるものの、いささか素っ気ない表現が、諸典礼の同じところに判で押したように出てくる。ローマ典文では、このことがとくに強調されている。ささげものの真価が、「永遠の生命のパンと（永久の）救いの杯」[16]にあると述べられるだけではない。奉献はさらに、神がかつてアベル、アブラハム、メルキゼデクのいけにえの供えものになさったように、「このささげものをいつくしみふかく顧み」[17]、また「あなたの栄光に輝く（天の）祭壇に」運びあげてくださいという嘆願[18]につづく。これは、決定的に受け入れてくださいと祈るときの、象徴的な表現法である。

ローマ典礼の特色は、奉献のことが聖別句の前にも唱えられることである。この点がほかとは異なる。ほとんどの典礼では奉納祈願には似たものがあるが、ローマ典礼では奉献文自体にもそれがあるのである。感謝の賛歌につづく最初の祈り、すなわちエピクレシスへのつなぎの役を果たす祈りでは、すでに「（汚れなく）とうとい供えもの」[19]とよばれた供えものを受けいれ、祝福してくださいと願う。そのことが目だっている。エジプト典礼だけが、この点でもローマ典礼と似ており、奉献文の冒頭、それも叙唱の始まりで、同じような奉献表現を用いている。

取り次ぎ

どちらの典礼でも、すでに典礼文のこの部分で奉献行為を力説したことがきっかけで、ここでも延々と取り次ぎの嘆願をすることにした。[20]エジプト典礼はそれを叙唱に加えているが、ローマ典文は冒頭の「いつくしみふかい父よ……」の祈り[21]の次に入れている。

教会と人類にとって大きな関心事のためのとりなしは、ユスティノスの書物で見たとおり、すでに二世紀には、ミサに結びつけられていたらしい。しかしこの祈りは、ことばの典礼の結びで長々とおこなわれた。ほとんどの典礼では、あい変わらずことばの典礼の結びに唱えられたが、西シリア典礼とローマ典礼は例外で、早くから姿を消していた。しかしおそくとも四世紀以降には、ガリア型典礼以外のどの典礼でも、取り次ぎという形で、新たに奉献文の中に入れられた。いわば聖域のいちばん奥に嘆願を持ちこもうとしたわけである。

エジプト典礼以外のすべての東方諸典礼で、こういう形になったものが行われたのは、第一部の聖別の前ではなく、聖別のあと、つまり感謝の祈りそのものがすみ、決定的なささげものの奉献が表明されてからのことである。すでに四世紀の『使徒憲章』のころには、この部分は、どれも「また……のためにお願いします」とか「また……のためにおささげします」という文体の十個の祈りから成っている。あとから出来たヤコブ派の西シリア典礼では、その都度、まず助祭が祈りへの招きを述べてから、司祭が嘆願を唱える形にしている。

またローマ典礼ではこの位置に、最初は主日と祭日以外の日に、九世紀以降にはすべての日に、死者のための祈り[22]がつけ加えられた。しかしながら取り次ぎのおもな部分は、「いつくしみふかい父よ」のあとに続けて唱えられた。そこでは教会のため、教会指導者のために（ときには、たとえばオーストリアで一九一八年まであったように、キリスト教諸侯も含めて）とりなす。第一の「人々のための祈り[23]」の中では、奉献する人とここに集まっているすべての人のことを、心にとめてくださるよう神に願う。

この祈りはさらに長くなり、天の教会とのつながりが出来た。これは新しい傾向である[24]。そして光栄ある神の母と（一九六二年からは、また聖ヨセフと）すべての聖人といっしょに、自分たちの供えもの[25]をあなたにささげますと唱える。またここで、神聖な人数の天の聖人たちの代表者の名があげられている。使徒十二人、殉教者十二人である。後半の死者のための祈り（「聖なる父よ、……を心にとめてください」）には、「また……わたしたち罪びとを」[26]の祈りが追加された。同様に、男女七人ずつという神聖な人数の殉教者の名があげられている。その大人物の筆頭は、キリスト自身が女から生まれた者のなかで最大の人とよんだ、洗礼者ヨハネである。

そのかぎりでは取り次ぎは、依頼される人々にあてたものであった。しかしやがてローマ典文の中に、「わたしたち……このこの奉献を」で始まる、特定の関心事を言える式文が加えられた。元来は信心ミサ専用のもので、その式文の枠内では、司祭が抱えている関心事をさしはさむことができた。大グレゴリウス以来、それをもとにした式文がととのい、典文でいつも唱えられるようになった。そのなかでは、特別なおりはさておき、かなり大きな関心事だけ、すなわち世界平和と、最後にはわたしたちが選ばれた人々のなかに入れられることを、述べることにしていた。

こうしてローマ典礼の奉献文の「いつくしみふかい神よ」から先の部分は、ほとんど奉献の祈りと嘆願の祈りだけになった。北欧諸国では、その前にある叙唱からますますかけ離れたものになった。しかしローマで書かれた秘跡書では、まだ叙唱と一体を成すものととられていた。いくつもの最古の写本では、「典文のはじめ」[27]という見出しが、叙唱前句の「心をこめて神を仰ぎ」[28]の前についているくらいである。奉献文は叙唱で始まり、聖なる儀式のやりかたを定める規範（「典文」）となる。

声を立てずに唱えられるようになった典文

しかしその後イシドールスが、秘跡を形にすること[29]、すなわち聖別にまつわる祈りを、全体から区別した。これは「いつくしみふかい父よ」で始まる部分のことである。九世紀以後は、典文といえばこれに限られた。叙唱とは、それほど大したことのない、典文への導入部くらいのものだと受けとられるようになった。叙唱（プレファチオ）は、本の前おきのようなものでしかなくなった。かつてローマでは、会衆と神の前で（プレとは「前の所で」という意味）荘厳に叙《の》べるものだととられ、感謝の典礼の祈り全体のことだと考えられていたが、もはやそうだなどとは思われなくなった。典文は、司祭だけが入れる聖域の、いちばん奥まった所になったのである。

この「だけ」という表現からすぐに、典文を、沈黙と静粛で象徴的に表現しようということになった。このことはガリア系典礼でも東方典礼でも、よくおこなわれた。[30] こうして典文は、声を立てずに唱えられるようになり、会衆には近よりがたいものになった。古代の、本来の意味での奉献文のとらえかたなど、聖職者にすら、ほとんどできなくなっていた。

ある程度の埋めあわせが、十二世紀を転機にほどこされた。「パンを取り[31]」のことばを唱えてホスチアを持ち上げるのは、もともと供えの作法だったもので、ユダヤ人の食事の儀式に由来する。これが聖別されたばかりのパンの奉挙になったのである。キリストのからだが会衆に示され、崇敬される。聖別も、ミサのクライマックスらしく、はでな儀式になった。鈴が鳴り、香の煙が立ちのぼり、みなひざまづいて聖体を礼拝する。ミサの決定的瞬間をこのように引きたて、聖体を賛美すること自体は、プラスになった。しかし感謝の祭儀を貫く太い線、感謝し賛美しながら、神へ上昇する線は、ぼかされてしまった。感謝の祭儀とは、神に昇っていくことなのだ。しかしあのようにはでにしたため逆効果になり、下降線のほうにアクセントがおかれるしまつであった。

二、公会議後の刷新

第二バチカン公会議が求めた典礼刷新は、典文をとりあつかう段になって、容易ならぬ問題にぶつかった。公会議では、ミサの典文には触れてはならないとする声が優勢だった。その件に関しては、『典礼憲章』はなんら明確に規定せず、おおまかに、ミサの刷新は「その実質を忠実に保ちながら」進めるべきである、と述べているだけである（同50）。

他方において、公会議の求めるミサの刷新とは、（準備委員会が起草した表現によると）信者が儀式と祈りを理解するだけではなく、「儀式と祈りによって秘義が」わかるようなものでなければならない（同48）。

この要請に答えるため、またあと回しにするわけにはいかない情勢となったこともあって、典文に手を入れざるをえなくなった。そこですでに一九六七年五月四日づけの『第二・一般指針』で、典文を黙祷する規則が廃止されると同時に、国語の使用を許可する権限が司教協議会に与えられた[32]。しかし典文が、いまこのミサのなかにある救いの秘義を理解するうえで、会衆の助けとなるべきものなら、ローマ典文を翻訳するだけでは役にたたないことは、まったく明白だった。そこで刷新は二者択一を迫られた。

典文の式文自体に、相応の改訂を施す。すなわち叙唱を豊富にし、とりわけ取り次ぎを典文の末尾に集めるようにすべきか。

あるいは、伝統あるローマ典文のほかに、別の形の奉献文を採用すべきか。

教皇パウロ六世は、あきらかに第二の可能性を考えていた。

a　ローマ典文の改訂

一九六九年四月三日づけで教皇から認可された新『ローマ・ミサ典礼書』では、ローマ典文にも全然手を加えないわけにはいかなくなった。段落ごとについていた「主キリストによって、アーメン」[33]という結びの句が、かっこに入れられた。この句は、取り次ぎを挿入したために出来たものだった。また聖人名を列挙する二つの箇所で、唱えるのを省いてもよいように、その大部分がかっこに入れられた（ペトロとパウロのほかに、使徒アンデレもかっこに入っていないのが目だつかもしれない。これは、主の祈りの副文に習ったもので、そこで彼の名は、あきらかにビザンツ教会との友情のしるしと受けとめられていた）[34]。適切な叙唱と組みあわせると、ローマ典文もまったく申し分のない奉献文になる。しかも主日でも、一七五九年以来指定されてきた三位一体の叙唱を、過越の秘義を表わす主日の叙唱に替えてもよくなったのである。

b　新しい奉献文

三つの新しい奉献文には二から四までの番号がつき、一九六八年にはすでに使えるようになった。制定叙述の中の聖別のことばには、共通のテキストが使われている。感謝の賛歌と結びの栄唱は、ローマ典文のものをそのまま受けついでいる。三つとも、聖霊に言及する聖別エピクレシスと交わりエピクレシスとがあり、奉献文の結びでは天にいる聖人を仰ぎ見て、取り次ぎの祈りをそえている。

その他の点では第二奉献文は、ローマのヒッポリュトスが二一五年ごろ書きしるしたものと本質的に同じものである。その特徴は、感謝の祈りが単純明快で、また特に感謝の賛歌から制定のことばに移るところがたいへん簡潔なことである。共同体全体の典礼のためというより、もっとあっさりした形のほうがよさそうな、それとは別なこぢんまりした場合のために出来ている。週日にも使える（『総則』322ロ）。

第四奉献文は、西シリア・ビザンティン様式の奉献文をモデルにして起草された。だからローマ典礼全体の伝統と異なり、叙唱のところではなく、感謝の賛歌のあとの部分ではじめて、救いの歴史を描いていく。描写は旧約の歴史で始まり、聖書的な表現がふんだんに使われている。だからある程度、聖書のことばづかいに慣れていることが前提となる。教会一致への関心がきっかけで、これを作ることができまった。

第三奉献文は、ローマ典礼の伝統と再発見された奉献文の理想像を、ひじょうによくまとめたものである。その式文は、感謝の賛歌のあとから始まる。したがって叙唱はいろいろ変わるが「典文」はいつも同じという、ローマ典礼の奉献文の伝統的構成を堅持している。だから、従来から蓄えられた叙唱が、ひき続き使える。なるほど現在の新『ローマ・ミサ典礼書』では、ずいぶんふやされたものである。この奉献文の特徴は、感謝の賛歌から制定叙述への移行部が、簡潔な第二奉献文と長々とした第四奉献文の中間をとったところにあるばかりではない。二つの長さと内容をうまいぐあいに合わせたところも、そうである。叙唱は感謝の賛歌で結ばれ、そのなかで救いのしごとが描かれる。ここで今度は、救いの実りが語られる。教会のことである。教会を、神はあらゆる時代の万民から集める。しかもその教会のなかで絶えず、この瞬間にも清いささげものが、ふたたび供えられているのである。

このようにざっと見てきたところで、あとはもう、刷新された奉献文に見られる個々の点の説明がすこし要るだけである。

1 叙唱

叙唱はどんな場合でも、従来どおりの対話句で始まる。これはローマ典礼では、まったく元のままの簡潔なものである。ほかの諸典礼ではたいてい、いくらか手を加えられている。つまり対話句そのものは、たいへん古いのである。とくに「わたしたちの神である主に感謝しよう」という呼びかけは、明らかに初代教会の習慣にさかのぼる（本書38～39ページ参照）。

感謝の祈りの部分は、ローマ典礼ではその他の点でも、多くの東方諸典礼の式文とまったく同様で、昔から「まことにとうとい、大切なつとめ」[35]ということばと、荘厳な神への呼びかけで始まる。新しいくぎりかたでは、「主、聖なる父、全能永遠の神」というように、一語、二語、三語と、表現形式が三段階になっている。祈りそのものは、典礼の主要な祈りらしく、キリスト教の古典的な祈りの構成になっている。「わたしたちの主キリストによって」わたしたちは神の前に進み出るのである。キリストが仲介者であることは、はじめのところでさっそく明言されることもあるし、場合によっては、その祝日に合ったキリストの秘義の描写に替えられることもある。

新しいミサ典礼書は、祝祭日や典礼季節、信心ミサや個別の機会に合った叙唱を、たくさん提供している。けれども最古のローマの秘跡書に見られるような、各ミサの式次第専用の叙唱をつけるようなやりかたに戻るわけではない。この原則は、もう『レオ秘跡書』のころから乱用されてしまった。（二六七にものぼる）叙唱のなかには、殉教者の苦難を描いたり、道徳的な生きかたの教訓になるものもあった。

叙唱が豊富なことは、救いの秘義にいつも新たな光をあてて呈示するためだけに役だてるべきである。[36]叙唱は、神を賛美し、信者共同体を前にして、おおやけに告げ知らせるという二重の意味で、前で述べることたるべきである。

2　感謝の賛歌

感謝の祈りを、その時によってすこし長めに、あるいは短めにとなえてから、つづいて感謝の賛歌を始め、礼拝の気分をもりあげ、頂点にもっていく。イザヤの幻視を描いた箇所に由来するものである（イザヤ6・2－3）。これはおそくとも紀元後二世紀のユダヤ教会堂の礼拝にあったものである。すでに天使のコーラス（「すべての天使」）も賛美に加える導入句が、それにもついていた。[37]おそらくは、ユダヤ人キリスト者グループにまつわるこうした実例があるにせよ、「聖なるかな」と三回唱えることが、すでに初期から、おそらく使徒時代から、キリスト教教会の奉献文に加えられていたことになるかは、どちらともいえない。東方では、すでに四世紀に、いろいろの所でおこなわれている。こちらではどの諸典礼にもある。しかし西方諸国では、五世紀までは、いたる所に普及していたというわけではない。ヒッポリュトスの奉献文だけにそれが欠けているのではない。

かなり聖書本文が補足されたのが目だつ。こうして天と地が賛美に加わることになったのである。東方典礼の式文は途中で、神への賛美をととのえる天使の歌隊を堂々と描こうとして、聖書の箇所（ダニエル7・10、ヘブライ12・23、ハバクク2・3、黙4・6、イザヤ6・2―3）を、ふんだんに使っている。[38]

群衆が枝の主日に、主を歓迎して上げた「ほむべきかな……」という叫びは（マタイ21・9）、最初に西方諸国でとり入れられた。そのことにはじめて言及したのはアルルのカエサリウス（五四二年没）である。[39]東方諸国では、のちになってようやくあちこちで行われるようになる。三回唱える「聖なるかな」は、この補足語とともに、黙示録に出てくる「神と小羊とに」ささげられた賛歌に呼応する（黙5・13、他）。

おそらくはじめから感謝の賛歌は、会衆が参加すべき歌と見なされていたのだろう。いや、会衆によって歌われたミサ曲のなかで、いちばん古いのである。そのため、最古の伝承による感謝の賛歌の旋律は、荘重なレシタティーフ（叙唱）のようなものにすぎなかった。ドゥランドゥス（一二九六年没）はその書で、[40]オルガンの役めの一つは、感謝の賛歌に伴奏をつけて、ますます輝かしくすることだと述べている。

3　中心部

制定叙述の字句（飾りにそえられていたものが、新奉献文では省略されている）ばかりか、聖別のことばの表現すら変えられた。これは、新しい奉献文導入なしにはできなかったような、かなり大胆な一歩であった。これができたことは、とくにローマ典文のためによかった。パンに唱えることばには、神学的に重要な「あなたがたのためにわたされる[3]」ということばが補足された。杯に唱えることばからは、わけのわからぬ「信仰の神秘[41]」が削除された。

いまの新しい奉献文では、この言葉をあいずに会衆が歓呼することになった。聖なる儀式の中心で、会衆が歓呼を受けもつというアイデア。これは、刷新にあたって、典文をラテン語で声を立てずに唱えていた形が変えられるものだなどとは、まだだれにも思いもよらなかった時分に、はじめて浮かんできたものである。そういう歓呼で、できごとの意味が信者にもっとはっきりわかるようにしよう、というわけである。そういう歓呼によって主の記念を強調する前例は、典礼史の中ではエジプト典礼に見られる。その例と同様にここでは、歓呼はキリストに向けられている。これはふさわしいものと思われたし、司祭の祈りの流れを妨げるものでもない。司祭の唱えるべきものではなくして、ほかの人が司祭の祈りに加わる賛歌のようなものだからである。

聖別をしたあとの司祭の祈りの趣旨は、事柄自体が示している。その祈りは、できごとの意味を明らかにするものでなければならない。すなわちわたしたちは、主の記念、受難と復活によって全うされた救いの奉献を記念する。神の前で祈りながらこの記念をおこない、わたしたちの奉献として、これを神にささげる。また受ける者として、これに参加する。そうすることで、聖霊によってまた愛によって強められることを、期待し請い求めるのである。

4　取り次ぎの祈り

新しい奉献文では、その他の点でだいぶ窮屈に詰めこまれた取り次ぎが、ここでやっと始まる。どの場合にも、教会と首席司牧者のために祈り、自分の教会のため、故人のためにも祈る。どの場合も、それにひき続いて天の聖人を仰ぐが、その他の点では順序はさまざまである。故人のための祈りは、第三奉献文だと末尾にくるが、ほかの二つでは聖人に言及する前にくる。

ローマ典文では、死者のための祈りにひき続き、司式している奉仕者が「また、あなたの深いあわれみに頼るわたしたち罪びとを」(42)ということばで自分のことを明言したり、必ずしも意味が明らかではない「すべてのよいもの」(43)を祝福していた。こういったことばに相当するものは、新しい奉献文では作られていない。

5 栄唱

新しい奉献文は四つとも、古来の荘厳な栄唱「キリストによって」(44)で典文を結ぶ。これを儀式としてととのえるために、聖別されたパンとぶどう酒をさし上げる。それは三、四世紀に教会にあまねく広まっていた、あの古代キリスト教の栄唱、すなわち「キリストによって聖霊において」神を賛美するというのを、すこし長くした形のものである。これは古典的なキリスト教の祈りの基本定式文である。

「聖霊において」という表現は、神への賛美がわき起こるところを表わし、正確を期して、「聖霊の交わりのなかで」という表現にしてある（エフェソ3・21参照）。それは聖霊に根ざしてひとつになった、聖なる教会のことである。(45)

「キリストによって」ということばも、同じほうを向いている。すなわちキリストによって「すべての誉れと栄光」(46)が神にささげられる。

だがキリストは、もうひとりではない。救われた者の民が「キリストとともに」結ばれて、いや「キリストとひとつになって」賛美する。(47)それは、かつて殉教者ユスティノスが大事にしていた、あの会衆一同による「アーメン」に続く。

第六章　交わりの儀

一、交わりの儀の起こり

会食によってひとつになることで、感謝の祭儀ははじめて完全になる。この場面自体が典礼として別個の形式をととのえたのは、かなり経ってからのことである。ユスティノスもヒッポリュトスも、会食によってひとつになるための祈りには、とくに言及してはいない。

しかし四世紀の東方典礼の資料には、会食による交わりの前に、司祭が唱えるための祈りがすでに見られる。『使徒憲章』によると、これは助祭による連願で始まり、会食による交わりに、さらには感謝の祈りに続く。セラピオーンによれば、どの式文も「感謝いたします」で結ばれるものである。(1) これらの祈りのなかには主の祈りがある。東方ではようやく四世紀末になって、そのことにふれられるようになった。クリュソストモスが（まだアンティオキアにいた時分に）そのことを示している。(2) 西方諸国では、なんどもそれに言及するのはアウグスティーヌスである。(3)

主の祈り

そもそもどんな意図と考えで、主の祈りをとり入れたのだろうか。それは大グレゴリウスの表明した気もちがよく示している。(4) つまり奉献の祈りには、主ご自身の作られた祈りをそえるものだというのである。(5)

けれどもアクセントは、とりわけ日用の糧を求める願いにおかれていた。このことは、エルサレムのキュリロス[6]やアンブロシウス[7]がミサ中の主の祈りを説明するさいに、パンには秘跡の意味があると説明しているところから、一目瞭然である。しかもたびたび主の祈りだけをとりあげた説明でも同様に、パンは聖体のことだとされている。これとともにアウグスティーヌスは、「われらの罪をゆるし給え」という願いをとくに力説し、ヒッポの教会ではこの言葉を唱える時に、みなで胸を叩く習慣があると語っている。[8]主の祈りは、いずれにせよ、会食でひとつになる心がまえをさせる祈りと見なされていた。このことは、それが、とりわけ拝領だけを問題にしている場面に出てくることからわかる。つまり昔からあるように、あらかじめ聖別しておいた聖体のミサとか、[9]さまざまな形の病人の聖体拝領のような場合である。[10]

東方の諸典礼ではほとんどどこでも、ミサ中の主の祈りは会衆の祈りだとされていた。みなでいっしょに唱えるものである。だがギリシア語圏のビザンティン典礼のように、聖歌隊や隊員の一人が、会衆を代表して朗唱することも、あるにはある。西方諸国では主の祈りは、かならずしもそうとはかぎらないが、たいてい司祭の祈りだと思われている。しかしこちらにも会衆の参加がなかったわけではない。ローマ典礼では最後の願いを唱えたり、モザラベ典礼では、願いのたびに「アーメン」と叫んで承認したりしたものである。

昔からローマ典礼では、主の祈りに先だって、招きの言葉をひとことそえる。神をいきなり父と呼んだりするのは、ぶしつけだからというのである。[11]シリア典礼は同じ考えで、主の祈りの前に、準備の祈りさえおいている。

副文

どの典礼でも、主の祈りのあとに文がつけ加えられている。ローマ典礼ではたいてい「副文」(挿入文)とよばれる。ビザンティン典礼のものは栄唱のみで出来ており、多くの写本には、マタイ6章10節に書き加えられた栄唱を長めにしたものが見られる。ほかの諸典礼には、主の祈りの最後の二つの願いを敷衍《ふえん》したものがあり、同じく栄唱で結ばれる。ローマ・ミサでは、最後の願いのみがとりあげられる。またローマ・ミサの副文は、すでに奉納祈願の時から始まった典文の沈黙に、すぐのみこまれた。叙唱と主の祈りによって中断されるため、「三つの沈黙」が出来た。これは、中世では三日間の墓の静寂を暗示するものと思われた。

まもなく主の祈りとは別にもう一つの儀式と祈りが、ふつう、会食による交わりとの間で行われるようになった。東方ではたいてい、会衆への祝福と「聖なるものは聖なる人に」という呼びかけで始まる。それはすでに四世紀にたびたび出てくる。会衆への招きであると同時に、ふさわしくない拝領への警告でもある。それでビザンティン典礼では、会衆はこう叫んで応える。「聖なるはただひとり、父なる神の栄光のうちにおられる主イエス・キリストただひとり」と。

会衆への祝福は、ガリア型典礼でも発展した。だがここでは、会食でひとつになる心がまえができるようにという元来の狙いは、ほどなく見失われた。すでにアルルのカエサリウスの時代には、会食による交わりを遠慮する人が、そのあとですぐ退出できるための祝福になっている。(12) やがて司教による典礼では、この祝福がかなり荘厳なものになり、北欧諸国のローマ典礼にもとりいれられた。祝日には、ミトラをかぶり杖を持った司教が、その都度異なる三部構成の式文で祝福を唱えると、会衆は「アーメン」と答えるのである。はじめは旧約の祭司による祝福(民6・22―26)をモデルにしていたこのような式文が、ずいぶん集められ、中世の『祝福儀式書』になって伝えられている。(13)

パンの分割

こうして会衆の心がまえができると、あとはささげものの用意をすませるだけである。そのためにパンの分割がある。どの典礼でも、あきらかに最後の晩餐で主が示された手本のとおり、分割をしたあとで、会食による交わりに入った。一つのパンが分割されるのは、もちろん拝領する人に分配するためである。

ほどなくこの意図は、それも既製の小さなホスチアが（ドイツで十世紀来）導入されるずっと以前に、象徴的な意味の影にかすんでしまっていた。モプスエスティアのテオドーロスは『教理問答』の中で（三九〇年ごろ）、パンを分ける時、復活のあとで出現した主が、あちこちでいろいろなグループの弟子たちにお会いになっているのだ、とほのめかしている。(14)

けれどもやがて、まず東方で、これは主の受難を表わしているのだとする解釈が優勢になった（本書60～61ページ参照）。ビザンティン典礼では「神の小羊がばらばらに分けられる」(15)という。ローマ典礼でも、はじめから（七世紀以来）パンの分割にあわせて歌われた「平和の賛歌」(16)には、キリストの受難を象徴するものがあふれている。東方典礼では分割にひき続き、十字架のしるしをすること(17)や混和(18)のような、ほかの儀式がおこなわれる。この十字架のしるしは、とくにシリア典礼では、こみいった儀式になった。たとえばギリシアのヤコブ典礼では、ホスチアの半分が御血に浸され、次に残りの半分が浸され、さらにまたこれが前者と十字に置かれ、なんども祈りをして混入されるといったぐあいである。(19)

ホスチアの小片を杯の中に浸して、両形態を混合する。これは最古の資料では、まさに一人のキリストのからだと血にほかならぬ、一体を成している両形態をひとつにすること、と解釈されている。シリアの資料によると、この解釈にはもっと深いわけがあるようだ。すなわち、キリストのからだと血が制定句で別々の形態をとることで、キリストの受難が表現された。そのあとで、聖なるささげものは不滅の食物、すなわち復活した主のからだと血が一体と成ったものであることが、会食による交わりの前に、表現されねばならなかったというのである。(20)

この混和の儀式にはいずれにせよ、シンボルとしての意味しかない。これは最初の『ローマ定式書』からもわかるように、すでにローマ・ミサの中でおこなわれていたもので、しかも会食でひとつになる直前の儀式であった。すこし前の、主の祈りと平和のあいさつの間では、別の混和がおこなわれていた。これは、同じころローマ・ミサで「パン種」[21]とよばれていた習慣に由来するものである。それは聖別されたホスチアの小片のことで、一致のしるしに、教皇から近隣の教会の司祭に送られたものである。けっきょく二つの混和式はまとめられ、この位置に移された。

拝領

こうして準備がととのうと、続いて会食による交わりに入る。どの典礼でも、また最古の資料を見ても、まず司式者、次に奉仕者、そして会衆という、奉仕のための制度上の順に拝領する。

古代キリスト教でははきっとどこでも、それは次のようなやりかたで、おおよそ行われていたことだろう。エルサレムの『秘義教話』[22]に記述され、有名な（五百年ごろの）『ロサノ写本』[23]に描かれている。信者は司祭のもとに行き、「左手を、王を迎える右手の玉座のようにして」聖別されたホスチアを受けとる。司祭が「キリストのからだ」と言うと、信者は「アーメン」と答える。すでにヒッポリュトスの時代には、同じ内容の言葉をそえて手わたされていた（「イエス・キリストによる天からのパン」[24]。四世紀末以降はさまざまな所に、そのものずばりで「キリストのからだ」と出てくる）[25]。すぐ聖なるささげものを食べてから、「おじぎをし、恭しくおがみながら」、一般の習慣では助祭の持つ杯のところに行く。

東方では一般に、杯からの拝領がこんにちまでずっと行われているが[26]、おおよそどこでも、聖体の小片を御血に浸し、部分的にスプーンを使う（ビザンティンの儀式のような）方法でのみ与えられる。あい変わらずコプト、エチオピア、ネストリウス派だけが、聖体を別にして、杯から与えるのをきまりにしている。聖別されたホスチアは口に直接入れられる。ビザンティン典礼では、助祭が聖別されたパンを手にわたすのは例外だ、と述べられている。(27)

あらゆる東方諸典礼では、続いて会食による交わりのあとで、もう一曲歌われる。またいっしょに感謝するため、その前置きに助祭が、すくなくとも短い連願か祈りへの招きのどちらか一つをする。そのあとに司祭の祈願がつづく（しかしながらこれについては、ビザンティン典礼には痕跡しか残っていない）。

二、交わりの儀の刷新

ローマ典礼では、第二バチカン公会議のあと、さっそく一九六四年九月二十六日づけの教書で、東方での実例を指標とする指針が出された。

主の祈りは、いまや司祭と会衆がいっしょになって、自国語で唱えたり歌ったりするものである。聖体は、「キリストのからだ」という言葉をそえて手わたされ、受けとる人は「アーメン」と答える。両形態による信者の聖体拝領は、西方諸国でも十三世紀までは、すくなくともパンを御血に浸したり管を用いたりするかたちで、よくおこなわれていた。これが、公会議自体によって原則的に元のように許可され（『典礼憲章』55）、今では特定の場合におこなわれている。

一九六九年版の『ローマ・ミサ典礼書』のミサの式次第は、交わりの儀の全体像を新しくととのえた。

平和のあいさつ

ローマ典礼の重要な特色は、会食によってひとつになる前のこの場面で、昔から、平和の接吻がおこなわれることである。古代キリスト教の習慣では、これは祈りの結びや「封印」だととらえられていた。[28] ミサのなかでは、ことばの典礼の結びでも行われていたが、そこでは同時にマタイ5章23―24節の趣旨で、ささげものを供える前に、兄弟の気もちをかためておこうというのである。

他の諸典礼は、この平和の接吻の位置を変えようとはしなかったが、インノケンティウス一世教皇はすでに四一六年のグビオ司教への書簡の中で、[29] こんにちのようなやりかたを主張している。古代文化では平和の接吻は、おおやけにも自然な表現なのだった。だが元のかたちのままで復興するのは、とても無理である。そこでせめても伝統の遺産を若干再評価し、豊かにしようという試みがなされている。

すでに聖アウグスティーヌスの時代に、平和の接吻への呼びかけがおこなわれた（主の祈りのあとで「主の平和」[30] と言われた）。こんにちでも「主の平和がいつもみなさんとともに」[31] と呼びかけられる。会衆はこれに答え、自分も平和を願い、平和を望んでいると肯定する。

これは、みな隣席の人とそれぞれ平和の接吻を交わすように、ここで呼びかけるものであった（男女別に分かれていた）。最初の『ローマ定式書』の元の規定は、次のようであった。「教皇が平和の接吻をしたあとで、ほかの者もそうする」。[32]

しかし十世紀の手写本の本文には、すでに「それから順にほかの者に、また会衆に」[33] と書いてある。そうこうしているうちに、平和の接吻が、祭壇から始まり、祭壇から出てくる祝福のようにして、次々にわたされていく習慣になった。おまけに十三世紀以降、最初はイギリスで、「接吻板」とか「平和ボード」と称するものが用いられるようになり、[34] 一人ずつ板に接吻しては次に回したものである。

新しい式次第は、くわしい指示を何も与えていない。たしかに助祭が「互いに平和のあいさつを交わしましょう」[35]と呼びかけるだけで、平和のあいさつをはっきり促すことができるということを、予見してはいる。だが具体的な方法に関する詳細を「国民性や慣習にしたがって」定めるのは、司教協議会の責任である（『総則』56ロ）。＊

＊ 日本では、合掌して「主の平和」と唱えながら、相互に一礼する。

そのこと自体は、「主イエス・キリスト、あなたは使徒に仰せになりました」[36]ということばで始まる平和の祈りが、現在は平和のあいさつの前におかれ、声を出して唱えられるようになったことで、さほど重要ではなくなった。この祈りは十一世紀から使われ、「主の平和」[37]のあとで司祭が黙祷するものだった。会食による交わりに間ぢかいため、ここでは通則と異なり、祈りがキリストに向けられるのは当然である。

平和の賛歌

その次に来る平和の賛歌は、独立したものではなくなっている。すなわち元どおり、聖別されたホスチアを割るのにあわせて歌う。そのため、すくなくとも実際の分割のさいに、つまり司式者の大きなホスチアのみならず、信者や共同司式者が拝領する聖体のパンを割る時、この賛歌は元来の意義をとり戻すのである（『総則』56ハ）。平和の賛歌は、キリストへの叫びであり、その奉献の死を思いださせる。だがそれと同時に、『黙示録』に出てくる凱旋する小羊への、勝利の喜びにあふれる賛歌のようなところもある。

混和

すでに見たとおり、東方からとり入れた習慣で、分割に続いてパンの一部分をカリスの中に入れる。これはもうその象徴的な意味もピンとこなくなっているが、尊重されて取りやめにはならなかった。混和する時、「今ここに一つとなる主イエス・キリストのからだと血によって、わたしたちが永遠のいのちに導かれますように」[38]という、一五七〇年の刷新以来使われ始めた、昔からの祈りを唱える（それ以前の式文[39]に比べると、形態だけでなくキリストのからだと血も、ここではじめて一つにされるのだという見かたを、助長しないようにしている)。式文は昔から、声を立てずに唱えられる。それからまた司祭は、拝領前の祈りを声を立てずに唱える。これには中世から伝わる二つの祈りがあり[40]、そのなかから一つを唱える。ちなみにどちらも、司祭のための祈りであると同様に、信者のための祈りでもある。新しい典礼では、ここでだけ、長い祈りが沈黙のうちに唱えられる。ふさわしく直接に秘跡を受ける前に、あの沈黙の時を持つのである。

拝領

司式者が最初に拝領するという、奉仕のための制度上の順序は、そのまま残っている。しかしすでに一九六七年五月四日づけの『第二・一般指針』は、司祭が信者といっしょに「主よ、わたしはあなたをお迎えできるような者ではありません……」[41]*という祈りを唱えることで、会衆の拝領と司祭の拝領の分離を避けられる、とみているようである。

司祭は、「見よ、神の小羊だ」と言って、聖別されたホスチアを示す。これはうまくとり入れた言葉で、最後の招きとなる。十六世紀以来の、東方諸教会の典礼に出てくる「聖なるものは聖なる人に」に、ある程度対応するものである。黙示録19章9節からとられた「小羊の婚宴に招かれた者は幸い」という言葉を新たに加えて、いま一度、完成された教会という世界の雰囲気をかもし出す。**

「我が主イエズス・キリストの御體、我が霊魂を……」という伝統的な拝領式文は、「キリストのからだがわたしを永遠のいのちに守ってくださいますように」と簡素化された。[42]***中世がややプラトンふうに、好んで精神的なものだけを切り離そうとしたことへの反動だろう。

会食によってひとつになったあとの、祭儀の終わりかたは、いつもずいぶんそっけない。この点でもローマ・

ミサは、ほかの諸典礼とは異なる。そこのところを埋めあわせるため、ここ数世紀の聖体拝領の信心では、しばらくの間個人的に感謝することが必要とされた。アルフォンソ・デ・リグオリは、さらに「すくなくとも半時間」とるように求めた。ふさわしいものをせめて示唆するには、聖体を配る間、伝統的なしかたで拝領の歌が必要とされるのみならず（もっとも、かなり自由に選んでよいことになってはいるが）、拝領後に「賛歌、詩編あるいは他の賛美歌」を歌うとよい（総則56ヌ）。その代わりに「沈黙[43]」にしても構わない。

その次に従来どおり、拝領祈願で交わりの儀は完結する。

*　日本ではその代わりに「主よ、あなたは神の子キリスト……」。

**　日本では「神の小羊の食卓に招かれた者は幸い」と唱える。

***　日本では「キリストのからだが永遠のいのちの糧になりますように」と唱える。

第七章　閉　祭

典礼をきちんとするには、閉会もさることながら、閉会にあたり、集会を解散させて会衆を送り出す形をととのえるのも、必要である。

これは司祭が祝福しておこなわれる。しかも、最古の伝統に由来するこの祝福は、祝福を祈願することである。すでに四世紀の『使徒憲章』では、助祭が会衆におじぎするように呼びかけてから、この祈りをする手順になっている。どの東方典礼でも、この形でおこなわれる。ローマ典礼における「会衆のための祈願[1]」は、この伝統によるものである。

ミサの閉会式そのものは、いろいろとつけ加えられて長くなる一方だった。「頭を下げて聞く祈り[2]」のあとに、別の祝福の祈りや祝福宣言文が加えられている。ビザンティン典礼では、それに続いて閉祭の歌「アポリュシス」が歌われる。次に詩編33とともに、祝福されてはいるが聖別されていないパンがくばられる。これは、会食による交わりに参加しなかった人には、会食による交わりの代わりになるもので、「アンチ・ドーロン」（賜物のかたどり）とよばれている[3]。またそのあとに、別の閉祭の儀式が続く。一般に東方諸教会では、器のすすぎも、残りの儀式をすませてから行われる。

ローマ典礼では一九六四年に『一般指針』が出るまで、いろいろつけ加えてミサをしめくくっていた。それはいまだに記憶に新しい。多くの場合に個々の教区や小教区の信心でつけ加わったものはともかくとしても、「プラチェアット」[4]で始まる祝福を求める祈りに続いて、「第四福音書」の序文が唱えられ、さらにレオ十三世の祈りも唱えられた。

刷新は、そうした閉祭の儀式のなかで、もっとも本質的なものだけを残した。それがだいじなことを強調するのが、あいさつである。これは会食による交わりと拝領祈願の間に入れられるものではなく、閉祭の儀式を独立したものとして始めるあいさつなのである。

派遣の祝福

たいてい祝福は、従来よく知られている形でおこなわれる。その原形は最古の『ローマ定式書』にあり[5]、司教がたち去る時、個々のグループの願いに答えて、「主があなたがたを祝福してくださいますように」[6]ということばで祝福するのである。

ローマ教会の習慣では、おおやけに祝福を与えるのは、長い間司教だけにできることだった。ガリアでも司教が臨席しているときは、司祭が祝福することは許されなかった。しかしおよそ十一世紀以来どうやら民衆のいきおいに押されて、司祭もミサの結びに前述の簡素な式文で祝福を与えることが、許されるようになったようである。しかし中世末期でもまだ、会衆の参加しないような修道院ミサのおおかたの式次第では、この祝福のことが話にもならなかったのは当然である。

新しいミサの式次第には、祝福の方法に別の形式が用いられる場合もある、と書いてある。すなわち「全能の神……の祝福が皆さんの上に……」[7]という式文だけで結びとするのは、伝統ある典礼のやりかたのうちの一つなのである。そのようなものの一つが、先ほど述べた「会衆のための祈願」である。まだ『レオ秘跡書』には、どの形式のミサにも、最後の式文として入っていたが、やがてまれにしか使われなくなっていった。『グレゴリオ秘跡書』では、四旬節の週日、つまり教会のおおやけの回心が問われる日に限られている。そういうこともあって、式文をそれほど変えずに回心者の祝福となったのである。別の形式は、ガリア系典礼の司教による祝福の式文の中にある（前章253ページ参照）。これも所定のおりには、司祭が祝福を与えるときに用いられることもある。

閉祭のあいさつ

散会そのものは、ローマ・ミサでは昔から、「イテ、ミサ　エスト（行け、おわった）[8]」というそっけない呼びかけで行われる。東方典礼は、「行きなさい、平和のうちに」という、もうすこしゆとりのある式文を用いる（ルカ7・50参照）。先ほどのローマ典礼の式文は、世俗的な会合をおわる時にも用いられていた。そのことは、ヴィーンのアヴィト司教の書簡（五一八年ごろ）の中の「解散のあいずが出た[9]」という一節からも、うかがわれる。ビザンツ帝国宮廷でもこの意味で「ミンサ」の形で、謁見のおわりを示す用語として使われていた[10]。つまりここでもミサという言葉には、派遣＝解散という本来の意味がまだあったわけである[11]。国語に訳すとなると意味がいくぶん広がって、とかくひとり歩きしがちになる。しかし、たしかに「ミサはおわった」としてしまうと（「解散がおわった」ということになり）、もはや訳であるとはいえない。

退堂

古来のしきたりのなかでそのまま残ったもう一つの習慣は、司祭が祭壇に接吻してから離れることである。*ミサのはじめに、聖所に接吻してあいさつするのと同じである。西シリアのヤコブ派・ミサでは、このしぐさがたいせつな儀式の形になっている。司祭は、少々含みのある別れの言葉で、人格的なものにするようにして、祭壇にいとま乞いをする。ローマ・ミサではこの接吻は、祝福のあとでおこなわれる。もはやその前にして、祭壇から祝福を受けているのだなどと誤解されるようなこともない。だから別れであることが、はっきり出る。すくなくともこうして、もっと純粋で、さらに重要なものになったのである。

＊　日本では合掌して深く礼をする（総則125の注）。

第八章　教会共同体でのさまざまな祝いかた

ミサはきちんとした構成で出来ている。だからいつでも、それに沿ってやっていればよさそうなものだが、じっさいにおこなわれる時の形はさまざまになる。すなわち主として、教会がどのように参加するかで、異なるのである。

ミサは、所属している共同体が日曜日につどう形を、つねに原型としている。第二バチカン公会議の『典礼憲章』はその理想的な場合を示し、司教が座長を務める典礼が教会の姿を表わすのだと述べている。「司教が司式し、その司祭団と祭壇奉仕者が囲むひとつの祭壇の上で、ひとつの祈りをもっておこなわれる……同じ感謝の祭儀に、神の聖なる民全体が存分に行動的に参加するとき」、教会はみごとにその姿をあらわすのである（41）。

この理想像は、現状ではまれにしか実現しない。司教区という大きな共同体は、小教区に分かれている。主任司祭が、日曜日に呼び集められた共同体の典礼の座長を務める。主日の共同体典礼のほかに、週日のミサがある。ふつうこれには、多少期せずして集まった少数の人だけが出る。最後に、共同体が参加せずに司祭がたてるミサもある。

おもなタイプが、もう出そろったようである。いずれも多少なりとも明確な特色をもち、どんな時も、そのどれかがおこなわれる。それが司教盛儀ミサ、司祭が主日と祝祭日に小教区で司式するミサ、週日のミサ、私的ミサである。

司教司式のミサ

古代から、それもアンティオキアのイグナティオスのころから伝わる資料では、司祭が担当する感謝の祭儀にはついでにふれられるだけで、ほとんどいつも、司教が司式するミサのことばかり語られている（『スミルナへの手紙』8・1）。

最古のローマ典礼の資料は、司教による典礼が、すでに盛大な形になったのを描写している。教皇によるスタチオ（集会指定聖堂）の典礼のことが、『第一ローマ定式書』に描かれている。これには町ぐるみで参加したもの(1)である。その儀式はとくに印象的で、教皇庁の重臣やおおぜいの奉仕者、近隣の司教が参列し、スコラ・カントールムという専属の聖歌隊もあった。

『第一ローマ定式書』に描かれている儀式は、ただちに北欧諸国で、通常の司教典礼用に編集しなおされて、第五、第十、第十二式次第になった。(2)それによると、司教は町の聖職者に囲まれる。入堂の時には七人の奉仕者と香炉奉持者が一人、先導する。ミサの前半では、祭壇の奥のアプシス(3)とよばれる後陣にある司教座の所にいた。歩く時は、古代オリエント宮廷の式典に習い、二人の補佐役が脇を固めることになっている。(4)

司祭の司式するミサ

北欧諸国では先ほどふれた式次第が、八世紀から十世紀にかけて普及したが、これと同じやりかたが、脇を固めるなどは別として、司祭のミサにも使われた。適当な条件がそろえば、修道院や司教座聖堂参事会の典礼で毎日おこなわれた。

司教盛儀ミサと司祭による盛儀ミサとが、はっきり区別されるようになったのは、一千年をすぎたころからのことである。その区別がアブランシェのヨハネ（一〇七九年没）の書[5]で初めてはっきり出てきて、盛儀ミサ（ミサ・ソレムニス）が始まったのである。七本の燭台と後陣の座は、もはや司祭には与えられなくなった。司祭を補佐するのは、もはやその場にいる奉仕者ならだれでもよいわけではなく、一人の副助祭と一人の助祭である。特定の場合に司祭が補佐に加わるようになったのは、十二世紀以降のことである。さらに、栄光の賛歌や信仰宣言の時にどこにいるか、どの時点で手を洗うかというような、小さな区別がいくつか出来た[6]。

ローマのおもだった聖堂はのちに枢機卿名義になり、初期のころ、ここで司祭司式の主日ミサが行なわれていた。だがそれがどんなものであったかについては、資料は何も伝えていない。たぶん儀式上は、聖歌隊がついていないこと、そのため入堂、奉納、会食による交わりにあわせた聖歌も歌われないことが、おもな相違点だったようである。けれども助祭が儀式に加わるのは、ふつうのことであった。キュプリアーヌスは、投獄されているキリスト者を訪問して感謝の祭儀をいっしょにする司祭が、助祭を一人同伴するよう求めている[7]。またクリュソストモスは、村を独占してはいても、教会一つ建てようともせず、主日にミサを祝う一人の司祭、一人の助祭の世話もろくにしないような、裕福なキリスト者を攻撃している[8]。東方諸国は現代までずっと、助祭が司祭のそばで補佐するのは必要だとしてきた。しかし西方諸国ではかなり昔から、普通の奉仕者が助祭の仕事を担当している。けれども例外がある。カルトゥジオ会修道院のミサではこんにちまで、司祭のそばについて祭壇で奉仕するのは、助祭だけである（副助祭はいない）。だから、主日に司祭が司式するミサの原型は、助祭のつくミサだとせざるをえない。

小規模のミサ

教会の全体集会でのミサのほかに、共同体がこぞって参加するわけではないミサも、初期のころからあった。

たとえばまず、だれかが死んで喪に服している、小人数の人々が集まるようなミサや、特別な願いごとのある一家のためのミサがある。ローマやほかの所には家庭小聖堂があって、そこでも感謝の祭儀がよくおこなわれたものである。これについてはあとで述べることにしよう（本書326～328ページ）。家庭ミサ専用の儀式は何も作られなかった。もちろんこれには、どんな荘厳さもあきらめざるをえない。

私的ミサ

最後にすでに見たように（本書76～78ページ）、中世初頭以来、一人のミサ奉仕者を伴って司祭だけが奉献をする、純然たる私的ミサというものがあった。

ほとんどの場合は、信心ミサである。これは、ある人のためにささげられるが、当人が出席するとは考えられていない。そのための特別な儀式は、ミサの変化する部分のための祈りの式文のなかで、しかも叙唱のなかでも、嘆願の動機がたびたび優先されたのを別にすれば、何も作られなかった。それでも八世紀以来カロリング帝国で、ミサの式文が出版された。その祈り（祈願、叙唱、ハンク・イジトゥール）はどれも、一人称単数形で出来ている。その最たるものが、「司祭が自分のために唱えるミサ」(9)と見出しのついたミサである。この時分に、奉仕者のいないミサを、(10)多くの修道院にはびこった悪弊であり、はっきりとすみやかに克服されるべきものだときびしく非難する司教教書が出されたということである。(11)

ピウス五世の時に刷新がおこなわれ、一五七〇年にミサ典礼書が起草された。そのなかでミサは主として、修道院ミサと私的ミサの(12)二つの形に区別されている(13)（司教盛儀ミサは、のちに一六〇〇年の『司教儀典書』(14)でやっと形がととのった）。

修道院ミサは、多数の聖職者が内陣に参列するような、修道院の聖堂という環境が前提になっている。このミサは、いつも助祭と副助祭を伴い、歌ミサの形でおこなわれる盛儀ミサである。

このほかにピウス五世のミサ典礼書には、私的ミサのことが書かれている。これは歌なしで、ミサ奉仕者が一人だけつくものである。とり巻く人に言及される時にしか、参加者のことは出てこない。彼らは（福音朗読の時以外は）ミサの間ずっとひざまずきながら、司祭が大きな声で唱える祈願を拝聴することができる。ミサの儀式的表現は、私的ミサが元になった。[15]「司祭が時には助祭や副助祭を伴わずにミサを歌う」場合というのは、例外としか考えられていなかった。[16]こちらのほうは、のちに一人の司祭が会衆とともにするミサ、いわゆる「ミサ・カンタータ」になり、それ以後の数世紀間、もっとも重要なミサの形になっていったのである。

こうしたミサのやりかたは、十六世紀の諸条件にかなっていた。まだそのころは、聖職者中心的な荘厳な典礼を挙行する司祭団が、どの大聖堂にもあった。また中世において隔てられるようになった、祭壇と会衆の距離を確保することで、叙階による位階上の司祭職を強調すべきだと考えられていたのである。

典礼運動

このような司祭の隔離と会衆参加の軽視は、一九〇九年以来、情況の変化に直面し、そこから典礼運動が起こったのである。暫定的な解決として一九二〇年以来、いわゆる「対話ミサ」[17]なるものが普及した。信者は、司祭の呼びかけに各自が答えるよう指導された。朗読者が朗読を担当し、先唱者は、司祭が声をたてずに唱えている間に、司祭の祈りを会衆の国語で唱えた。

そうした努力がピウス十二世から原則的に承認されたのは（一九四七年の回章『メディアトル・デイ』）、まだ公会議の布告される前のことである。その後一九五八年九月三日に礼部聖省から出された教令で、先ほどの暫定的解決の意図にあわせて、規定が設けられた。

公会議の刷新

公会議は抜本的な刷新をはかり、神の民の典礼への転換をもたらした。もはや私的ミサも盛儀ミサも、基本とは見なされなくなった。祭壇と会衆の分離は解消された。一九六九年に出た『ローマ・ミサ典礼書』のミサ式次第には、もう「会衆の参加するミサ」と「会衆の参加しないミサ」との区別しかない。

会衆の参加しないミサ

会衆の参加しないミサは、協力者の人数や歌のないこと以外は、せいぜい（回心の儀、平和のあいさつ、閉祭で）会衆に呼びかけることばがなかったり、ミサ奉仕者が会衆の役割を担当するところが異なるくらいで、私的ミサの概念とほぼ同じものである。その都度異なる歌を用いる式文に関しては、妥協的な解決が選ばれた。司祭は会衆の参加しないミサでは、必要とあればこのなかで、（接吻をもって祭壇に表敬したあとで）*入祭唱を、（自分で聖体拝領したあとで）拝領唱を自分で唱える。意味がないので、奉納唱ははぶく。

＊ 日本では、最初の表敬を祭壇へのあいさつとする（『総則』214）。

会衆の参加するミサ

会衆の参加するミサの「標準型」では、朗読者、先唱者（＝歌い出す役）、およびすくなくとも一人の奉仕者が、司祭を補佐することになっている（『総則』78、82—122）。助祭はいつでも司祭を補佐することができる。つまり助祭つきのミサ[18]が復興されたのである。助祭がとくに受けもつ役めは、福音の朗読と祭壇でカリスの世話をすること、とされている（『総則』78、127—141）。こうして、「会衆の参加するミサ」のなかに、ことさら明確な区別もなく、盛儀ミサが受けつがれている。そのほか、書簡の朗読と司祭のそばで本の世話をするのは、宣教奉仕者（典礼内では朗読奉仕者といわれる）や、教会奉仕者（典礼内では祭壇奉仕者といわれる）に割りあてられた仕事である（『総則』142―152）。

共同司式

第二バチカン公会議の典礼刷新における次の重大な一歩は、共同司式が復興されたことである。これは入念に考察する必要がある。(19)

感謝の祭儀の共同司式は、出席している司祭がいっしょに囲んでおこなうもので、まだ中世のはじめには、修道院や司教座聖堂参事会で、当然のようにおこなわれていた。東方教会では、もちろんずっと続けられている。共同の祭儀で、個々の司祭が自分の司祭としての全権を行使していることになるかが、疑われたこともなかった。したがってまた、制定のことばも含めて一人だけが奉献文を唱えるという、伝統的なしきたりが問題になったこともなかった。(20)

この意味で一九六四年まできちんと守られてきたローマ・ミサのしきたりでは、聖木曜日になると、列席の司祭が聖体拝領することになっていた。このように、きまった形ではないが、感謝の祭儀の共同司式の古いとらえかたを、正当に継承している。

ローマ典礼では十三世紀以降、司祭叙階の時に共同司式がおこなわれた。(21)それは、叙階されたことを、すぐその場で行使しようとするものであると同時に、ひとりの司教を頭とする司祭団であることを表わそうとするものであった。だからすべての祈願と聖別のことばも、いっしょに唱えることになっていた。

第二バチカン公会議の場では、とりわけ修道会の代表者が、共同司式を広く認可するように主張した。修道司祭が毎日、まず各自で私的ミサを一つずつたて、そのすぐあとに、だれも聖体拝領しない修道院ミサを挙げざるをえないという不自然な事態を、解消しなければならなかったのである。それとともに問題となったのは、ほかの（会議や巡礼のような）場合にも、不自然に頻繁におこなわれる私的ミサの代わりに、共同司式をすることであった。まったく私的ミサと同様に、共同司式も奉納金を受けられた（奉納金に関する法律上の問題は、すでにベネディクト十四世によって解決された(22)）。また、共同司式する司祭の個別の権限が発揮されているかが、問題になった。その点では、一九五七年五月二三日の聖庁の説明によると、聖別のことばをいっしょに唱えることが必要であった(23)。

だが共同司式の評価も、奉納金のことはさておき、次のような問題によって厄介なことになった。すなわち、信仰心の点では同じだと仮定すれば、個々の司祭が自分の司祭としての権限を発揮して司式するほうが、信徒みたい(24)にほかの司祭の司式するミサに参加して聖体拝領するよりも、高く評価されるのではなかろうか？ ピウス十二世は、百人の司祭が敬虔に参加した一つのミサが、彼らが司式する百のミサと「同じ」だとする説をしりぞけた(25)。けれどもこのことは、二番めの場合、ちょうど百回おこなわれることになる行為だという点では明らかによく当てはまるが、ミサの実り、すなわち宗教的価値がかならずしも違うとはいえない、ということが指摘されている(26)。この点では、以前（本書180ページで）述べたことのあるミサの実り(27)に関する見解を承認しさえすれば、どちらの場合も事実上同じでありうるからである。だからおおぜいの司祭が感謝の祭儀を祝える、いちばんいい典礼の形を求めるだけなら、一人の司祭が秘跡制定句を唱えて、ほかの共同司式者が無言で参加するほうが好ましいだろう。共同司式者全員で声を出して秘跡制定句を唱えるよりは、もちろん上品な形だし、感謝の祭儀を教会の一致のしるしとして、より完全に表わすことになるからである(28)。

共同司式は、前にも述べたとおり、当初は氾濫する私的ミサに取って代わるべきものであった。これはまた、大きな教会では、お祝いの機会をいわば盛儀ミサ(29)という華やかな形で目だたせるために、すぐさま活用された。

また大集会には、もっとおおぜいの司祭団が似合うのである。

この線上に、共同司式によって、あるいはそれ無しで行われる、もう一つの盛大な形をした荘厳な典礼もある。それがすなわち、司教盛儀ミサの規則にそっておこなわれるのみならず、町や（たとえば司教訪問のおりには）もっと広い地域の信者たちが、司教を囲んでつどうミサなのである。それは、中世初期に司教座のある多くの都市でよく催された、スタチオ（集会指定聖堂）の典礼を復興したものになろう(30)。

別の面から、同じ方向での発展がもっと大規模に始まってから、もうずいぶんになる。一八八一年以来、国際聖体大会が催され、一八九三年（エルサレム大会）を皮切りに、それ以来たいていの場合、一九〇六年（トゥルネイ大会）以降はいつも、教皇使節が参加した。一九六四年（ボンベイ大会）と一九六八年（ボゴタ大会）には、教皇がじきじきに出席して司式したのである。それは、もちろん最初はどちらかといえば、キリストへの信仰と聖体におけるキリストの現存への信仰を宣言する性格のものだった。そのため、たいてい華々しい聖体行列がそのクライマックスになった。だが、教会とその信仰をいちばん立派に描くのは感謝の祭儀なのだ、ということに気づくようになり、世界中の教会が聖体を囲むつどいは、それにぴったりの感謝の祭儀でもりあがるべきだ、という認識がうまれたのも当然である。これは、ローマや中世初期の司教座都市で、キリスト者の会衆が司教の祭壇を囲んで集まった、あのスタチオの祭儀をまねて大きくしたものに、ならざるをえなかった。この考えが最近の聖体世界大会にも具体的に影響を与え、はじめて一九六〇年（ミュンヘン大会）において、はっきり打ち出されたのである(31)。

第九章　ミサを形作るもの

会衆の参加

感謝の祭儀を祝う教会共同体の段階によって、荘厳さの度あいも、またどこまで外面的手段や形態を用いるかも違ってくる。ミサのなかで活動するのは、司祭だけではない。会衆にも役わりが与えられている。

このことは、原則的にはいつも承認されている。だから、たとえば奉献文の前の対話句が、有名な典礼で廃止されたりしたことはない。そしてこういう会衆の役わりは、多かれ少なかれ強調されてはいた。秘跡に参加することの本質は、秘跡を受けることにある。それに呼応するかのように、すでに三世紀に、秘跡を受ける人が供え物を運んでいるのが、ときおり目だっている。それがのちに奉納行列になったのである。応唱によって祈願に参加するのはもちろんであった。アレクサンドリアのディオニュシオス（二六四／六五年ごろ没）は、奉献文にじっと耳をかたむけ、大声で「アーメン」と言い、食卓のそばに立ち、聖なる食物を受けとるために手をさし出すのを、キリスト者の特権に数えあげていた。(1)

祈願に参加するのは、記念唱の応唱以外には、朗読の間の答唱詩編や信者の祈り（共同祈願）に応答したり、感謝の賛歌を歌うときだった。のちほどこれに平和の賛歌が加わった。こういう参加は、おろそかにされた時期もあったが、その後カロリング王朝時代の改革で新たに強調されるようになった。ヴォルムスのブルカルドゥス

（一〇二五年没）もまだ、司祭が祈るよう呼びかけても、答えなかったり祈らなかったりする者があることを、教会のなかの罪ぶかい態度の例だとよんでいる。(2)

やがてこのような参加はすたれていった。また、わからない言葉という鉄のカーテンが下ろされてからは、ほぼそうなるしかなかった。今世紀に入るまで、信者にはミサを聞くこと、信心ぶかくミサに出ることを要求することで、甘んじていた。

ここで、ミサのどの部分を聞く義務があるかという問いが、もっとだいじになったのも、無理もなかった。すでにアマラリウスがこの問いの答えを、教えられることのなかった大衆のために出している。(3)それによると、奉納から「イテ、ミサ　エスト」までである。(4)＊もっとも、聖体拝領しない人のことは、もっと早くから問題になり、すでに答えが出されていた。ガリア系ミサでは、主の祈りのあとで荘厳な祝福が与えられれば、出てもいいことになっていた。また第一ローマ式次第(5)やその他のローマ典礼の資料によれば、次回の典礼のお知らせは、会衆が全員で聞けるように、信者が聖体拝領する前にしていたということである。

＊　周知のごとく、トリエント公会議以後の倫理神学者は、ミサの前半も聞く義務ありとしたが、ミサの最後に唱えられるヨハネ福音書の序言まで含めることはしなかった。

第二バチカン公会議はもう一度、ミサ全体に参加するよう強く勧め、ことばの典礼がミサの他の部分と対等のものであることを強調した（典礼憲章56）。もはや前述の問題はどうでもよくなった。それ以来、みなにわかる言葉がふたたび使われるようになり、信者の行動的参加が、またおこなわれるようになった。だから、こういう参加を短縮しようなどと考えるような人は、ほとんどいなかったのである。聖体拝領が延々と長引いたりして、拝領しない人が、それがすむのを待つべきかどうか――別に根拠もないので――わからなくなるとしても、それとこれとは別問題である。

司祭の祈願に（会衆が）参加するのを、古代教会では、姿勢でも表わすことにした。司祭と同様に、信者も祈る時、立って手を上げ、東を向いた。(6) ひざまずくのは、司祭が祈願に入る前に、「祈りましょう」(7) につづいて「ひざまずきましょう」(8) と指示される時だけであった。そして主日と復活節には、この指示は出されず、復活をたたえて立ったままで祈ることになっていた。祝福の祈りとミサ典文の間は、おじぎをしたままであった。東方ではこんにちでも、身をかがめて唱える祈りが随所にある。しだいに西方諸国では、おじぎをするところを、ひざまずくようにしていった。すでに八一三年のトゥール教会会議（37条）(9) では、ひざまずくのが信者の祈る時の基本姿勢なのだと提唱されている。じきに成りゆきで、朗読の時や（福音はさておき）説教の時には、座るようになった。中世後期には、ミサの最中に体の姿勢を変えるためのこまかい規則が、徐々に出来てきた。それがいわゆる歌隊席規定だが、(10) 奉仕者や修道者の歌隊のことしか、まともに考えてはいない。

教会音楽

感謝の祭儀は、信者の共同体のなかで祝われる。神に向かう共同体のつどいなのだから、本質的に祭りの性格がある。

さて祭りには、歌や音楽が付き物である。典礼の核心となる祭壇で、人と神とがまともに向かいあう。この関わりは真剣なものである。それだけに軽薄な音楽演奏は禁物。司祭の祈願は、ことばづかいもふし回しも、格調高い話や荘厳な朗唱から逸脱したりしてはならない。(11) この厳格さは、第一に共同司式する司祭団、それを囲む奉仕者および会衆に割りあてられることについては、緩和せざるをえなかった。

感謝の賛歌は、天使の群れに声を合わせるよう呼びかけもするほどなので、ぜひ歌いたいものである。いわゆるミサ賛歌(12)（キリエ、グロリア、クレド、サンクトゥス、アニュスデイ）はもともと、会衆全体で歌わないような場合でも、歌隊席につらなる奉仕者が歌うものと考えられていた。それは「合唱聖歌」だったのである。(13)

ほかには、朗読の間に歌われる答唱の歌があった。それには詩編先唱者が必要で、しばしば『カンタトリウム』とよばれる、装丁の豪華な専用の聖歌集が造られた。彼がさきに歌うと、会衆がそれに答える。しかも答唱句についていた旋律はどれも、音楽をとくにやったことがなくても歌えるような、簡単なものだった。

またそのほかに、その日の朗読に合わせて選ばれる聖歌(14)があって、入堂、奉納、拝領の行列の時に歌われた。中心点からは、ずいぶんかけ離れたものである。儀式に欠かせない構成要素ではなく、流れの展開に付随するもので、古代ギリシア劇の合唱に似ていた。すくなくとももう七世紀のローマでは、それを歌うためのスコラ・カントールムが出来ていた（スコラ＝グループ）。

その後数百年間に、スコラの歌は豊かになった。旋律は「ネウマ」といわれるもので書かれ、『交唱集』に収録されている。アレッツォのギド（一〇二五年ごろ）はこれをもとに、記譜法を編みだしたのである。

中世末期になると、祝祭日などのために、しだいに多声合唱曲が登場してきた。(15)音楽技巧上求められたのは、もはや音のつながり（歌詞の1音節に数個の音符を当てはめるメリスマ技法）ではなく、同時進行のかけあいである。そこで、より高度な技量が歌手に要求されるようになる。信徒もいっしょに養成される。こうして教会聖歌隊が出来、歌うところを全部担当するようになる。そうなるとますます俗化してしまうことにはならないかと懸念する声が、なかったわけではない。すでに聖ベルナルドが警告を発していた。ヨハネス二十二世は一三二四／二五年の教令で、合唱曲のメロディーが過度に飾りたてられているのをこき下ろした。(16)トリエント公会議は、教令では所見を出していないが、新しい教会音楽に対しては好意的だった。ピエルルイージ・ダ・パレストリーナ（一五九四年没）から、ポリフォニーの大曲が作曲される時代が始まり、すぐにオルガン以外にも、オーケストラのあらゆる楽器が使われるようになった。そういうふうに音楽技巧のあらゆる手段が尽くされるのが、カテドラルの祝祭日の典礼のためなら、それはそれでよかろう。どうかと思われるのは、当時、町や田舎で、毎日曜日に似たようなものが試みられたことのほうである。こうして外見上輝かしくなりはしたが、それはおそらく、会衆には聖所に入ることが許されなかったのを、埋めあわせるものだったのだろう。二十世紀の典礼刷新で、教会音楽は必然的に堂々めぐりを始めた。新しい解決は、徐々にしか見つかるまい。それは個々の国の文化（お国柄）で違うものになろう。

物と空間

感謝の祭儀をおこなうには、ことば以外に、物的なものも必要になる。そこで物的・空間的な面での、祭儀の表現形態も、当然出てきた。またこちらのほうも、ますます豪華な形をとるようになる。

すでに聖アウグスティーヌスの時代には、金銀の器が使われている。テーブルは石造りの祭壇になる。それに高価な布をかける。次いでその上に、絵画が掲げられるようになる。やがてゴシックやバロックにおける、祭壇建造物が出来てくる。司祭は、後期ローマ時代の晴れ着をモデルにした、専用の服をまとう。それにも高価な布地が使われる。すでに早くから、光と香によるシンボリックな演出がとり入れられている。この場で行われているできごとの崇高さを出すためである。すでにコンスタンティヌスの時代から、バジリカ様式大聖堂の建築には、地上のあらゆる富と建築家の技量が総動員されている。

芸術表現

集められた共同体のなかでの感謝の祭儀は、信仰という点から見れば、およそ考えられるもののなかで最高の祭りであり、われわれのこの地上の生活の頂点をなすものである。それにはあらゆる芸術を引きよせ、ゆくゆくは総合芸術に結集していくような磁力がそなわっている。第二バチカン公会議も、はっきり注意するつもりもなしに、いたずらに「気品のある簡素な輝き」をそなえるよう、求めているわけではない（『典礼憲章』34、124参照）。まさに現代は、宗教的なものの芸術表現の形、とりわけ長い伝統をもつものに対して、懐疑的になっている。それは宗教儀礼にまつわる、またずいぶん要求された非神聖化にまつわる問題である。[17]

過去二千年にわたって、おびただしい数の形が作り出されてきたのは否めない。もはやその多くは、元来表わそうとしたものを表現するとは受けとられず、聖なるものを表わすより、むしろ覆い隠してしまうのである。かなりこれらの形は、根ざしている地盤から離れて独立したものに見られがちである。ただ伝えられてきたというだけで、またすでに宗教の領域で使われてとくに聖別されたということで、宗教的なもの、神聖なものになったのだ、と思いこまれている。おまけに、新約聖書に出てくる簡素さや奥ゆかしさとは、好対照である。旧約の伝統に由来する宗教儀式の形や名称は、キリスト教的生活の情況と課題を、絵で見るかのように表現するものではある。だが新しい契約の典礼を表現するものではない。

何か新しいものが始まった。キリストにおいて、まさに聖なるもの自体が、神自身が、地上の世界に入りこんでいる。「聖なるものはあなただけ[18]」とは、彼のことなのである。それはまた、古代世界の神格化や神聖化に対抗するものといえよう。

地上の世界は、神に創られたものであるとはいえ、ここに住まいかつ用いるべく、人間にまかされたものである。それだけではまだ、神聖だといえるような特別な場など、無いのである。

キリストにおける新しさ

しかし新しいものが、キリストにおいて世界に入りこみ、広まっていき、世界を新たに聖化していく。『ローマ殉教録』は、降誕の神秘のことを、「世界を聖化せんとして、慈しみに満ちて到来された[19]」というふうに描いている。こうしてキリストが広める聖なるものは、目に見える教会を通して、見えかつ聞こえる形で広まっていく。洗礼と感謝の祭儀において、物的な被造物も取りこむ。しるしとなるものは、秘跡に含まれていて、典礼によって発展され解釈される。この発展は、聖なるものを受ける時に払う畏敬を表わすものにほかならない。教会は、神の授けられるものを、いわば手にベールをかけて受けとるのである。わたしたちが聖なるものに出会う、秘跡的なしるし。その広がりと形の発展。それはわれわれ感覚的な生身の人間が、聖なるものを誤認したり見落したり誤解したりしないために、ぜひ必要なものでもある。けっきょく主キリスト自身、宗教的な食事の場面で、感謝の祭儀を制定したのである。この宗教的な形は、まだ約束に属するものであり、新しい形に道を開けるために、廃止されるべきものである。それこそ、教会がなん世紀にもわたって、新しいものにふさわしい表現の形として模索してきたのである。

典礼は、その課題を果たそうとして、具体的な形をとる。それはいつも緊張状態に置かれている。真心からのものであることと、秩序正しいものであることとの、板ばさみになっている。精神的なものや内面的なものを、ほんとうに表現するものでなければならない。共同体を代弁する司祭は、自分の気もちや共同体の気もち、いやむしろ両者が感じ考えるはずのこと、神の招きにふさわしいことを、口に出して言わねばならない。しかしだからこそ、秩序のあるものたれ、といわれるのである。共同体が大きければ、なおさら秩序が必要となる。

四世紀に東西で教会が急成長した時、窮屈な典礼が出来て、典礼をする者の個人的な裁量にまかされている余地など、わずかしかなくなり、けっきょくはきわめて微々たるものだったことは、ふしぎではない。とくに十九世紀のローマ典礼や、ピウス五世以来の厳格な中央からの統制について、いえることである。礼部聖省が設置されて最初の三百年間に（一五八八〜一八八七年）出された指令をかき集めると、その数、五九九三に昇るのである。

第二バチカン公会議は、中央主権的な結束と個別の自由との間の、中道路線をとろうとした。きちんとした秩序をなくすようなことはない。一貫したローマ典礼の伝統は保持される。しかし相当の権限が、司教協議会や司教個人に付与されている（『典礼憲章』22、37―40、57）。なるほど一九六九年のミサ式次第＊では、そのほかに少なからぬ部分で、しかも司式司祭が選べるようになっている。奉献文さえも選べる。個々の場合に、たとえば献香、平和のあいさつ、拝領後の沈黙に関しては、「適当なときに」使える儀式が提案されている。こうした緩和は、権限を分散する原則のみならず、とりわけ感謝の祭儀をする教会とは、全教会のことではなく、その都度一箇所に集まる教会共同体なのだ、という考えかたを認めるところから出たものである。ふさわしい展開の可能性は、一致の枠内で出てくるものでなければならない。

＊　さらに一九七〇年版のローマ・ミサ典礼書

そういう自由のなかで慣れていくうちに、個々の場所でしっかりした秩序がふたたび出来るまで、おそらくそんなに長くはかかるまい。またこの秩序づくりは、ただ仕方ないからではなく、自由な選択が好き勝手におこなわれたりするものではなく、客観的な見かたに合ったものでなければならないからである。そういった要求は、理想的かもしれない。だが実情からみれば、これは現実的ではないことが明らかになればこそ、どの感謝の祭儀においても、典礼を担当する人が自由な自発性を発揮して、新しいものを作っていきたいものである。というのは、カール・ラーナーがキリスト者の信仰心について明らかにしたことが、典礼に、とくに感謝の祭儀にあてはまるからである。「これからの信仰心のありかたも、制度的なものに勇気をもち、はっきりした態度をとるとき、ほんとうのキリスト教信仰心の精神に、ひたすら忠実なのである[20]」。教会はそれ自身制度である。目に見える教会なのだから。教会は、うちに秘めたいのちを明らかにし、伸ばすのに適しているかぎりでのみ、制度を必要とし、制度を用いるのである。

第四部　ミサと生活——その霊性と司牧

第一章　エウカリスチアとキリスト者の生活

ミサの本質と、ミサがその本質からどのように形成されてきたのかを、これまで解明してきた。まだ残っている問題は、ミサ以外の教会生活やキリスト教生活全体に、ミサがどう関わっているかである。エウカリスチアはキリスト教信仰心の中心となるべきものだと、過去数世紀の間たびたびくりかえし言われてきた。たとえば「キリスト教の頂点であり、中心ともいうべきものは、神聖な感謝の神秘である」のように（ピウス十二世『メディアトル・デイ』65）[1]。だがこのことばにも、いつも同じ意義があったというわけではない。

トリエント公会議後のバロック時代、エウカリスチアは一貫してキリスト教信心の中心であった。ただしそれは、あとに残されて聖ひつに保存され、顕示台に入れて崇敬のために顕示され、にぎやかな行列で大通りや畑にかつがれていく聖体のことである。この聖体に対する格別の崇敬は、この時代の敬虔なキリスト者の伝記の中で、その聖徳をものがたる重要なものだと、お決りのようにいつも強調されている。この聖体信心がさかんに行われるようになったのは、とくに十九世紀に発展した永久聖体礼拝をする多数の修道会や信者の信心会においてである[2]。大聖人たちがこの信心を基盤にして輩出した。パスカル・バイロン（一五九二年没）やエイマールのピエル・ジュリアン（一八六八年没）は、おおぜいの人がこの方法で、神への完全な愛の境地に達することができるよう尽力した。

けれども、はっきりさせておかねばならないことがある。こういう、聖別されたホスチアに主が現存するということを出発点とするような見かたでは、キリスト教信仰の世界のほんの一部しか見えなくなるのである。たしかにそれは、信仰生活にうちこむのに必要なもの、すなわち神の近しさ・神の愛・受肉・神の宴の始まりと見られる。しかし、信仰の全体像と本物の福音宣教に欠かせない本質的な要素、たとえば三一の神とかキリストの仲介の役わりや教会などは、視野には入っていない。

だからこの種の聖体信心は、最重要視されるこの信心を補完するために加えられるはずのほかの信心とは、まったく別格のように見える。そのため今世紀になって、信心における力点のおかれかたが変わった。エウカリスチアにおける真の核心だと見られるようになったのは、もはや物ではなく、行為のほうである。

エウカリスチアは、教会のなかに十字架上の奉献を現在化させる秘跡である。十字架につけられ復活した主が、ここにほんとうに体ごと居合わせることを、含み肯定するものである。だがそれは、十字架という救いのできごとにおよぶ。これが、キリストの救いの福音のあらゆる秘義に通じる糸口である。すなわち、神がたたえられ、罪と死が一人の仲介者の救いをもたらす苦しみによって克服され、愛が心のうちに燃えあがり、教会が日の昇る所から沈む所まで集められ、永遠において最高潮に達する大宴会が見えてくる。エウカリスチアは、神が絶えず御自分を人に分かち与え、同時に人が謙虚に感謝して応える行為である。キリストと教会の出会いである。(3)

したがってエウカリスチアは、エイレナイオスがすでに述べているように、(4)たいへん豊かな意味で、すべてをひとつに「結び」合わせることなのである。(5)キリストにおいて全人類がいっしょになる。キリストの奉献において、それ以前の時代のいけにえがことごとく叶えられ、期待をうわまわる成果が収められる。パンとぶどう酒によって、地上の被造物が持ちこまれ、しかも世界の救いの秘義に組みこまれるのである。(6)

一九六七年五月二五日の聖体の祝日に発布された教会公文書は、いちだんととのった聖体信心のやりかたを承認し、説明している。同時に、古いやりかたのなかで価値あるもの、すなわち現存によって存在していることを、けっして否定すべきではないし、否定してはならないものだということを明らかにしている。これが『聖体祭儀指針』(7)である。ミサは、ミサ以外の時に聖体に払われる崇敬の源泉であり、的でもある。「聖体を保存するおもな目的は、ミサに参加できなかった信者が、聖体拝領によってキリストとその奉献に一致できるようにするためである」(8)(同指針の第三部では、聖体を礼拝する義務が力説されている。「聖体訪問」ということは、「聖体の前での祈り」(9)という考えに変わっている)。

「感謝の祭儀の奉献は、教会の礼拝全体とキリスト教生活全体の源泉であり、頂点である」(10)。教会の礼拝のみならず、「キリスト教生活全体」の「源泉にして頂点」でもあるのだ。この補足はきわめて大切なもので、もっと考えてみる必要がある。

典礼と生活の遊離

典礼と生活がかけ離れているという見かたが、かなり広まっている。これにはさまざまな変わり種がある。ある信者にとって典礼は、すくなくとも昔ながらの典礼の荘厳な儀式は、生活を色どるものであった。ひとときの間、日常生活の単調さを逃れ、神秘的な静けさやふしぎな儀式の、またグレゴリオ聖歌の調べや巨匠の宗教音楽の醸しだす純粋な世界に舞いあがれるような典礼を、さがし求めたのである。

たしかにこの種の典礼の愛好家は、新しいかたちのミサには、もはや心ひかれるどころか、反発をおぼえるほどであった。いまやそういう人には、とりわけ会衆の言語がとりいれられてからというもの、美的な欲求にこたえるどころか、キリストをのべ伝え、信者にチャレンジし、要求してくるような典礼を、押しつけられているように思えるのである[11]。

日曜日にミサに出るのを、果たせばすむような義務と見る人もある。日曜日に教会に行くのは、月曜日に事務所に行くのと、さほど変わらない。どちらも同じ義務感でなされる。しかし、たがいに無関係である。

それからまた、とくに典礼運動の初期によくあったものだが、その運動に関わり、典礼の宗教的な深さと豊かさのために、対話ミサ[12]を経験して霊感を受けた人に見られる姿勢がある。ここで神に敬意を表するのである。ここで被造物の気もちが神へと高まる。ここで人の尊厳、キリスト者の気高さがたたえられる。人は意気揚々と家に帰る。しかし典礼にそなわる生活態度への影響力も、そのいきおいで吹き飛んでしまう。

典礼と生活の一致

感謝の祭儀は、生活とひとつになり、キリスト教生活の集中的なかたちを凝縮したものになってはじめて、内なる意味を発揮する。キリスト教生活を表わすものになる。またそのかぎりで、その「頂点[13]」になる。その時、キリスト教生活の新しい原動力、新たな衝動、新しい助け、つまり「源泉」になるのである。

新約聖書のなかで、使徒言行録や使徒書簡のなかで、感謝の祭儀にはっきり触れている所はわりあい少ない。これには理由がある。「キリストにおける」生活態度が、求められているのである。キリスト者は、十字架の死にいたるまで父である神の意志に従った「イエス・キリストのように、考える」べきである（フィリピ2・5―8）。心から感謝して、「詩編、賛歌、霊歌を神に向かって歌う」ものである。「すべてのことをイエスの名によってなし」、彼をとおして父である神に感謝するものなのである（コロサイ3・16―17）。

キリスト者は自分の体（と全生活）を、「生きた、聖なる、神に受けいれられる供えものにし」なければならない（ロマ12・1）。秘跡と生活のどちらのことか明らかでなく、両方の含みがありそうな表現は、ほんの例外である。一ペトロ2章4―5節によれば、信者はみずから「生ける石となって霊的な建物を築き、聖なる祭司となって、神に喜ばれる霊の奉献を、イエス・キリストをとおしてささげるように」ならねばならないのである。信者はミサに来る時、こういう姿勢でこそ、臨むべきである。ローマ典文はこの心がまえを、「信仰と献身」(14)とよぶ。信仰は、もちろん基礎である。しかしさらに進んで、献身に、すなわち同じことだが、愛にならなければならない。トマスはアウグスティーヌスに注釈を加えて、次のように述べている。この奉献は、「信仰と愛によって」(15)彼のもとに来る者にしか、役にたたないのである。

この献身が、キリスト者の根本姿勢でなければならない。このことを殉教者ユスティノスも見ており、キリスト者の洗礼の時に起こることを、次のことばで描いている。「わたしたちは自分自身を神にささげたのである」(16)(『第一護教論』61・1)。洗礼に続くキリスト者の生活全体の特徴は、絶えず自分を神にささげることである。感謝の祭儀がおこなわれるたびに、秘跡行為によって、この自己献身を新たにすることができる。それはキリストの自己献身に組みこまれ、それによって聖化され新たに強められていく。これがまた感謝の祭儀の意味するものである。「感謝の祭儀に奉献があるのは、教会がその頭の奉献にますます一致していくためにほかならない」(17)。

第二章　しるしと表わされるもの

ミサと生活

感謝の祭儀とキリスト者の生活は、一体となるべきものである。けれども区別する必要もある。一方はしるしで、他方は表わされるもの、という関係にある。この意味でトマス・アクィナスはアウグスティーヌスの言葉を受けて力説する。ささげられる外的な奉献は、自分をささげる本人の、心からの奉献のしるしなのである。(1) ジュルネーは本質的にこれと同じ区別を念頭において、礼拝式における奉献(2)と愛することにおける奉献(3)とを区別している。神学的に明確な言葉でいうならば、神に向けられたキリスト者の生活がささげられる奉献なのではない。キリスト者の生活はむしろ、奉献によって示され、表わされるものなのである。(4)

キリスト者の生活には、自分をささげるということがあるが、それは「礼拝行為の構成要素となるものではない」。けれども、「ミサの奉献の本質とは無関係な、人間による、単なる主観的な添加物ではない」。

キリスト者の生活とは、いつでもどこでも神への奉仕であり、わたしたちの前を歩んだキリストの道をたどって、神をさがし求めることである。それは表現を必要とし、要求する。そういう表現によって、くりかえしまとめられ、神の前に、また信者共同体のなかに見えるようになる。キリスト自身の奉献を現在させるあの教会の奉献に、この表現がある。

もしこの奉献が、ほんとうのしるしとして機能しなければ、すなわち、奉献する本人の、すくなくともその中の一人の自己奉献で裏づけられていないなら、この奉献は無意味であろう。

旧約のいけにえと新約の奉献

これは、かつての旧約のいけにえにもいえることである。心のこもらない、うわべだけのいけにえ制度に預言者が反対したのは、このためなのである。「おまえたちのささげる多くのいけにえが、わたしにとってなんになろうか、と主は言われる。雄羊や肥えた獣の脂肪の献げ物にわたしは飽いた。……おまえたちの血にまみれた手を洗って、清くせよ」（イザヤ1・11、15—16a）。

これは新約になおさら当てはまる。パウロは、新約の秘跡をそれだけで十分であるかのようにとる誤解をいましめ、荒野での大部分のイスラエル人の運命を引きあいに出す。「みな、雲の中、海の中で、モーセに属するものとなる洗礼を授けられ、みな、同じ霊的な食物を食べ、みなが同じ霊的な飲み物を飲みました。彼らが飲んだのは、自分たちに離れずについてきた霊的な岩からでしたが、この岩こそキリストだったのです。しかし、彼らの大部分は神のみ心にかなわず、荒野で滅ぼされてしまいました」（一コリント10・2—5）。

心底からの気もちがこもらないような、うわべだけのしるしは、いくら神聖なものであろうとも価値はなく、まやかしになろう。

旧約の人々も、このことをよく承知していた。うわべだけで心の奉献を伴わないいけにえは、神に認められるものではないが、やむをえない場合、内心の奉献は、外面的いけにえを伴わなくともよいことを知っていた。そこで詩編作者は祈る。「神よ、わたしのささげものはうちくだかれた心」（51・19）。また燃えさかる炉に投げこまれた三人の若者は、死ぬ覚悟を神がいけにえとして受けいれてくださるように祈ったのである（ダニエル3・

38―40、ダニエル書補遺アザルヤの祈り16―17）。
そこで彼らの祈りは、昔から『ミサの式次第』に組みこまれ、パンとぶどう酒の供えものの準備がすんだあとの結びの祈りになった。それは刷新された『ローマ・ミサ典礼書』にものっている。あらゆる外面的ないけにえ以上に、けっきょくはこの気もちしだいなのだということを、示唆するものである。[5]

奉献理解の変遷

すでに見たように（本書68～69ページ）、聖アウグスティーヌスは、この奉献の唯一有効な意味のことばかりに気をとられ、奉献を定義する段になって、しるしのことを書き落とし、表わされるもののことばかり語る羽目になる。そこでついに奉献とは、「聖なるきずなで神に結びつくためにおこなわれる、すべての行為」のことだと言う（『神の国』第十巻、六章）。キリスト者らしく、愛し情けをかける行動のすべて、およそ克己を生きることが、奉献である。この意味で、神を求める人々の共同体である教会自身が、彼にとっては、ささげものとなる。教会は、自分自身をささげることを、頭であるキリストから学ぶ（同二十章）。だからアウグスティーヌスは、儀式的いけにえが独立した価値を有するというような、いかなる考えにも真っ向から反対する。

同じ方向をさらに一歩進めるのが、あのプロテスタント的見解である。それは奉献の儀式を、奉献の定義から外すだけでなく、教会での礼拝でもしなくなり、もう気もちだけにしてしまう。これは極端に走った精神主義である。しかしこの主義は、すでに見たように（本書98ページ以下）、教会の奉献がひとり歩きした当時の、典礼実践上の強い風潮への反動なのであった。それは、いまだにそのまま存続している。ペーター・ブルンナーが説明するように、キリストの奉献の記念は、わたしたち自身の奉献をささげることと混同されてはならないのである。[6] けれどもプロテスタントがわでも、人間のやることを全然信用しないのに、キリスト教が信者の自己献身を求めていることを力説せざるをえない。しかしそのことが儀式で表わされることは、依然としてない。けれどもまたそのようなことは、時々『式文』に出てくるように、信者の供物が自己奉献のシンボルだと定められ勧められる場合、じっさいに行われてきたのである。(7)

イエスの献身とキリスト者の献身のしるし

しかしキリスト者の生活での自己献身を、儀式で表現するのが、感謝の祭儀の奉献そのものの本質である。そのために、わたしたちに与えられているのである。ミサのなかで現在するキリストの奉献は、教会の奉献にもなり、同時にわたしたちの自己献身のしるしとなるべきものである。

どんな奉献も、しるしの性格を有する。感謝の祭儀での教会の奉献にも、このことがいえる。スコラ神学者がいうように、どんな奉献もしるしの部類に入る。人が自分の服従のしるしとして神にさし出すために、何かを手放すことは、奉献の本質である。のちに曲がったとらえかたをするようになってから、供えもの自体が神を喜ばせ、怒りを静めることができる、などと考えるようになってしまった。まっすぐな神理解では、いつも供えものは、しるしにほかならなかった。初物や供えられる花・祭壇から立ちのぼる香・注ぎかけられる血は、人間が全財産ともども神のものであり、神の支配のもとにあり、この関係を認めていることを示すしるしとなれたし、しるし以上のものでもそれ以下でもなかった。『マラキ書』(1・8)は、奉献を、臣下が主君に献上する貢物にたとえている。貴重な、申し分のない贈り物だけが、君主に献上できるものである。

新約聖書によれば、イエスの全生涯は、余すところなく父に奉仕し、父の栄光を現わすものであった。十字架上で血と命をささげることで、そのきわみに達し、集約された。血と命をささげた、死にいたるまでの従順。これが、主のしごとと全生涯を表わす、高くそびえるしるしとなった。(8)しるしと表わされるものとは、ここでは表裏一体になっていて、かろうじて判別できるほどである。しかしそれからずっと十字架は、神の栄光が現わされ、新しい永遠の契約がキリストにおいて結ばれたことを、明白に表現するものとなったのである。

さて、じつはここで、救い主の献身の決定的なしるしだった体と血が、わたしたちの貧弱な献身のしるしにもなりうるかどうか、と問われることもありえる。スイスのプロテスタント神学者ジャン・ジャーク・フォン・アルメンは、聖餐が奉献であることを一貫して肯定し、次の考えを提起してきたが、同時に決定的なものではないと認めている。聖餐のなかで現存するキリストの奉献は、まず和解の奉献である。これが第一の元来の意味である。しかし聖餐の制定には、じつは第二の理由がある。すなわち主はご自分の弟子たちに、崇高な模範を与えようとしたのである。けれどもこのことについては、わたしたちの弱さを直視すれば、いささか控えめに語らざるをえなくなる。さもないと、「まともにすこし考えこんだくらいで、またすこし先を見つめたくらいで、少々の臆病風に吹かれればぺしゃんこになりかねない、そんなロマンチックな英雄気どりに、うつつを抜かすようなことになる」危険がある(9)。

たしかにイエスの献身は、ありのままのわたしたちの献身のシンボルではありえない。しかしわたしたちが近づこうと努力すべき理想である。毎日肯定しては、それに向かって勇気を出すべき理想である。たといわたしたちがまだほど遠く、不忠実なことが度重なるにしても。それは、キリスト者の本物の生きかたへの招きである。「わたしに続け！」とばかりに、なん世紀もの歳月をこえて響きわたる呼び声である。そしてこの呼び声は、神人のまたとない模範に具体化された。それは翼を広げ、ひなに飛べと催促する、鷲の呼び声である（申32・11参照）。

したがって感謝の祭儀における教会の奉献は、じっさいにわたしたちの献身を表わし、新たにするしるしとなるに違いない。

だからわれわれはミサの奉献で、自分をもささげなければならない、とよく言われるが、それだけでは足りない。われわれの奉献をキリストの奉献に「合わせる」[10]べきである。そうでなくては、まるで二つの別々な奉献のようで、しるしと、それが表わすものとのことではないかのようである。アウグスティーヌスふうに、キリスト教的精神で辛抱する生活の苦労や、善業や祈りへの集中を、よく奉献とよぶことがある。それは、本来的ではない言いかたをしていることになる。そのような言いかたをしてもよいが、神学的には正確ではないことを、承知しておかなければならない。

第三章　感謝の奉献――覆われたり現われたり

感謝の祭儀が教会の奉献であり、それゆえに教会の子らにふさわしい行動への、たゆまぬ努力を表わすしるしでもあろうとすれば、ふたたびここで、根本的な問いがわいてくる。このしるしは、教会が形成するものである以上、その課題をできるだけよく果たすには、どんなものでなければならないのだろうか？　これは、あらゆる典礼刷新や典礼の具体化の根本問題である。

典礼は、聖なるものをヴェールに包んだまま啓示する、純然たるシンボルであるべきか？　それとも意図されているものを、頭でもはっきりわかるように表現する、公然たる描写であるべきか？

歴史の流れ

その件についておもしろいのは、まず歴史からわかることに耳をかたむけることである。もともと感謝の典礼には、象徴的要素がなかったわけではない。パンとぶどう酒や（秘跡）制定句には、深い意味がこめられていた。ほかの部分は、初期のころの儀式では、およそ簡単明瞭でよくわかるものだった。

ヴェールをかけられた神秘

けれども、ほのめかすシンボルがふえるにつれ、明瞭さとわかりやすさは、やがて薄まっていった。

そのことは中世の初期に、典礼で使われる言葉の運命に、はっきり出てくる。すなわち、十字架の捨て札の言葉に使われた三つの国語は（ヨハネ19・19―20）神聖なものだということが、ヒラリウスやアウグスティーヌスの時代からひき継がれ[1]、九世紀にはキュリロスとメトディオスに対して拘束力をもつ規定と見なされるにいたった。典礼は、神聖な言葉であるラテン語でしか、おこなえなくなったのである。

ラテン語は、ごく一部の人にしかわからないのに、しかもその数は減り続ける一方だったのに、一千年もの間堅く守られた。その理由としてあげられたなかで、たびたび相当の位置を占めていたのは、ラテン語は神秘を包むものだから、ということであった。神聖なものは、物見高い群衆の目にさらされてはならない、というのである。十九世紀にはプロスペル・ゲランジェ大修道院長が、おおいに「典礼言語」なるものを擁護し、過去に出されたすべての論拠を広く列挙して再編集し、認めさせた[2]（典礼での聖書朗読さえも、「神託にふさわしく[3]厳粛かつ神秘的で」なければならない）。

もちろん神聖なものを信者の目からかくすというのは、ずっと以前からあった風潮である。バシレイオスによれば[4]、最初に教会の儀式を定めた使徒や教父は、「メシアの掟に習い、秘密と沈黙によって、神秘の威厳を保った」。だから、万人が万事を理解する必要は全然ないということになる。儀式で神秘が感じられるようにするもっと強い刺激は、四世紀のギリシア教父が、感謝の祭儀のなかで遭遇する「恐るべき」「身震いするほどの」神秘のことを語るなかに、出てくるものである（本書63ページ）。

それからほどなく信者の集会でさえも、神聖な言葉をそっとしか唱えないようにして、神秘にヴェールをかけていった。ヨアンネス・モスコス（六一九年没）は、子どもたちが野原でミサごっこをしながら、教会で聞いた奉献文のことばをくりかえしていて雷に打たれた話を伝えている[5]。これが、西方諸国で語りつがれ、ミサの典文のことばはそっと唱えるべきものだという論拠になった物語である[6]。

言語でもって、また聞こえないように朗唱することでヴェールをかけてきたが、中世において時代が進むにつれ、そのうえさらに、ずいぶん盛りだくさんになった儀式で覆いかくすようになった。一部は、古代の荘厳な式典のしきたりから受けついだものである。一つひとつは、もはやわからないものになっていたから、当時は劇ふうに解釈されていた。

一部は中世で新たに出来たもので、やたらに十字架のしるしをくりかえすことや、祭壇に接吻すること、おじぎしたり片ひざをつくこと、目を上に向けたり手を広げたりする、などである。さらに聖別されたパンとぶどう酒や祭器に触れるときの表敬、祭器そのものの形、背後の飾り壁に押しつぶされんばかりの祭壇の調度、あげくのはては、象徴にちりばめられた礼拝堂である。(7)

現代まで、かなり広範囲にかくす象徴表現を、擁護する人には事欠かなかった。そしてこれは、今までおこなわれてきた教会のしきたりを弁明しようとする、護教的立場からだけのものではなく、ほんとうにそう確信していたからこそ出たことであった。そのなかで傑出した人物の一人は、オラトリオ会士ルイス・トマサン（一六九五年没）で、すぐれた祈りの人であった。彼は、典礼のなかには、儀式にも言語形態にも、頭では割りきれないような要素がたくさんあるのは当然だと見た。また、祈ろうとする気もちがあるのを前提に、わからない言葉による聖歌や祈願を弁護することまでしている。(8)

信者にわかる典礼への刷新

こんにちでは、感謝の祭儀から切り離してはならぬ宣教の性格を損なうほど、ヴェールをかけすぎてしまっていたことに、気づくようになってきた。二十世紀になって、儀式のなかの神秘的で不可解なものを説明し解明しようとする、反対運動が起こって強まった。この反対運動は、第二バチカン公会議で認められ、典礼刷新の根本方針になった。

この方針は、信者が自分のおびている王的祭司のつとめを発揮し、典礼祭儀に意識的な参加(9)をすることができる権利を力説する(『典礼憲章』14)。こういう参加こそ、信者にとって、キリスト教精神をくみ取る第一の源泉でなければならない(同)。そのためにはことばと儀式を「それがしるしとなっている聖なる事がらが、明白に表現され、会衆が聖なる事がらをできるだけ容易に理解できる」ように、ととのえなければならないのである(同21)。儀式は「気高い簡素さ」で秀でたものでなければならない。また「信者の理解力に合ったもので、一般に多くの説明を必要としないもので」なければならない(同34)。

信者にわかるこのような参加のしかたは、感謝の祭儀をあつかう時に、再度はっきり強調される。ちなみにこうした根底からの変化は、公会議の審議からじかに生じた。準備委員会の作成した草案は、ミサの「祈りや儀式がよくわかるようになるような刷新を、指摘していただけである。しかるに、最終版の『典礼憲章』では、信者が「儀式と祈りによって」、秘義そのものを理解することを学ぶべきだとしている(同48)。刷新の仕事はこの公会議の希望を、首尾一貫してよく実現してきた。頭でわかるようにするのは、もうじゅうぶんにおこなわれたといえまいか。こりかたまった儀礼形式は削りおとされたが、若い新芽は、新奉献文を除いてはまだ見えてはこない。

秘義への接近

けっきょく感謝の祭儀で問題になるのは、つねに秘義なのであり、およそわかりやすくし、はっきりさせてできることといえば、秘義に近づけることでしかない。最後の道のりでは、つねに畏敬と礼拝の念をもつのほかはない。

ローマのヒッポリュトスは、新受洗者が感謝の祭儀にはじめて参加したあとで受けることになっている、秘義の最後の手ほどきについて、こう語る。「これがヨハネのいう白い小石である。『その小石には、それをもらう者にしかわからない、新しい名が書いてある』（黙示録2・17）」。[10]

四、五世紀の教会の実践の特徴は、受洗者は別に手びきも無しに、はじめての感謝の祭儀に対面させられ、そのあとになってはじめて、秘義教話がおこなわれたことである。そしてこの教話も、典礼的神学的なことを専門概念で抽象的に説明するよりは、図像で、とりわけ旧約に見られるさまざまの予型を使っておこなわれた（エルサレムのキュリロス〔あるいはヨアンネス〕の『秘義教話』4、5、モプスエスティアのテオドーロスの『洗礼と感謝の祭儀に関する教話』、アンブロシウスの『秘跡論』と『秘跡についての講話』）。

奉献のしるし

感謝の祭儀は、キリストの奉献と教会の奉献を、信者の前にさし出し、あらわすがまた恭しくかくす、しるしたるべきものである。スアレスは、感謝の祭儀のなかでおこなわれる奉献には二つの意味があるという。すなわち奉献で神の威光をたたえる倫理的意味[11]と、神秘つまりキリストの受難を描き出す神秘的意味[12]である。かくすとは、明らかにまず神秘に当てはまる。神秘は、今ここにすえられ、かろうじてできるかぎりで、ことばに表わされる。また、パンとぶどう酒という別々の形で暗示される。賛美と畏敬の念のこもった儀式をまとう。感謝の祭儀は、救いのしごとを現在化する。それは、しるしであると同時に、しるし以上のものである。効果をもたらす力であり、恵みの源泉である。しかしそれ自体は、信仰のうす明かりのなかにとどまる。

他方で感謝の祭儀のなかでは、謙虚な奉仕を神にささげたいという、信者共同体の気もちが明らかにされるべきである。神秘は、感謝の祈りのうごきのなかで告げられるのである。全員の名によって大きな声で、感謝の祈りが朗唱され、それにあわせて心を高めるよう促される。感謝の祈りはささげものとなり、その都度今ここに集められた共同体は、司祭を先頭に、呼ばれてこのうごきに巻きこまれていると悟る共同体なのである。

初期のころ、共同体を巻きこむために、感謝の祭儀の本質に属するこの表現以外にもう一つ特別の表わしかたが求められた。奉納の儀が出来て、信者に供え物をささげさせたのである。これが中世の間ずっと、もっともはっきりした会衆参加の表現であった（本書62ページ参照）。それ以外にはすでにキュプリアーヌスが、ぶどう酒に水を混入することを、この意味で解釈していた（本書51ページ）。混入をこう解釈するのが、それ以後数世紀にわたり、とくに好んで受けつがれ、強調された。中世の初期のころは、イシドールスと尊者ベーダもそうしていたが、のちにこの解釈は、水を注ぎ入れる時に唱えることばで表わされる別の解釈に、取って代わられたのである。(13)

こういう感謝の祭儀の見かたは、なんといっても感謝の祭儀の本質に属するものだから、典礼の伝統のなかで忘れられることはなかった。第二バチカン公会議も、多くの箇所でおおいに強調している。この点でも、ほんとうに司牧的な公会議だったことがわかる。

司教は、「信者が感謝の祭儀をとおして過越秘義を知り、生きるよう」めんどうをみなければならない（『司教の司牧任務に関する教令』15）。司祭の任務として、「信者たちに、ミサの奉献において父である神に神的供えものを奉献するよう、またこれとともに自分たちの生命の奉献をするよう、指導する」ことが強調されている（『司祭の役務と生活に関する教令』5）。この祭儀が完全な本物たらんとすれば、「隣人愛のさまざまな実行や助けあい、また宣教活動や多種多様な形のキリスト教の証しにつながるもの」でなければならない（同6）。司祭自身には司祭叙階の儀のことばを思いおこさせる。「自分がとりおこなうことに見ならえ」（同13）。(14)

おそらくこの、感謝の祭儀の奉献における信者の自己献身という趣旨は、新しい奉献文で、もっと強く表現されてもよかったであろう。それでも第三奉献文では、すくなくとも秘跡を受ける成果であると表明されている。キリストが「わたしたちをみ心にかなう永遠の供えものとしてくださいますように」。

過越秘義体験

しかしけっきょく、覆うことと現わすことは、ふたたびひとつになる。覆われると同時に現わされるものは、唯一の「過越秘義」(ミステリウム・パスカーレ)だからである(ミステリウム・パスカーレという表現は、V・ワルナッハが示すように、その同僚オード・カーゼルがはじめて使った[15])。

過越秘義とは、苦しみを堪えしのび、これにうち勝ち、世界を救うキリストのことである。一方では、神が身をかがめるという、はかりがたい神秘であるが、他方ではあの、全人類を抱きかかえて神に連れ戻そうとするできごとなのである。過越秘義は、二つのことを意味する。神の秘義と人間の聖化である。

これが、『典礼憲章』をはじめとする、第二バチカン公会議公文書の鍵となる概念となったのも、もっともなことである(『典礼憲章』5、6、61、104)。それはほかの公文書にも出てくるし、『現代世界における教会に関する司牧憲章』にまで出てくる。「過越秘義にむすばれ、キリストの死に似た姿となって、復活したキリストをまちうける」(同22)。「人類自体が神に受けいれられるささげものとなることこそ、人間活動の完成である」(同38)。

したがって典礼によって具体化されるべきものは、ひとまとまりの計画である。儀式のさまざまな要素を使い、全体としてひとつにまとまったしるしである。感謝の祭儀のなかで過越秘義を祝うのは、わたしたちであり、教会なのである。とりおこなわれるのは、わたしたちの秘義である。わたしたちの感謝の聖なる的と、わたしたちが感謝をこめて神に向かうこと。この双方をいつも含むのは、感謝の祈りだけではない。祭壇に進み出る時から離れる時までにおこなわれる畏敬のしるし、つまり供え、さし出すしぐさは、いつも同時に両方のことを表わしている。すなわち上から来る秘義と、その秘義とのわたしたちの出会いである。

同じことが、主の食卓にも、わたしたちの食卓にもなる、祭壇の形にもいえた。また、わたしたちがキリストと、また神と出会う場である、典礼空間にもいえた。キリスト教の古代および中世後期までのバジリカ様式聖堂では、この空間を、奥陣（アプシス）の壁に描かれているキリストの画像が見おろしていた。復活した主、玉座に着いておられる主、[16] 光り輝く十字架が、聖なる集会の場に足をふみ入れた人の目に飛びこんできたものである。したがって空間も、過越秘義を、しかも過越のことを強調して、ものがたっていた。またつねにものがたるものでなければならない。わたしたちが感謝の祭儀のなかで肯定するものは、すでに栄光化された救い主の奉献なのである。それは救いをもたらす受難、すなわち十字架上でおこなわれたのと同じ救いの奉献に、とどまるものではない。十字架は、すでに復活の輝きにつつまれて、立っているのである。

この過越の特徴を、典礼は、儀式中のいろいろの時に表現するすべを心得ていた。

なん世紀もの間、片ひざをつくことは、当時は謙遜な嘆願のしぐさで、悔い改めの気もちを告白するものでしかなく、感謝の祭儀では避けられていた。（たとえば復活節以外の四季の斎日の土曜日の）すべての徹夜の祈りの前には、「ひざまずきましょう」[17] という呼びかけがおこなわれたが、すでにミサそのものに入る最後の祈りでは省かれた。

ミサの祈りをとなえる間、司祭と会衆は、目を東に向けた。そちらは日の昇るところで、復活したキリストをイメージする。同じく建物全体そのものも、現代にいたるまで東向きを守っている。

そしてとりわけ、主が死者のなかから復活した日曜日を、こんにちまでずっと、共同体が過越秘義を祝うために呼び集められる日としてきているのである。

第四章　時の流れのなかのミサ

ミサがキリストの奉献なら、必然的に恵みの源泉でもある。しかし、この一面しか見ようとしなければ（これはトリエント公会議以後の霊性に、かなり広まった見かただったが）、こんにちのわれわれには、おかしく思えるような結論を出してしまいかねない。ミサを恵みの源泉としか見ないなら、恵みを受けるための条件をどうにか満たしさえすれば、もっとたびたび源泉に戻れば戻るほど、たくさん恵みをちょうだいできる、などと期待するようになるものである。そのようなわけで、ミサがあまりにも頻繁におこなわれた時期がある。信者のほうはといえば、信心ぶかくなん度でも次から次へとミサにあずかろうと、躍起になった。大衆宣教の大家であるコヘムのマルティーンは（一七一二年没）、さまざまな国語に訳されて、現代まで四五〇版も重ねた『ミサの心髄』[1]とでも題する本を書いた。そしてその中の一つの章を割いて、別々の祭壇で同時進行している、たくさんのミサに参加する方法というのを伝授している。

すでに第二バチカン公会議以前から、典礼運動が注意を促してきたのは、ミサが教会の奉献だということと、参加者は教会の一員で、行動的にミサをともにささげるよう招かれているのだ、ということである。この運動は、ミサが恵みの源だということを否定するものではなかった。だが、やたらにくりかえし霊的な御利益を求めるよりは、一日一回よくわかったうえで参加して、奉献をともにし、その奉献でみずからの献身を新たにするほうが、ミサの意義によく合っているのを意識させてきた。

主日とミサ

ミサが教会の奉献であるなら、そのために最適の場は、教会の集会である。教会は日曜日に集まる。日曜日は「主の日」である。「主」でありキュリオスであるキリストが、復活の勝利によって、そのしごとを仕上げた日である。そこで教会の初期のころから日曜日は、感謝の祭儀によって救いを記念する日ということで、特別視されている。

この日、教会はこのために集まる。感謝の祭儀は、キリストがご自分の教会とともにささげる奉献になる。感謝の祭儀は、キリストと教会をとりもつ過越秘義のしるしなのである。しるしというものにとって本質的なことは、その意図が理解されたうえで、ふさわしく用いられることである。感謝の祭儀というしるしが、その意図にいちばんふさわしい形で用いられるのは、救いの記念日である主日に、共同体集会でおこなわれる時である。

四世紀以後になってはじめて、ほかにもいくつかの記念日が、主日に昇格した。降誕祭とキリストの昇天も、ともに主日になった。なん人かの殉教者が地方の共同体でとくにたたえられ、その記念日が地元の教会の祝日に加えられた。

キリスト教の初期には、こういうミサと主日の結びつきは、ごくあたりまえのことだった。だから個々人を主日にミサにあずかるよう義務づける法など、聞くまでもなかった。主日は、共同体の総会の日にほかならず、来れる人が出席した。そしてシリア語で書かれた『ディダスカリア』の述べるように、「キリストのからだに欠員を生じない」ことが期待された。

文書の形で、参加義務を個々人に銘記させているものがある。その最初のものとして知られているのは、じゅうぶん明白とはいえないが、四世紀初頭のエルウィラ教会会議の規定第21条である。この規定は、市内に住んでいても三週続けて主日に教会に来なかった者を、一時的に除名すると脅しているように見える（この規定の証力を否定する学者もいる）(2)。この規定は、のちに東西双方の教会でさまざまな意味を加えて、たびたびくりかえされている(3)。

それとならんで、感謝の祭儀に出る義務は、本来は個々人にではなく、共同体のほうに当てはまるという解釈があったはずである。四世紀に、西方のミラノやカルタゴ、また東方のアレクサンドリアのような大都市でも、主日には、司教司式のミサしかなかったようである。そのことを示す意外な証拠があるからである。信者全員がその一つのミサに参加することなど、場所からしても無理というものであった(4)。主の食卓を囲んで共同体の一致を表わすことのほうが、信者の全員参加よりもだいじだと思われた。その原則は中世においても、小教区で守られていた。主日の九時のミサには、小教区に所属するみなが寄りあったが、つごうで家をあけられない人は、出席を見あわせたようである。こういう人のために、別の時刻に二つめのミサをする、といったことを思いつくのは、ずっとあとになってからのことである。

主日と祝日の共同体のミサは一つ。この原則は他方で、そのミサを小教区民のためにささげる（適用する）義務が主任司祭にあるというところに、こんにちまで生き続けている。主任司祭は、原則として感謝の祭儀を、主日と祝日に小教区共同体とともにささげる。したがって私的な謝礼を受けとるわけにはいかない。謝礼の慣例から見れば、すでに共同体から謝礼を受けとっていることになる。だからミサの「実り」は、共同体に与えるのである。かつての祝日のなかには、もはや守るべき祝日ではなくなったものもある。そんな日にもこの義務を強要するその一方で、多くの教区でこの義務が免除され、謝礼を受けとって教区の必要のために納めるよう、主任司祭に義務づけたりするなどのことは、もちろんこの昔からの原則を否認するものである。(5)

主日のミサに出ることは個々人に義務づけられた。この義務を果たすために、所属小教区以外の教会にも自由に選んで行けるようになったのは、ようやく中世も末になってからのことである。いくつかの国の司教会議は、この点の自由化に長いこと抵抗した。(6) 一五一七年、ついにローマは、この自由にとって有利になる結論を下した。(7) その後は、この個人の自由容認に合致するように、個人の主日義務をどう解釈するかは、倫理神学者や教会法学者を煩わせるところとなった。それは重大な義務だとされる。本人が出席していることと、最低限の宗教的な心がまえが求められる。このことは、すくなくともミサの本質部分を識別したうえで、ミサ全体に当てはまる。

現代の事情と適応

けれども参加を動機づけようとして、義務を肝に銘じさせ、重い罪になると恐れさせたりするのは、明らかに、まったく一時的な効果しかなかった。ほんとうに司牧的に配慮するなら、主日のミサの意義をひき立たせ、連帯意欲を強めることを、いつも心がけるものである。

またミサの機会を、できるだけたくさん(一日のどの時刻にも、どの場所でも)提供することは、司牧的に結構なことだと思われるかもしれない。そのおかげで、信者は義務をとても楽に果たせるようになろうし、町はずれの信者でも義務を果たせるようになるはずだから。だが、どうもうまくは行っていない。

もちろん、ひとつの共同の祭儀という理想像が実現されることは、めったにない。にもかかわらず第二バチカン公会議がこの点に言及し、「司教が司式し、司祭団と奉仕者がこれを囲み、ひとつの祭壇の上でひとつの祈りをもって行われる、同じ祭儀、とくに同じ感謝の祭儀において、神の聖なる民全体が充実した行動的参加をもってこれにあずかる時」、この理想像が実現すると見ていることを、念頭におくべきである（『典礼憲章』41、脚注にアンティオキアのイグナティオスの『マグネシヤへの手紙』7、『フィラデルフィアへの手紙』4、『スミルナへの手紙』8のことが指摘されている）。そういう祭儀においてこそ、「教会がもっともよく表明される」と見ているのである（同）。どの土地の教会にも、どの小教区にも、司牧者を囲んで集まったどの共同体にも、同じことがいえる（『教会憲章』26）。

現代の実情では、いろいろ臨機応変に対処する必要が生じている。

共同体全体は、すでに大都市では、場所のつごうでいくつかに分かれて、集会に参加せざるをえない。すなわち小教区では、典礼をなん回もくり返すことになる。

工業化社会の時代の生活リズムは、共同の催しの重点を、晩に移してきた。そこで第二次世界大戦以来、晩のミサがおこなわれるようになる。この点、最後の晩餐の時刻がふたたび採用されたわけだが、なん世紀もの間、これはただ例外的なことと思われていた[8]。一九五七年三月十九日づけの自発教令[9]以降、正規の司牧に役だつものとして、晩のミサを毎日おこなうことが認可されている。

もう一つ新たに導入されたうごきは、主日のミサを、土曜日の晩に先どりしておこなうことである。

神学的には、ある程度次のようなことから弁明できよう。すなわちユダヤ教から受けつがれ、典礼慣習のなかで続いてきた見かたによれば、主日は前日の日没から、前晩の祈り（第一晩課）で始まる。これは、使徒時代からずっとそうだったように、日曜日が主の日にほかならず、そのままでなければならないということを、いささかも変えるものではない。

先どりするのは、地域の事情のほかに、（離れていることとは別に）日曜日から生じた週末が土曜日から始まるような御時世だから、ということもある。いろいろなグループ（たとえばスポーツ団体など）にしても、日曜日の空き時間は窮屈だから、土曜日の晩に、主日のミサそのものができるほうが好ましい、というわけである。

そこでその許可は、最初に一九六四年に公会議省から出された通達で（イタリア、スイス、アルゼンチンの）教区に個別に与えられ、希望する当該司教区の司教たちの申請で、広まっていった。[10] 一九六七年五月二五日づけの『聖体祭儀指針』は、ミサの式文の選択や聖体拝領のやりかたに関して、もっとこまかく規定したものである[11]（28）。

週日のミサ

おそらく初期のころから、信者全体が集まるミサのほかに、週日にもミサが内輪でおこなわれていた。定期的にではなく、どこでも、というわけでもなかったが。

テルトゥリアーヌスは、毎年の命日にささげられる追悼ミサをその一例にあげている。[12] アウグスティーヌスは、信仰宣言をよく記憶に刻みこむよう、洗礼志願者にうながしているが、[13] 主の祈りのことは、いずれ毎日、ミサで聞くことになるだろうといっている。[14] ほかには、こんなにはっきりした証言はない。[15] 信心ミサについては、のちになってまるでいくらでもといっていいほど、くりかえすようになったのをすでに見た（本書76～78、96ページ）。けれども長いこと、ミサを平日におおやけに挙式することは、はばかられた。[16] このようなためらいがあったのは、キュプリアーヌスがほのめかしているように、秘跡の完全な意味が実現を見るのは、共同体が集められる時だけだから、である。[17]

さて主日と普通の週日との中間に、宗教的に聖別された日があった。それは断食の日で、昔からいたる所で、水曜日や金曜日におこなわれていた。こういった日に、感謝の祭儀をいっしょにしてはならないものだろうか。この問題に関する解答は、古代においては異なっていた。北アフリカやミラノでもミサをしていた。アレクサンドリアやローマでは、当時は、朗読と祈願で構成された典礼をしていた(18)。

しかしこれについては第三の道があった。交わりの儀をもりこんだ祝日のことである。これは基本的には、信者が聖体を家にしまっておいて毎日いただくことができた、あの初代の慣習の再開にほかならなかった。このような日が東方教会にあったことが知られている。ラオディキア教会会議の規律規定49条で、四旬節の間、土曜日と主日以外の日には、感謝の祭儀は禁じられたのである（四世紀・典礼規定条項は五世紀以来のものである(19)）。

その後六世紀以降、六一七年にビザンツの『クロニコン・パスカーレ』が明示するように(20)、晩の祈りを、あらかじめ聖別されたささげものの儀式(21)、すなわち交わりの儀で結ぶ祝日が生まれた。シリア教会に由来する資料は、同じ日に同じ趣旨でおこなわれる「杯の祝福」の儀式のことにふれて描いている。このしきたりは(22)、アンティオキア総主教セヴェルス（五三八年没）にさかのぼるが、実質上、ビザンツの交わりの儀と同じものだと思われる。

ビザンティン典礼では早くから、昔からの交わりの儀を、ことばの典礼とあわせておこない、ひとつの儀式にしている。その構成は、奉献文という中心部が抜けている以外、なんら感謝の祭儀そのものと異なるところがない。これは、あらかじめ聖別されたパンでおこなう典礼である(23)。これが東方教会においては、四旬節の間、毎日というほど多くはないが、こんにちまでおこなわれている(24)。

ローマ典礼は八世紀以来、ビザンティン典礼の前例にならって、あらかじめ聖別されたパンを使うミサを(25)、すくなくとも聖金曜日のために設けた。四旬節中は、全部そろった感謝の祭儀は、最初のうちは控えめに、とくに大切な日を選んでおこなわれ、グレゴリオス二世教皇（七三一年没）以降になると、毎日おこなわれるようになった。

毎日のミサ

毎日のミサが根を下ろしていったのは、中世初期のことである。修道院や修道院付属教会では、最初のうちは共同体のミサだけが毎日あった。だがしだいに司祭たちは、毎日のミサを個別に挙式するようになった。けれどもこういう成りゆきは、たいていの所では奨励されたのではなく、大目に見られたにすぎない(26)。アシジのフランシスコは、まだ兄弟たちの修道院では、ミサを個別に挙式したりするのを、なんとか避けようとしていた。そこで、みなが一つの共同ミサに参加するほうが望ましい、としたのである（本書94ページ）。

司牧にたずさわる司祭たちの状況は、異なっていた。修道院や修道院付属教会に倣って、小教区の教会でも、なかば公的な毎日のミサが、定期的におこなわれるようになった。それとは別に、信者から頼まれる信心ミサもやっていた。けれども司牧者には、自分の教会でミサをする義務があり、一九一七年の教会法でも、主日と守るべき祝日だけは、この義務を果たすように定められている（『旧教会法典』339条、466条）。

どの司祭も毎日ミサを挙げるべきであるということが、中世後期から、一般的な規則として言われている（たとえば、聖ボナヴェントゥーラのものとされ、十四世紀末以来、たびたび引用されたことばによれば、「ミサをたてない司祭は、三位一体に賛美と栄光を、天使に喜びを、罪びとにゆるしをもたらすことを、みずから怠るのである」(27)）。

だがこの原則は、ここ数世紀の間も、いつもそうだというわけではないが、あまり守られていたとはいえない。

二十世紀のはじめになっても、司祭の数日間の黙想のさい、第一日目は司式をしなかったものである（著者自身の記憶による）。フランスの報告によれば、第一次世界大戦までの司教区の慣習では、毎年おこなわれる司教指導の司祭黙想会の時、司祭は共同ミサに出ても司式はせず、聖体拝領も、したりしなかったりだった。昔から『ローマ司教典礼書』の教会会議の式次第に定められているとおりに、したのである。しかしその慣習はそれ以後、個別挙式のために、ほとんどどこでもしなくなった(28)。

司祭が個人個人でする私的ミサの評価が高まるのは、いかにも近代の特色である個人主義の風潮らしい。またトリエント公会議以来、司祭の聖別の機能が強調されてきたこととも符合する。この機能を行使することこそ、司祭職の主要な表現だとされた。もう一つの要因が、私式ミサの流行に、おおいに一役買った。それは個人的にミサをたてる司祭が、ミサから特別の恵みを受けるとする、神学上の学説だった。教会法は813条で、信者なしにミサを行うことを禁じていた。だが、この新しい考えがすっかり定着したおかげで、倫理神学者は、もし信者の参加が得られないなら、その理由だけで司祭が普通の毎日のミサを止めなければならないことは、司祭の信心や一般的習慣を考慮に入れて免除される、と述べるようになった(29)。

一九七〇年版の『ローマ・ミサ典礼書の総則』によれば、「重大な必要」のある場合にしか、奉仕者なしのミサはできないことになっている（211）＊。教会法は、司祭に「年間を通じて数回」ミサをたてるよう義務づけている。そして自分が管轄している司祭が、すくなくともすべての主日と大祝祭日にミサをささげるように配慮するのは、司教の責任なのである（『旧教会法典』805条）。第二バチカン公会議は一歩前進した。現行の規則を変えたわけではないが、毎日ミサをおこなうことを強く勧めている（『司祭の役務と生活に関する教令』13）＊＊。

＊　「正当かつ合理的な理由がないかぎり司祭は、すくなくとも一人の信者の参加も得られない場合はミサを挙行してはなら

ない」（『新教会法典』906条）。

＊＊「司祭は、あがないの業が聖体のいけにえの神秘のなかで絶えず果たされることを心に留め、しばしばミサを挙行しなければならない。信者の出席が得られない場合でも、ミサはキリストと教会の行為であるから、毎日のミサ挙行が強く勧められる。その挙行をとおして司祭は自己の主要な任務を果たすのである」（『新教会法典』904条）。

挙式と参加の頻度に関する規範

教会法と教会の慣習は、ミサをどのくらいたびたびおこなうべきかという問題に関して、外的な規範を設けている。神学的に考えてみて、つまり根本的に検討してみても、規範が見つかるだろうか？　カール・ラーナーはこれについて、一九四九年にはじめて出して以来、たびたび注目されてきた研究を試みた(30)。ラーナー神父が主張するように、ミサは、それ自体が救いをもたらす恵みなのではなく、そのしるしなのだということを、確認しなければならない。ミサはキリストの自己献身を現在のできごととするものである。これでもって、キリストはわたしたちを救うのであり、わたしたちはそのなかに組み入れられねばならないのである(31)。だからこのしるしを表わすのに有意義な時はいつかが、問われなければならない。キリストがわたしたちに先だって進む途上で、神の意のままに身をゆだねることは、すでに見てきたように、また初代キリスト者がはっきり心得ていたように、全生涯を通じてなされるべきことである。したがって、できるだけ頻繁にしるしを表わそうというだけでは、無意味である。しるしで表わすような、隣人愛を実践したり義務を果たしたりすることが、わたしたちに求められている所で、しるしを表わしてもしかたがない。また祈りやことばの祭儀のような、もっと簡素なしるしが似合うような特定の場で、このしるしを表わすのも、根拠に乏しい。

わたしたちに毎日のミサがあたりまえのものになったのは、おそらく、神に心をはずませるほかの形が、あまりにもコチコチのものになってしまったり、なおざりにされたり、発展しなかったりしたからである。

ラーナー神父は次の規範を設けている。「ミサは、（身体的道義的にできるということを前提として）神の栄光をたたえ、人を祝福するのに役だつたびに、挙げるべきである」[32]。つまりミサは、わたしたちの信仰と献身を表わしたり、かきたてるのに適したしるしとなるような場にこそ、ふさわしいというのである。祭儀をおこなうがわの新たな献身が伴わなければ、ただ奉献を現在のできごとにするだけでは、神の栄光は、いや増されるものではないからである。そんな時にはミサは、恵みの源にもなれない。

キリストは自分の記念に感謝の祭儀を制定したので、「ある程度定期的に」教会でミサがおこなわれねばならない[33]。いまや感謝の祭儀は、教会とその頭であるキリストとの、もっともたいせつな見えるきずなだからである。教会生活の一部なのである。「復活の日」である日曜日は、定期的にくりかえす時の第一の基点である。人間活動の新しい始まりをもたらす一日は、別の基点となるものである。

毎日のミサは、キリストの自己献身に入るという、キリスト教の救いのいとなみの豊かな現実に秘跡的にふれて、自分の生活方針を見いだし確立しようと、毎日新たに模索する機会ともなるわけで、じゅうぶん根拠がある。霊的な立場と福音的勧告の立場にかなう、徹底した修道生活を送るうえでの、身ぢかな解答である。

こういうわけで教会法では、修道会共同体の決まりと見なされている（413、597、1367条『新教会法典』663条）。だからといって、かならずしも硬直した絶対のきまりというわけではない。ミサは、個人的共同体的な信心のほかのすべての形を、排除するものであってはならない。そうなると前段階が抜けてしまい、ミサのたいせつさも損なわれることになろうから、駄目である。

古代教会の実践をみると、感謝の祭儀を毎日おこなうことは多くの地方でできなかったが、その代わりに、一日一日のみならず、一日の各時間をも聖化する、豊かな祈りの生活ができていた。これは何も、修道士や聖職者の慣習に限られたことではなかった(34)。だからたまには、ほかの形の祈りの信心深い黙想を、ミサの代わりにおこなうこともできよう。これは、毎日のミサが、何気なくおこなわれるマンネリ化した習慣にならないようにすることでもある。

したがって、毎日のミサの挙式やミサに毎日あずかることは、修道者の共同体のための規則として、これからも続いていく。しかしある程度、柔軟に適応されるべき規則ではある(35)。

毎日のミサは、すでに述べたように、とくに司祭の共同体の規則に残る。ここでは、司教や司教代理が司式して聖職者に聖体を授けるという、すでに述べた教会会議の式次第(36)の規定が根底にあるのではない。こんにちでは、共同司式の可能性が使えるのである。第二バチカン公会議が、共同司式を取り入れた決定的理由は、私的ミサ、とくに同時に別々の祭壇でおこなわれたり、不自然に頻繁になってしまったりする私的ミサを、制限するのがねらいである。

けれども、ただ一人の奉仕者しか参加しない個別挙式のミサは、司祭の個人的信心によるにせよ、奉納金(謝礼)を払ったがその場には出席できない人のためにたてられるにせよ、相変わらず許されている(『典礼憲章』57二の二)。ただそれには「もっともな理由」が前提となる(37)。

というのは、イエスの創立の本質にふさわしい感謝の祭儀の形は、共同体だからである。感謝の祭儀は、教会にまかされているもので、教会の本質をもっとも完全に実現するような行為である。そこで祭儀形態も、あまりその邪魔にならないようなものにしておくべきである。

第五章　司牧の仕事とミサ

　ミサが共同体のなかで、イエスの始めたものにふさわしい位置を占め、影響力を発揮するためには、司牧者はどうしたらよいか？　こう問われたら、とりあえず言えるのは、これだけである。自分自身がミサを正しく司式しなければならない、ということである。

　もちろん正しくといっても、儀式を有効に執り行うだけのことではない。規則と典礼注規を、全部忠実に守るだけでもない。司牧者が心をこめてミサをおこなう、というだけでもない。

　ミサがラテン語でおこなわれ、もっぱら司祭のつとめたる儀式だったうちは、それでもよかっただろう。だが、第二バチカン公会議による刷新のおかげで、会衆の間に変化が生じた。いまやミサは祭儀の形からも、司祭と会衆が一丸となってする式なのである。こうしてミサは、かつてなかったほどに司牧的な要因となった。つまり司牧的なものとして扱わねばならなくなったし、司祭の司牧的な配慮のなかでも、以前にも増して大きな部分を占めるようになった、ということである。

　刷新された典礼では、いろいろな部分で選択の幅があるからといって、行き当たりばったりで決めたりしてはいけない。このことは、とくにその場に合わせて述べるよう司式者にまかされていることに当てはまる（『総則』11―12）。

典礼文そのものも、公会議以前の伝統的なものと異なり、司式者の唱えることが信者にすぐわかり、意味の通るものでなければならない。それは、こんにち使える技術的な補助手段の活用はともかく、はっきりわかりやすく唱えるということである（同18）。朗読者のしっかりした訓練と、司祭自身のかなりの努力が、ぜひ必要だというわけである。意味に合っためりはりを効かせて、書かれてある式文を唱えるには、適当な準備が必要である。自分で作った説教をするよりも、難しいこともある。

そして司牧者の配慮が、典礼の目に見える側面、気品のある姿勢と身のこなし、祭壇や聖堂の調度にも行き届くべきことは、言うまでもない。

そうしてこそ、刷新されたミサ典礼は、本来の豊かな影響力を発揮できる、というものである。

主日のミサの中心的役割

なん世紀もの間、小教区の主日のミサは、おもな司牧の形であった。とりわけ古代から中世への過渡期にあたる数百年間、キリスト教文化とよばれるものが、しだいに出来てきた時期に、このことがいえる。ミサは、信仰を伝えるものであると同時に、文化でもあった。

こんにち行われているような司牧の形は、まだほとんど知られていなかった。洗礼後の計画的な教話やキリスト教入門講座は、おとなにも子どもにも行われておらず、大衆むきの宗教書もなく、教会内の会や信徒団体もなかった。司教座のある都市以外では、説教すらおそまつだった。しかし主日ごとに、活発な典礼がおこなわれていたので、そうしたものがなくても済んだのである。

東方のキリスト教徒が千年以上もイスラムに抑圧されている時分に、典礼は同様の役割を果たしてきた。キリスト学校や教育施設などすでになく、教話と説教は衰えざるをえなかった。しかし会衆の参加するキリスト教典礼は存在した。そのなかでキリスト教のだいじなものが、すくなくとも、忠実な残りの人に伝えられていた。

西方文化諸国では事情が変わってきた。今では司牧の手段方法が、たくさん使えるようになった。これらは、主日のミサとどんな関係にあるのだろうか?

現代では、十分な根拠を伴って、ミサこそ司牧の中心でなければならない、としばしばいわれてきた。あらゆる司牧は祭壇から発するべきものである。『典礼憲章』(10)は同じことをいおうとして、典礼のことを「教会の活動が目ざす頂点であり、同時に教会のあらゆる力が流れ出る源泉である」という(これがとりわけ感謝の祭儀のことをいおうとしているのは明らかである。『教会憲章』11では、同じことばがはっきり感謝の奉献について用いられている)。しかしまたこの表現は、正しく理解される必要がある。

通常の状態では、よい典礼への心づかいが司牧のすべてであるはずもなく、司牧の課題が全部、典礼から出てくるわけでも、また読みとれるわけでもない。司牧は、典礼集会に来ない人々のことも、考えなければならない。宣教は、典礼だけに限られたものであるべきではなく、典礼に道を開くものでも、なければならない。だからかつてパウロは、自分は洗礼を授けるためにではなく、福音をのべ伝えるために遣わされたのだと言明している(一コリント1・17)。

キルヒゲスナーによれば、「感謝の祭儀は、独力で外の人を主の食卓に連れて来ることはできない。その前に一度、人のいる所に人を捜しに出かけ、招かれているとわかってもらえるように語りかける使者が必要である」[1]。そこで彼はうまい区別をした。典礼はまさに、最初から念頭にはあるはずのものだが[2]、行われるのは最後のもの[3]であるかもしれない。

ミサを強調しても、感謝の祭儀一辺倒になってはならない。あらゆる司牧活動が目ざす究極目標は、キリストの奉献を祭壇上で現在させることにではなく、かつて成し遂げられ、いつの時代にもわれわれの希望のしるしとなり、人生の指針となる、救いの奉献そのものにあるからである。

宣教は、この点によく注目しなければならない。それでこそ、感謝の祭儀によるキリストの受難の現在化を、正しく見ることができる。司祭の仕事を、広い視野で見ていけるのである。イブ・コンガールは司祭のつとめの本質を、この意味でうまく描いている。「司祭であるということは、人々をキリストの奉献に一致させること。……これは感謝の祭儀はもちろん、人々をも、本人自身の心からの奉献をも、含んでいる(4)」。

ミサの説明のありかた

刷新されたミサ典礼の形も、公会議が典礼に求めたように、なるべく「信者の理解力に応じた、一般に多くの説明を要しない」ものなら(『典礼憲章』34)、教話や説教につながるので意味もある。もちろんそのさい、一般に、典礼文や儀式を一々説明することがだいじなのではない。これらはそれ以上説明しなくてもよいはずである。刷新のおかげで、歴史的な説明は、ほとんどしなくてもよくなった。それをしたところで、伝統の意味が薄れてきた現代では、めんどうが倍になるだけで効果的ではなかろう。

われわれの状況はその点、初代キリスト教時代とも似ている。初期キリスト教資料には、感謝の祭儀のことがよく出ては来るものの、儀式のやりかたやことばを一々説明する文章は、ほとんど見あたらない。ユスティノスが「アーメン」の意味を説明しているのは、例外である。感謝の典礼の部分を一つ一つ説明したのは、四世紀末のモプスエスティアのテオドーロスがはじめてである。新受洗者向けの教話では、エルサレムやミラノのものが伝わっているが、儀式をさらっとたどり、とりわけ旧約からとられた表象を使ったり、いくつかの詩編を手本にして（そのさい詩編22と23が好まれた）、本質的な点に光をあてて説明するだけにしている。[5]

計画的なミサ教育は、現代ではわりあいきちんとしたコースの一部になっている。通常は青少年の教話指導、一般にはキリスト教入門の一部である。そのさい、よく昔の公教要理で決まっていたように、秘跡における現存、聖体拝領、最後にミサという順で、章別に扱うようなことは、もうないだろう。むしろ、源泉に戻ることで洞察できるようになったことを、生かすことになる。

最後の晩餐で制定されたものは、単なるキリストの現存の秘跡ではなく、キリストの奉献の現存の秘跡、すなわちミサなのである。このことから、キリストが教会にゆだねたものの表現が、一貫したまとまりのある形で出てくる。だとすれば、キリストのからだと血がパンとぶどう酒の形でほんとうに現在するというのは、秘義の一要素なのである。もちろん決定的に重要な要素ではあるが、かならずしもはじめに扱わねばならないものではない。いずれにせよ切り離してとりあげるべきではなく、全体と関連づけるべきものである。まったく同様に、交わりの儀の会食も、それだけで成りたつ信心業ではなく、秘跡的奉献への参加の、秘跡的な形にほかならない。[6]

奉納の説明には、少々注意を払わねばならない。別に強調しようというわけではなく、誤解を防ぐためである。もちろんそういった誤解が前々から、奉納を神学的に理解するのを危うくさせているのである。一方では、スコートゥスやその学派の主張で、あまりにも教会の奉献をひとり歩きさせすぎたことが、いまだに尾を引いている。他方、キリストの奉献を強調することしか念頭にないような神学者もいる。こういうわけで、典礼刷新の代表者たちは、さかんに激論を交わしたものである。[7]

その解決は、次の点に求められるべきである。教会の奉献を象徴するものは、もっと広くとることができるのであって、キリストの奉献を秘跡的におこなうことに広げられるのである（本書152ページ参照）。教会の奉献の表現は、もう奉納の儀で始まっている。信者は、供え物を持っていくことを（ときどき奉納行列の形をとることになるが）、自己献身の最初の表現と見るべきで、これでもって、キリストの奉献と献身に参加しなければならない。

説教の機能と重要性

説教やとくにホミリアの形で、ミサのなかでおこなわれる宗教教育、したがってミサ教育は、キリスト教生活の隅々にまで及ぶものでなければならない。ここでの説教では、ミサのことばや儀式を理路整然と解説するよりも、その趣旨を明らかにし、絶えず深めていくほうが、ミサ理解に役だつ。

それは、神がはじめであり、おわりであること。神を敬い礼拝するのが、われわれの義務であること。キリストが、神に通じる人の道であり、父の前にいながらわれわれに身ぢかな仲介者であること。彼を通して神のなかに入ることができたこと。教会が、洗礼によって聖別され、神の民となり、いたる所で感謝の祭儀に集まる人々の共同体であること。「エウカリスチア（感謝の祭儀）」という名からして必要とされる、神への信頼感と感謝の気もち、などである。

キリスト教が伝えるものの真髄を含む、これらの趣旨を力説することは、現代ではまたこれまで以上に、とくに大切であろう。というのは、数世紀前から受けついだ通俗的な宗教心は、ばらばらの側面に、すなわち個別の信心やしばしば教義の本筋から離れた末梢な点に、あまりにもこだわり過ぎていたからである。前述の趣旨を、ああでもないこうでもないとつべこべ言わずに、正面から提示していくなら、本質的な信仰内容がわかりやすくなり、ますます喜んで感謝の祭儀に参加できるようになるだろう。

説教が、ミサのなかで行われるにふさわしいものであろうとすれば、いつも多少は秘義教話のようなものにならざるをえない。神の啓示やキリストの生涯や典礼から話を始め、今ここで祝われる感謝の祭儀につなげるのである。だから祭儀に出てくるあれこれの点に、なん度も光が当たる。たとえばアウグスティーヌスは、たびたび「スルスム・コルダ」(心をこめて神を仰ごう)(8)をとり上げ、その深い意義を示したのである。(9)古くから伝わる教父たちの説教では、たくさんの粒から成り、信者どうしの一致を描くパンに言及していた。ところでミサのなかでは説教でしか、こういう指摘ができないというわけではない。(10)

ミサ自体が最善のキリスト教教話

正しくおこなわれるミサそのものが最善の教話なのだという、すでに述べられた基本原則は、やはりそのまま通用するのである。このことはかなり具体的な意味で当てはまる。ヒッポリュトスのスタイルで伝わる古典的な形の奉献文は、内容が、使徒信条に出てくるような古典的な形の信仰告白と、ほぼそっくり重なっているからである。違うのは呼びかけの点だけである。一方の特徴は、感謝のうちに賛美や信仰告白を神に向けるところにあり、(11)他方の特徴は、信者共同体の前で、教会の前で発する証言だと、とられている。(12)

この関係が、すでになん度か指摘されたのである。それも意外なことに、よりにもよってプロテスタントがわからであった。(13)

確認されたのは、初代教会では、奉献文が信仰を伝えていくうえで、まさに唯一の主要な形だった、ということである。(14)大部分の信者が教会と接するのは、主日のミサに出ることが主になる。だから、これは将来も、信仰の本質を彼らの意識のなかに生き生きと保たせるうえで、いちばん大切なてだてになる。

それと同時に確認しておかねばならないことは、まさにミサのこととなると、あらゆる教話と説教の目的は、知識や理解することにあるのではない、ということである。行動的な参加とよばれるものが、上っ面のこととしか思われていないようなら、そんなところにあるはずもない。

目的は、信者が祈りつつ、信仰・希望・愛のうちに神に向かい、感謝の祭儀に、すなわちキリストの奉献にあずかることにある。さらにこの祈りによる参加は、キリスト者の祈りの頂点であると同時に、キリスト者の祈りの学び舎でもある。

それは祈りの頂点である。ここでは信者の集会、すなわち教会で、そのつとめのために神に召された者の指導のもとに、祈りがおこなわれるからである。まさに、大祭司キリストが特別に出席し、みずから指導しておこなわれる。こういうわけで祈りは、ここでは、かならずキリスト教的祈りの本質に、とくにふさわしい形にもなる。だから形のうえからも、キリスト者の祈りの道場になる。それゆえパウロ六世教皇は、新しい『ミサ典礼書』を紹介する一九六九年四月三日づけの『使徒座憲章』の結びで、感謝の祭儀の祈りは「大祭司イエス・キリストを通して、聖霊のうちに、……〔天にましますᅵ父に」立ちのぼる祈りである、と述べているのである。

これが、初代教会における、キリスト者の祈りの基本の型である。またこの祈りは、つねに、彼らの全生活におよび、全生活を神のほうへ整えるものである。こうしてキリスト者の生活は、キリストの生活と信念をともにするようになる。あらゆる司牧の目的でもあるこの目的に、こうして近づいていくのである。

第六章　ミサを祝う共同体

礼拝共同体の多様性

典礼はカトリック教会では、いろいろな様式の形をとって発展してきた。ミサは東方と西方で異なるだけでなく、西方教会でも長い間、さまざまな形でおこなわれてきた。こういうふうになったのは、中央からの全教会的指導というようなものが、重視されていなかったこともあり、きちんととりしきるのは、地方の所轄機関の役割だったからである。そのさい、それぞれの地方色が、言語だけでなく考えかたにも、またその土地で育てられた神学にもはっきり出てきて、思いがけないバラエティーが生じた。ビザンツ式の祈りかたは、「我等が神なるキリスト」に向かうのをとくに好み、「キリストによって」祈る昔からのやりかたを続けるローマ式のものとは異なる。またガリア典礼の美辞麗句を連ねた言いまわしも、法的にととのってはいるがそっけないローマ典礼の祈願文とは、ひと味違う。(1)

祝う人々の個性が祭儀形態に出てくるのは、当然のことである。第二バチカン公会議はそのため承知のうえで、自由になる余地を残した(『典礼憲章』40)。この自由になる余地は、ギリシア・ローマの遺産に根ざさない文化をもつ国民にとって、とくに重大なものであることがわかるようになろう。

典礼の歴史、それもローマ典礼そのものの歴史は、国民性の特色にふれるばかりでなく、その前提となる具体的な共同体にふれることにもなる。奉献文はともかく、朗読や歌にも特色がよく出ている。集会指定聖堂（スタチオ）の典礼には、その教会の守護の聖人や環境や歴史といった特色が、考慮されている。聖コスマと聖ダミアノのバジリカは、巡礼地で人気のある聖堂だった。この教会での集会指定（スタチオ）の日に朗読されたエレミヤ書7章1―7節は、特定の場所を盲信したりしないよう、巡礼者にはっきりと警告を発している。(2)所変われば品変わる。この原則も、のちになると、もはや通用しなくなった。フランク族の土地の教会は、信心がこうじて、ローマの聖堂で集会指定の日のために作った式文や朗読箇所まで、借用してしまったほどである。

そのことをめぐって、現代新たに昔からの問いかけがなされている。個々の国や個々の教区ばかりではなく、個々の教会も、すくなくともある機会にミサの共同祭儀で特色を出せれば、と思うようになったのである。主日と祝祭日のため、またもともとの聖人の祝日のために、一定の朗読が定められてはいるが、その他の点では選択の余地がないというわけではない。その他の多くの日には、一九六九年のローマ典礼暦年に見られるように、大幅な自由が残されている。ミサの式文を自由に選択でき、ある範囲内では、朗読箇所をあらためて自由に選べるのである。信心ミサや種々の目的のためのミサ(3)が豊富に用意され、事情や場合にふさわしいミサの式文が選べる。歌はもっと自由に選べる。各国ごとに、その聖歌の宝からくみ取るべきであり、この宝をさらにふやし完成させねばならない。

しかしまた個々の地域教会のなかに、グループごとに、できることなら自分たちの典礼の形をとりたいという気もちが、うごいている。

現代は、とくに子どもだけでなく成長過程にある青少年も対象とする司牧が、おこなわれるようになった。なるほど成長過程にある世代が、早いうちから教会の典礼を自分のものと知り、いっしょに参加しはじめるのは、あい変わらず必要なことではある。だが、彼らの心理状態とその時の発育度にふさわしい伝えかたの感謝の祭儀の形、すなわちミサの構成も適当に変えた形もとれる。このほうが、彼らによくわかるのも否定できない。子ども向けには、開祭はもっと単純になるだろうし、朗読は一つだけにするほうが望ましかろう、その代わりに自由な物語をするのもよいかもしれない、等々。(4)

同じ原則は、ほかのグループにも当てはめられるだろうか。各教会、各小教区には、心理的・社会的・文化的前提の異なる人々が集まっている。しかも男性と女性では、心の置きどころが異なる場合もある。ここで、ユートピアのような結末になってはならないのなら、明らかにどこかに一線を画すべきである。(5)宗教のとらえかたにおける個性が、すべてそっくり、実際の典礼で表現されねばならないこともないし、そのままミサで表現されることは、なおさら少ないはずだということを忘れてはならない。健全な宗教生活は、もっとも奥ふかい場面たる典礼を中心にして、家庭習慣や民俗習慣の枠をいつも広げてきた。そういう豊富な宗教習慣が国々でまた各地で発展し、典礼暦年の祝祭日になったのである。(6)

ミサでひとつになる共同体

主日や祝祭日は「教会」が集まる日であるから、次のことが規則であることには変わりはない。すなわちこの日には、職業・教育・社会的立場を問わず、みなで感謝の祭儀を祝うことである。所属の小教区でも、あるいは公開されていたり、なかば公開されている教会や小聖堂でも、教会法上の権利で自由に選べる所で。(7)

それはもちろんたいていの場合、知り合いでない者どうしの集会になるだろう。しかもまさに都会的状況にある小教区の教会では、いくつもあるミサのなかから自由に選べるような形にならざるをえないから、なおさらである。「小教区家族」という理想は、たまにしか達成されることがない。

しかしどんな家がらや地位の差異をも越えて、知り合いと知らない人を会合させることができるのは、まさに感謝の祭儀の力である。「もはやユダヤ人も異教徒もなく、奴隷も自由人も、男も女もない」（ガラテヤ3・28）。主の食卓をいっしょにするとき、縁どおい人や見しらぬ人も「隣人」になる。そこは、こういうキリスト教生活学校なのである。もちろん祭儀の形も、このキリストにおける一致という精神に、ふさわしいものでなければならない。そこで祭儀は、全員に向けられた宗教的なあいさつで始まる。いっしょに歌ったり祈ったりすることも、いや、みなが従うはっきりした式次第すらも、集会における一致の気もちをもりあげる。

小さな輪のミサの歴史

だからといって、せめて主日や祝祭日以外の日に、また小さなグループで自分たちだけの典礼をしてはいけない、というわけではない。古代キリスト教では感謝の祭儀が、あたりまえのように小さな輪でおこなわれていた。「家々で」パンを裂いたのである（使2・46）。しかしその後の時代にも、そういうことがひき続きおこなわれていたことを示す実例がある[8]。キュプリアーヌスは教会の感謝の祭儀のほかに、小さな輪でおこなわれる祭儀のことを述べている[9]（本書52ページ以下）。ローマには、あるローマ貴婦人の家でミサをした聖アンブロシウスの有名な実例がある。これは旅行のおりという、特別な場合ではあったが。なるほどローマでは、個人の家での典礼があった。いや、のちの聖人名を冠した教会は、一般にそのような家庭聖堂にさかのぼるらしい。そしてコンスタンティヌス帝の時代以降、バジリカ聖堂に改築されたのである[10]。

いずれにせよ、迫害のおわった四世紀以後になって、教会における見解は厳しいものになった。ラオディキア教会会議（58条）は、司教や司祭に、家庭での感謝の祭儀（プロスフォラ）を禁じている。迫害が長びいていたシリア教会の地方では、四一〇年にセレウケイア・クテシフォン教会会議が、同様の禁令を発布した（迫害終結とのつながりを、すでにずいぶん前からバウムシュタルクが主張していた[11]。

こんなことから、家庭ミサが、初期の数世紀間における急場しのぎだったということがわかる。ミサは基本的に共同体の祭儀なのであり、グループのものとは見なされなかったのである。だから、ほかの可能性が出てくれば、家庭ミサはやめなければならなかったのである。

西方諸国では、家庭での感謝の祭儀は、まったく禁じられていたわけではなかった。第二カルタゴ教会会議（四二八年）の規定第9条では、司教の許可のない[12]ような祭儀を一般に禁じることで、十分だとしていた。けれども中世の間、禁止されたり黙認されたりしながら、ずっとおこなわれていたのである。貴族の館には、たいてい家庭小聖堂が付属しており、なるべく専属の司祭もいた。トリエント公会議（第22会期）が、個人の家でミサをするのを全面的に禁じるまで、病人の住まいでミサをするのは、一般に許されていた。前の教会法典[13]は、すくなくとも、小さな教会と見ることのできる施設にある、なかば公開されている小聖堂でのミサを支持していた。

小さな輪のミサの現代化

にもかかわらずグループミサ、すなわち「家庭ミサ」のことが、新たに問えるのである。第二バチカン公会議後、いろいろな国でそれをとりいれ、奨励するうごきが生じた。すでに見たように、そのことを裏づけるには、古代キリスト教のことを持ちだしても、根拠としては不じゅうぶんである。同様にいわゆる食事の形を、ふたたび感謝の祭儀にもたせなければならないというのも、いささか無理である（本書24ページ参照[14]）。その一方でまさに大都会の事情では、小さな輪でミサをする必要性が、かつてより強まっていることは否定できない。

どんな活発な教会にも、教会生活をより強く共有し、すすんで課題をひきうけているグループがいくつかある。

彼らはまた、いっしょに感謝の祭儀をすることができれば、と思う。おたがいに通じる、家族のような気もちがあるからこそ、より熱い共感が生まれ、儀式も、教会での祭儀ではめったに出てこないほどの活気にあふれる。とりなしの祈願文や平和のあいさつを交わす儀式を、自作したりする。説教の形も自由になる。家族の何かのおりにも、同じような祭儀をもちたくなるのも、もっともである。そういう祭儀では、とくに教会や小聖堂以外でおこなわれる場合、儀式上の規定の多くが緩和されるのは、当然である（典礼の服装、ことばの典礼の形式、朗読箇所の自由な選択の点で）。

けれども、そこに集まったグループに、自由に思うままに祭儀づくりをまかせておいて、いいものではない。祭儀は、主がご自分の教会に託したもののはずなら、下から作られるものではありえない（全員が同等だということを強調するあまり、司祭の役割を押しのけようとして、奉献文を全員でいっしょに唱えた実例があげられている）[15]。またそういう具体的な状況のもとでの祭儀の経験が、教会での祭儀にとって有益であるはずだなどと思うなら、ずいぶん現実ばなれしている。そのうえ司牧にたずさわる者は、そのような祭儀が党派主義に陥らないように、また（裕福な人の家での家庭ミサにありがちな）社会的な差異を強調したりしないように、いつも注意していなければなるまい。

他方、小人数の信者しか出席しないで、いつもなら大きな聖堂にぱらぱらとしているどの週日のミサも、おそらく週日用の小聖堂に集まって「小さな輪のミサ」になることができれば、素朴ないっしょの祭儀をすることができるようになるだろう。

第七章　感謝の祭儀と教会一致

感謝の祭儀が一致の秘跡だということは、教会の歴史全体を通じて流れている確信である。この確信がいずれ弱まるというようなことは絶対ない。ひとつのパンとひとつの杯が、おおぜいを団結させてひとつにし、ひとりのキリストにする。こうして彼らは、ひとつのからだ、キリストのからだと成る。感謝の祭儀は、たがいに示しあわせて会合するような、聖なる食事などではない。キリスト自身が参加者を呼びよせ、自分の奉献に、自分の血でうちたてた契約に巻きこむのである。「教会の一致は、下から進むものではない。キリストにおいてそうなるのである。奉献されるために与えられ、会食のために与えられるキリストのからだと血にあずかるなかで、そうなる」[1]。したがって、使徒信条のなかの「聖なるものの交わり」[2]が、聖なる者たち[3]の交わりのことなのか、それとも聖なる物[4]（とりわけ聖体のことを念頭においているに違いない）によって作られる交わりのことなのか、どちらかに決めていないのは偶然ではない[5]。キリストのからだの交わり（交わりの儀の会食）によって、それに参加する者どうしの交わりができるからである。また同様に、いつも教会を示すのに使っている「神秘体」という名称は、そもそも聖体の秘跡のことを表わすのに用いられていたことも、別に偶然ではない[6]。

またそれゆえどの典礼でも、ミサは、つねに共同体の祭儀だと受けとられ、そのように形成された。教会の役職担当者が、集会の座長をつとめる。彼は会衆にあいさつして祈りに招く。会衆の名において、すなわち複数形で祈りを唱え、アーメンと同意してくれるのを待つ。

地方の教会は、ただ一つの祭儀に集まることに、当初から熱烈な関心を示した。アンティオキアのイグナティオスは、「ひとつのエウカリスチアをおこなうように務めよ」という原則を申しわたしている。(7) のちの時代になっても、これが忘れられることはなかった。集会が大きくなったために困難になった所では、それに代わる解決策を講じて、原則を守ろうとした。

一つの方法は「フェルメントゥム」(パン種)であった。これはローマ教区内で、司教がきまった日に、聖別されたパンの一片を、小教区の主任司祭のもとへ送る儀式であった。司祭たちは、各自のミサで交わりの儀の会食の前に、この聖別された一片を杯に入れた。そして小教区共同体一丸となり、ひとつの秘跡で司教と結ばれていると思うのである。

もう一つの方法は「集会指定聖堂のミサ」であった。ローマやほかの都市では、中世初期のころ、巡回典礼がくり広げられた。司教が受けもち区域内の各地で、信者を集めては、感謝の祭儀をおこなったものである。このアイデアは現代に、しかも大がかりに復興している。教皇がローマ教区の各小教区教会のみならず、世界各地の大都市で、ミュンヘン、ボンベイ、ボゴタ、メルボルンで、(8) 信者を集めて感謝の祭儀をしているのである。

けっきょくは、この秘跡に――第三奉献文の述べているように――絶えず民を集めておいでになるのは、神ご自身なのである。神の名において「日の出る所から日の沈む所まで清いささげものが供えられるために」。

感謝の祭儀は一致の秘跡である。このことを第二バチカン公会議はいろいろな箇所で力説してきた。「聖体のパンの秘跡によって、キリストにおいてひとつのからだを構成する信者の一致が、表わされ実現する」(9)(教会憲章3)。「聖体のパンを裂くとき、われわれは……主との交わりと、われわれ相互の交わりにまで高められる」

(同7)。「祭壇を囲むそれぞれの共同体において……神秘体の一致と愛の象徴が示される」(同26)。それは、信者相互の一致と愛のことなのである。

『エキュメニズムに関する教令』は、痛ましい事実を直視している。キリスト教徒と呼ばれるすべての人とともに、この一致の秘跡をおこなうことができないことである。いっしょに祈るような、秘跡以外の共同礼拝行為は勧められている。しかし秘跡をともにすることは、[11]それとは区別されてしかるべきである。「主として次の二つの原則に依存している。すなわち、それが表現すべき教会の一致と、恩恵の手段への参与とである。一致の表明は概して共同参加(秘跡をともにすること)を禁ずる。恩恵を受けるための配慮は、ときには共同参加(秘跡をともにすること)を勧める」(同8)[12]。

一致の表明が、分かれた宗派と無条件に秘跡をともにすることを、無理なものにしている。この原則は、秘跡の本質と教会の絶えざる伝統にかなうもので、とくにはっきり初代教会の文書に出ている。共同の感謝の祭儀は、共通の信仰、しかもこの信仰の告白を前提している。感謝の祭儀に参加できたのは、交わり(コムニオ)に属していた者だけである。当時交わりといえば、もっぱら司教のまわりに集められた見える教会をさすことがよくあった。「したがって交わりとは、信者ととりわけ司教たちを団結させてひとつのカトリック教会にする、一致のきずなのことである。これは信仰や信念がいっしょだというだけのことではない」[13]。

同じ感謝の祭儀に参加することは、教会がいっしょだという、見えるしるしであった。異端の司教や司祭から聖体を受けることは、その異端を受けいれるに等しかった。アリオス紛争時代には、これを裏づける実例がたくさんある[14]。大グレゴリウスは、アリオス派の王レオヴィヒルドの息子でカトリック教徒のエルメネヒルドの話を伝えている。典礼暦刷新以前には、四月十三日が彼の記念日であった。[15] 彼の父は、復活祭の夜、投獄されている息子のところにアリオス派の司教を行かせ、その手から（神聖を汚す聖別による）聖体拝領をさせようとした。エルメネヒルドは受けることを拒んだ。カトリック教会との交わりに、背くことになるからである。だから、復活祭のミサの会食さえ、断念したのである。

プロテスタント学者ヴェルナー・エーラトは、同じ意味で「古代教会の典礼集会は、非公開の閉鎖的なものである。ましてや聖餐式への参加は、きわめて厳格に、聖徒たちだけに制限されている」ことを確認している。[16] これを裏づける根拠は、内規制度[17]にではなく、「不浄な者が聖なるものに寄りつかないようにすること」にある。[18] したがって「聖なるものを聖なる人に[19]」という、東方典礼に今も残る司式者の指示は、この受けとめかたをそのまま反映している。「謬説を説く教師から離れるように、新約聖書書簡（すでにロマ16・7）や黙示録で、しばしばイグナティオスによって、そうとう厳しく教えられていた。このことが、まず第一に聖餐式を含む典礼に関わるものであるのは、もちろんである[20]」。

無条件に秘跡をともにすることについては、エーラトは次のことを確認している。「これは、ふたたび教義を同じくする、すなわち信仰告白を一致させることを前提とする、教会間の完全な交わりがあるときにしか、できないものである[21]」。そして古代教会における聖餐式をとりおこなう共同体に関する章の結びで、次のことを明確にしている。「キリスト教徒は、ある教会の聖餐式に同席することで、この教会の信条も自分の信条だと表明することになる。異なる二つの信条に同時に同意するわけにはいかないから、信条の異なる二つの教会で聖餐を受けることはできない。にもかかわらずそうする人は、自分の信条に背くか、およそなんらの信条もないかの、どちらかである[22]」。

正教会はこの立場を、厳格にこんにちまで守ってきた。

カトリック教会は第二バチカン公会議で、もっとゆるやかな方針をうち出した。すなわち「恩恵を受けるための配慮」が、緊急の場合に適用できる原則として、承認されるのである。それを裏づけるのが、秘跡は障害をおかない者に恵みをおよぼすという、神学的洞察である。また、できるものなら助けたいとすすんで思う、キリスト教的な愛の気もちである。

公会議の教令の施行規則文書『エキュメニズムに関する指針』[23]は、有効な司祭のつとめと有効な秘跡を有する、東方の分かれた諸教会については、一定の条件づきで正当な理由から（そうしなければ、あまりにも長いこと秘跡を受けられないままで、主日の義務を果たせなくなる場合）、典礼に参加し、交わりの儀の会食もしてよい、と定めている。

宗教改革に由来する諸宗派に対しては、そうしたあゆみ寄りはできない。共同でことばの典礼をして、いっしょに祈りかつ歌うことはできるし、奨励されてもいる。有効な司祭のつとめという基盤を欠くプロテスタント諸教派の聖餐式に、カトリック信者が参加することは、考えられもしない。

反対に、カトリックの考えかたを認めているなら、自分の宗派の聖職者の世話を受けられない分かれた兄弟（受洗した非カトリック信者）にも、死の危険やひどい困難の場合にのみ、聖餐が与えられうる（55条）。このゆるやかな解釈ができるのは、これら諸教派の所属者もまったく教会の外にいるわけではなく、第二バチカン公会議がはっきり認めているように、これら諸教派も教会的要素を有し、「教会」とよべるからにほかならない。

そのため原則は、非常時にのみ例外を認めるわけだが、ここでもその点は変わらない。すなわち感謝の祭儀は、カトリック教会という共同体にすでに属し、だからしてカトリック信仰をもそっくりそのまま告白する人々の、共同祭儀なのである。そのうえ教会内部でも、ふさわしく参加するためには、ほかにも条件が満たされねばならない。すなわち周知の犯罪者は、秘跡にあずからせてはならないし、償いを済ませていない内密の罪びとは、自分からさし控えるべきだということである。それゆえ「聖なるものを聖なる人に」ということは、西方諸国のカトリック教会でも守られているのである。

キリスト教界の分裂克服への熱望が、エキュメニカル運動の発端となった[24]。そこで、実践で[25]、すなわち各宗派の境界を越えて合同で聖餐をおこなうことで、この分裂がせめて部分的にでも克服できないものだろうか、ということが問題となった。これは、合同聖餐の問題である[26]。

これはまず、プロテスタント諸教派間で提起され、一九五二年ルントで開かれた「第三回信仰職制会議」で議題にとり上げられた。一九六三年モントリオールでの第四回会議では、見解の相違を確認せざるをえなかった。ある意見は、信仰における一致が前提だと主張し、別の意見は、キリストはすべてのキリスト者をご自分の食卓に招いているということを主張した。

議論を進めるうちに、いたる所に浸透した典礼運動のおかげで、さまざまな諸教派が、まだ別々にではあるにせよ、以前より熱心に聖餐式を行っているという事実のなかに、たしかに協調の芽ばえが見られるようになった。聖餐の解釈をめぐる合同声明を作ろうとする人がいる。キリストへの、また啓示の最重要教義への、共通の信仰を強調する人がいる。洗礼は聖餐を受ける資格を授けるものだと主張する人もある。ある人は、正教会とカトリック教会との間では、教会がいっしょになっていなくても、相手の教会で交わりの儀の会食をすることがある範囲で認められていることに、言及する。しかし聖職者というものが無いことから来る困難を見る人もある。事実上いっしょに行われるだけの感謝の祭儀は、一致しているように見えるだけだとわかる人もある。

これはすべて、とりわけ世界教会協議会（ＷＣＣ）の一九六九年ウプサラ大会で検討された観点である。けれどもこの会議でも、もっと自由なプロテスタントの見解のほかに、目下のところ越えられそうもない限界をここに見る「カトリック的」見解があり、プロテスタント諸教会に深く浸透していることを、確認せざるをえなかった。

前述の論議はすべて、ひとつのエウカリスチアを求めるあこがれを、よく示している。このあこがれは、カトリックがわでも劣らず根づよい。布教地や他宗派の間に散在している土地では、諸宗派と隣同士にもなり、いっしょにやっていくうえでも、倍もつよく感じられる。だがこの願望は、あい変わらず本質的な前提条件がそろわないうちは、かなえられることはない。

洗礼が感謝の祭儀にあずかる資格を与え、キリストがご自分の食卓に招いているというのは、そのとおりである。しかし感謝の祭儀の食卓は、キリストの教会のなかに、カトリック信仰と使徒職を有する教会のなかにある。そのため、ミサのなかでも感謝の典礼は、神のことばを聞き、信仰をもって受けとめてからでなければ、おこなわれない。感謝の典礼自体に一致を目ざす原動力があるのは、そのとおりである。だがそれは、すでにあらかじめ信仰によってひとつになっている者たちの一致なのである。感謝の典礼において、愛が強められ、もっと深い一致へのあこがれが増すのである。

奉仕のための制度や教義上の本質的な対立を度外視し、小さな輪のなかだけで既成事実を作って、一致をむり強いしてみたところで、見こみはない。そんなことをし出かす者は、預言的な行動をすることにはならず、自分の教会から自分を切り離すことになる。同じ理由で、まず手はじめに小教区レベルの各地で一致をもたらそうとしても、できそうにない。

感謝の祭儀をいっしょに行うためには、いくつかの主要教義への信仰や、感謝の祭儀そのものへの信仰に関する共通の式文を作成するだけで、十分なはずはない。これでよしとしようとする者は、残りの教義が大したことのないものだと表明するようなものである。正統な実践というものを、正統な教義の代わりにすることはできない。

プロテスタント諸教会に対しては、他の信仰上の問題点が清算されても、司祭のつとめの問題が、いちばんの難問として残る。使徒継承なしにそういう職務を制定することができるものだろうか。これは、カリスマによる委任や意向による職制で、取って代われるものだろうか。[27]

東方の正教会のように、信仰の一致と有効な司祭のつとめが存在する場合には、分裂という最後の傷が残る。ここでもそのものずばり聖餐をともにすることは、分裂の概念そのものからしてありえない。しかしカトリック教会は、奉仕のための制度を傷つけていることに、上級レベルで抗議し続けながら、限られた枠内で聖餐をともにするのを認めることができた（二国間で大使を召還しておきながら、相互に国交を維持しているのと同じ情況である）。すでに連合への交渉が進められている、他の分かれた諸宗派や諸集団とは、明らかに同様の態度がとれることだろう。もちろんこういう交渉は、あらかじめ信仰が一致していることを前提するからである。

「限定された（他宗派に）開かれた交わり」を考えるのにあと一歩、というところまで来ている。カトリック教会にしてみれば、他の宗派に属していて去ることができるとは思わない（たとえば個人の改宗へのためらい）キリスト者個人に、一定の限度で交わりの儀の会食をさせていいものかどうか、ということである。これは、司教の賢明な決定にゆだねられる場合である。[28]

むすびに

ミサの教義の歴史を考察し、またその典礼上の形や司牧上の扱われかたを展望していくと、さまざまな形をした変化に富む光景が見えてくる。絶えず新しい出発点、新しい見かた、新しい強調点、新しい問題が出てくる。それは、キリストがご自分の教会に託した秘義の豊かさによるものである。

キリストにおいて、神は人間に対して身をかがめた。神人は、地上の生涯の最期に、天と地を和解させる自分のしごとを、この簡潔なしるしでしめくくった。そしてこのしるしを、ご自分の教会に託した。いつまでも教会はこれをにない、キリストが不断にそばにいる保証とし、教会生活の中心とするのである。

だからこのしるしを守り、かつ形成していくことは、教会のつとめなのである。形見への畏敬の念をこめて、忠実に、またこのしるしを囲んでつどう人々への思いやりをもって。

それとともに、感謝の祭儀という聖なるしるしは、さまざまな緊張にさらされてきたのである(1)。汲みつくせない神秘と、人間の理解力で解明し、解説することもできるはずのものであることとの間に、緊張がある。だから時には、畏敬の念に満ちた隔たり、神聖な言いまわし、昔から受けつがれた曖昧模糊としたシンボル、出しゃばりな研究への反感がある。他方では、明瞭さを求め、不可解な儀式や典礼文に反発し、魔術に見えるものを苦手とするのである。

内なるものであることと、公然と告げ知らせるものであることとの間に、緊張がある。これほどまでに深く人の心をうち、呼びさますものはない。神が身を低くしたことへのおどろき、感謝の気もちと愛、心からの奉献、救い主の死の奉献に参加する覚悟。けれどもまた、主の死は、公然と告げ知らされねばならない。秘義は、教会にゆだねられている。そして教会のつどいのなかで祝われるべきものである。

さらに教会のなかには、みなを結ぶ共同体と、奉仕のための制度による管理との間に、緊張がある。みなが神の恵みをいただく者であり、みな同じ主の食卓の客である。政治制度における万人の同権が打ち出されている時代には、万人から全権をゆだねられているわけではない人が先頭に立つのは、我慢しにくいことでしかない。しかしまたキリストは、十二人だけからなる団体を集め、彼らにだけ委託したのである。

さらに、貧しさと豊かさの間に、緊張がある。一方には、始めからの貧しさのみならず、わざわざ望んでの貧しさと質素もある。およそ、はでな言葉や衣装、音楽や演劇を持ちこむのをいやがる。そしてまた他方では、地上のあらゆる富と、人の心にやどるあらゆる芸術を持ちこもうとする。感謝の祭儀にはあらゆるものを自分に引きよせる磁力のようなものがあるらしい。

そして自由に祈りをあふれ出させ、預言的に話し、時と事情に合う典礼の形をいつも新たに創作していくがわと、伝統や法と秩序を強要するがわとの間に、緊張がある。一方には、堅苦しくなる危険がある。他方には、すぐ古くさくなって飽きたり、雑になったりする危険がある。

ミサをするのに理想の形は、広い場所で一緒くたにやるにせよ、すべての違いに合わせて別々にやるにせよ、けっして見つかることはあるまい。あらゆる要求をみたすミサの形など、上からも下からも出来るわけはない。それは永遠に果たしえない課題である。できることといえば、絶えず接近していくこと、歩み寄ることでしかない。

にもかかわらず、あらゆる構想やあらゆる解決への努力には、不変なものが一貫している。二千年来、神の民は、世代から世代へ、キリストが十字架でささげた奉献の秘跡に集まるのである。あらゆる世紀を通じ、人々はそのおかげで立ちなおり、勇気を奮いおこしてたいへんな放棄をし、大仕事をし、黙々と毎日の責任を果たしてきたのである。ミサは、「なん世代もの人々のうえにおよぶ十字架の力である。彼らを丸ごと、全信仰と愛のすべてとともに、すでにあらかじめ配役のきまっている受難というドラマに巻きこむのである」(2)。このドラマは、キリストが万物をご自分に引きよせる過程である。この過程は、キリストの再臨の時まで続くのである。

解説

――J・A・ユングマンの生涯と著作――

土屋吉正

司祭叙階まで（一八八九～一九一三年）

ミサの歴史と神学に関する研究家の第一人者として著名なヨゼフ・アンドレアス・ユングマン神父は、一八八九年十一月十六日、オーストリア南ティロールのザント・イン・タウファース（第一次世界大戦後イタリアに帰属）に村長の息子として生まれた。一八九五年からザント村の小学校で初等教育を受けた後、一九〇一年からブリクセンの教区立中・高等学校（ギムナジウム）に学び、一九〇九年には、ブリクセン教区神学院の司祭養成課程に進学した。一九一二年、同神学院在学中の最後の夏季休暇中に、オーストリアにおける典礼運動の指導者、ピウス・パルシュに初めて出会っている。

翌一九一三年七月二十日から二十五日まで、ボイロンのベネディクト会修道院で司祭叙階前の黙想をし、すでにイエズス会に入会していた兄フランツとともに同年七月二十七日インスブルックで司祭に叙階され、故郷ザントに帰って二十九日には二人そろって初ミサを祝った。

典礼の実践と神学の基礎研究期（一九一三〜一九二五年）

二十四歳で叙階された若年司祭ユングマンは、ティロール地方の農村で二つの教会の助任司祭を歴任した。そのころから、主日の典礼集会を通して教会の司牧実践に全力を注ぐことに専念しようとしたが、若い世代が工業地帯に稼ぎに出るような社会の変動とそれに伴う教会司牧の諸問題に関心を持ち、哲学や神学の研究を深める必要を強く感じ、兄の後を追ってイエズス会に入会することを決意し、司教に許可を願って一九一七年九月二十三日からラファンタールの聖アンデレ修道院でイエズス会の修練を始めることになった。

翌年の九月からはインスブルックの神学院に移り、大学で神学の基礎となる哲学の研究を始めながら修練を続けることができた。一九二〇年四月十七日には初誓願を立て、さらに三年あまり神学の研究を続けた。一九二三年十月二十七日、恩恵論に関する論文により神学博士の学位を受けた後、ミュンヘンで教育学、ウィーンで宗教教授法と教話学も専攻した。こうして、受肉した神の子キリストの始めた福音宣教（ケリュグマ）を受け継ぐ使徒伝承の教会の実践が、キリストの生涯におけることばと仕事を宣べ伝えることにあることを明らかにするという、ユングマンの生涯の使命を果たすための基礎が築かれたのである。

初期の研究成果と重責負担期（一九二五〜一九三五年）

一九二五年十一月十四日には、大学教授資格論文として『典礼式文におけるキリストの位置』(1)と題する典礼神学の論文を発表するとともに、同学期からインスブルック大学神学部で実践神学の基礎論と教話学を開講した。翌一九二六年度からは毎年典礼神学の「ミサ典礼」を開講することになり、同時に神学に関する季刊誌『カトリック神学研究誌』(2)の編集長に就任した。その翌年には、諸大学の神学部や研究所などとの交流を深めるため、ブレスラウにデルガー教授、ボンにバウムシュタルク教授を訪れ、ファルケンブルクのイエズス会神学院やマリア・ラーハのベネディクト会修道院を訪問している。

一九二八年九月から一九二九年七月までは、イエズス会の習慣に従って仕事から離れ、第三修練期を採り、フランスのパレルモニアルにひきこもっている。この期間にみ心の信心の正しい評価と限界、回心とゆるしの秘跡の実践の変遷など、教会の最も内的な霊性の問題を歴史的な研究を通して祈りのうちに深めている。

一九三〇年、インスブルック大学神学部助教授に専任される。一九三二年二月二日には盛式誓願を立て、同年、『ラテン典礼におけるゆるしの秘跡実践の歴史的展開』(3)を刊行。一九三四年、インスブルック大学神学部教授となり、一九三五年まで神学部長を務めた。

教会内外からの試練・迫害・疎開期(一九三六〜一九四五年)

一九三六年、助任司祭就任以来の課題であった「よい知らせであるはずの福音が、どうすれば現代社会の人びとにもっとよく伝わるようになるか」についての歴史的考察をふまえた刷新の提案が、『福音と宣教』(4)と題する一冊の書物として世に問われることになった。この著書は、現在では当然なことを述べたものであるが、当時としては現実があまりにも鋭く批判される結果になったので、教会当局から懸念の声が上がり、発行停止の処置が採られることになった。後に第二バチカン公会議が始まってから、筆者は典礼刷新に関する指導を仰ぐため、たびたびユングマン神父を訪ねる機会に恵まれたが、ある時、師はこの本の発行停止になったころのことを述懐して、筆者に語られた。「この本は、教会当局から発行禁止の処分を受けたことはないが、店頭に置かれていたものはみな回収されることになった。しかしそのために、かえって読んでもらいたかった教会関係者に読まれることになったのも事実である」と。

他方、一九三八年七月二十日には、ナチスの進駐によって突然、大学神学部が閉鎖となり、ユングマンは、急遽イエズス会神学院院長に就任し、冷静な判断で賢明に対処する重責を果たした。こうして、同年九月にはナチス軍による神学部教授の即時退去命令を受けて、神学部の建物はナチス軍傷病兵の医療棟となった。

一九三九年、ドイツ司教協議会より、ドイツ語圏の典礼運動共同指導委員に任命されてウィーンに移り、ミサの実践神学史的解明の仕事を始める。その「ことばの典礼」に関する部分は、祭儀構造全体の理解のために重要なので、まずそれが『典礼祭儀』(5)と題する一般向きの小冊子として発行された。さらに一九四〇年には、ドイツ司教協議会の典礼委員に任命されている。そのころまでに前述の『カトリック神学研究誌』に発表された典礼の形成に関する諸論文は一冊に集められ、翌年『典礼形成』(6)と題して出版された。当時の典礼運動を健全なものに導くために、この書物は大きな役割を果たすことになった。

やがてナチスの官憲によって宗教関係文書の公刊も禁じられ、一九四二年から一九四五年までの約三年間、ユングマンはウィーンを離れ、聖ペルテナー学校教育修道会の付属教会担当司祭として、ハインシュテッテンに疎開することになった。このころはどこでも、食べ物にも事欠く毎日であったが、これもユングマン自身が筆者に語られた言葉であるが、「ジャガイモのことはシスターに任せ、毎朝そのシスターたちのためにミサを司式すること以外は、もっぱらミサの歴史を書くことに没頭することができた。それは、わたしの計画を知って、典礼に関する重要文献の疎開も兼ねて、友人知人の研究仲間からわたしの仮住まいに輸送されて来たミサに関する豊富な文献を網羅することができたお蔭である。」確かに当時、すでにミサに関する歴史的な研究資料はほぼ出そろっていた。ユングマンはその資料を実践神学的に再考察し、教会の実践の中心にあるミサ全体の歴史的反省として集大成したのである。

第二次世界大戦後のユングマンの活動とその成果（一九四五～一九六〇年）

一九四五年八月二十一日、オーストリアに進駐したフランス軍により、インスブルック大学神学部の建物はすべて返却されて、大学復興への道が開かれた。幸いにもその時、ユングマンの主著となるべき『ミサールム・ソレムニア』全二巻(7)の原稿はすでに完成していたのである。ユングマンは直ちにインスブルックへの帰路に着いたが、その途中、首都ウィーンのヘルダー（出版社）本社に立ち寄った。非常に重たいトランクの中には、大著の原稿がぎっしり詰まっていた。これを見た社長ヘルダーは、これも著者自身の言葉によると、「当社はナチスからの迫害によって大変痛めつけられておりますので、いつ出版の運びとなるかは見当がつきかねますが、神父さんとは『カトリック神学研究誌』などのことで一九二六年以来の長いお付き合いですので、喜んでお引き受けいたします」と快く受け取ってくれたということである。こうして出版までには約三年の月日を要し、一九四八年になったが、間もなく英・仏・西・伊・蘭の五か国語に翻訳され、原著は五版を重ね、ヘルダー社の復興にも寄与することが大きかったと言われている。

一九四九年には、アメリカ合衆国インディアーナ州ノートルダム大学における夏期典礼特集講座に招かれ、初代教会からグレゴリウス一世に至る初期教会の典礼形式について、豊かな内容をもつ総合的な連続講演が六月から八月まで行われたが、それは『初期の典礼』(8)と題してまず英語で一九五九年に出版され、ドイツ語版はやや遅れて一九六七年に、スイスのフリーブルク大学出版部から発行された。

一九四九年十一月に還暦を祝ったユングマンは、多くの知己、友人や教え子から還暦にあたって献呈論文を受け、『還暦記念論文集[9]』が一九五〇年に発行された。その年から一九五六年まで礼部聖省の顧問を勤めた。同時に、一九五〇年はフランクフルト、一九五五年はミュンヘン、一九五六年はアジア、一九六四年はマインツにおける聖体大会を企画指導している。同時に、一九五二年から一九五三年までインスブルック大学神学部長、一九五三年から一九五四年まで同大学学長を務めている。同時に、信仰に関する教話の任務とその方法論について『教話学[10]』を執筆、一九五三年に刊行している。さらに一九五四年には、『感謝の典礼の奉献文[11]』と『共同体の奉献としてのミサの意味[12]』が出版され、感謝の祭儀の正しい理解と実践の普及に大きく寄与した。一九五六年には、神学部名誉教授に上げられたが、一九六三年まで特遇教授として教え続けた。その間、同時にインスブルック国際神学院（カニジアーヌス）の院長を勤めた。

一九五九年には、七十歳誕生記念献呈論文集『パスカティス・ソレムニア[13]』を受けるが、ユングマン自身も出版活動を続け、教会建築・芸術に関する『カトリック教会のシンボル[14]』を著し、また『カトリック神学研究誌』に発表したその後の論文を整理して、『典礼の遺産と現代の司牧[15]』と題する論文集を刊行した。

第二バチカン公会議の準備期・開催期・刷新実施期（一九六〇年以降）

一九六〇年八月二十五日、ユングマンは第二バチカン公会議準備委員に任命される。その委員会の歩みの中で、ミサに関する小委員会の代表となり、典礼に関する専門委員となり、典礼に関する議案（『典礼憲章』）の草案起草に大きな貢献をした。公会議が開催されると、一九六二年十月、典礼に関する公会議専門委員に任命され、『典礼憲章』に関する議事進行にもかなりの役割を果たした。一九六三年十二月八日『典礼憲章』が発布されると、翌一九六四年一月結成された典礼憲章実施評議会の評議員に選ばれ、三月にはその顧問とされ、『典礼憲章』の基本方針を具体化する各種典礼儀式書の規範版の編集にまで、大きな影響を与えた。

このような多岐にわたる部門全般に関わる典礼憲章実施評議会顧問の任にありながらも一九六七年四月には、アジア国際教話学大会に参加し、一九六八年十一月には、チューリヒで開かれた典礼式文エキュメニカル合同研究会に協力している。そのかたわら、一九三九年発行の『典礼祭儀』を大幅に改訂した『ことばの祭儀』[16]を一九六五年に刊行して、広く信者の典礼理解と典礼参加の向上に尽くしている。

また一九六九年には、キリスト者の祈りと信心のあり方を歴史的に展望させる『変遷の中に永続するキリスト者の祈り』[17]が発行された。同年十一月十六日には八十歳の誕生日を迎えたが、この日を記念して『カトリック神学研究誌』は記念論文集を特集している[18]。一九七〇年には、『神の民の中のミサ ― 公会議後の見通し ―』[19]が出版されたが、そのころからユングマンは視力の衰えを訴え始めている。そして一九七五年一月二十六日インスブルックにて帰天した。

最後の著作『ミサ』の現代的意義

前述のように、ユングマンは一九五六年から一九六三年までインスブルック国際神学院の院長を勤めたが、それ以前にもアメリカ合衆国をはじめ、カナダ、イギリスなどの英語圏の司祭志願者の留学生を教え、中にはインド、韓国などのアジア人や、アフリカからの留学生も含まれていた。彼らにとってすでに使徒の時代からグレゴリウス一世の時代までの典礼の基本形成を知るためには恰好の良書である前掲の『初期の典礼』があったが、ミサの神学に関する総合的な書物はなかった。ユングマンは英語圏の門下生の要求に応えて、ミサに関する諸問題を歴史的、神学的、典礼的、司牧的観点から総合的に考察することを試みた。一九七六年、アメリカ合衆国ミネソタ州カレジヴィルのベネディクト会修道院所属典礼出版社から『ミサ ― 歴史的・神学的・司牧的総括 ―』(20)という一冊のユングマンの著作が出版された。翻訳者はイエズス会司祭ジュリアン・フェルナンデス（Julian Fernandes インド出身）、校訂者はメアリー・エリン・イヴァンス（Mary Evans）となっている。

さて、V・ワルナッハの『キリスト秘義と救いの歴史』の翻訳者の一人である福地幹男神父は、一九七九年以来ユングマンのこの書物を英語から翻訳し始めた。著者ユングマンがドイツ語ですでに出版した他の著作の中で、本書と内容の重複している部分は、極力ドイツ語の原文を参照して訳された。その後、上智大学神学部教授P・ネメシェギ師の校閲を仰いで、指摘された箇所に検討を加えた。しかし、特に公会議後に書かれたユングマンの小冊子と比較すると、その内容の相違と表現の隔たりが目立っているので、ユングマンの自筆の原文から訳す必要に迫られた。筆者は、一九八七年インスブルックを訪れたとき、典礼研究所のユングマン文書資料保管室に、ユングマン自身がタイプした原稿が保存されていることを発見し、本書と比較して、これが原著者の原稿であることを確認し、全文の複写を日本に持ち帰ることができた。資料保管室に保存されていた原稿には、「一九七〇年待降節、インスブルックにて」と記されたユングマン自身の序文が付いている。六年後に出版された英訳には、それは省かれ、校訂者の序文だけが掲載されている。

＊＊＊＊＊＊＊＊＊＊

福地神父は原著者のこの原稿に基づいて一言一句ドイツ語原文に当たり、原著者の序文を含む本著の完訳がこのほど完成され、出版されることとなった。翻訳者は、一九九一年八月二十六日から二十八日まで名古屋の日本カトリック研修センターで開かれた現代典礼研究会の研究会で、既にその第二部「ミサのこころ」を紹介した。この解説は、その際発表された著者ユングマンの生涯と著作に関する原稿に加筆し、『現代の典礼』創刊号に掲載されたものである。本書によって現代の日本にも、「時代を越えた典礼の本質の堅実な姿が印象深く輝き出て来る」ことを望んでやまない。

注（この注は、J・A・ユングマンの年代順の主要著書目録をなす）

(1) Die Stellung Christi im liturgischen Gebet, 1925
(2) Zeitschrift für Katholische Theologie（カトリック神学誌）一九二六年から一九六三年まで編集長
(3) Die lateinischen Bußriten in ihrer geschichtlichen Entwicklung, 1932
(4) Die Frohbotschaft und unsere Glaubensverkündigung, 1936
(5) Die liturgische Feier, 1939
(6) Gewordene Liturgie, 1941
(7) Missarum Sollemnia, 1948
(8) The early liturgy, 1959（Liturgie der christlichen Frühzeit bis auf Gregor den Großen, 1967）
(9) Die Messe in der Glaubensverkündigung, 1950（還暦記念論文集）
(10) Katechetik —— Aufgabe und Methode der religiösen Unterweisung, 1953

(11) Das Eucharistische Hochgebet, 1954
(12) Vom Sinn der Messe als Opfer der Gemeinschaft, 1954
(13) Paschatis Sollemnia, 1959（七十歳誕生記念献呈論文集）
(14) Symbolik der katholischen Kirche, 1960
(15) Liturgische Erbe und pastorale Gegenwart, 1960
(16) Wortgottesdienst, 1965
(17) Christliches Beten im Wandel und Bestand, 1969
(18) Zeitschrift für Katholische Theologie, 91 Heft 3, 1969
(19) Messe im Gottesvolk —— Ein nachkonziliarer Durchblick, 1970
(20) The Mass —— an historical, theological, and pastoral survey, 1976

付記

ユングマンの生涯と著作に関するこの解説をまとめるに際して、最も貴重な資料となった書物は、亡くなって一年も経たずに、すなわち亡くなったのと同じ年一九七五年に出版された左記の書物である。

B. Fischer-H. B. Meyer 共著 J. A. Jungmann — Ein Leben für Liturgie und Kerygma —
（B・フィッシャー H・B・マイヤー共著 J・A・ユングマン — 典礼と宣教のための生涯）

Rom", VigChr 23 (1969) 264-272
(11) A. Baumstark, *Vom geschichtlichen Werden der Liturgie* (Freiburg 1923) 8
(12) inconsulto episcopo
(13) CIC 1188-1196条(『新教会法典』932条は、「感謝の祭儀(ミサ)は聖なる場所において挙行されなければならない。ただし,特別な場合,他の場所が必要とされるときはこの限りでない。その場合には,ふさわしい場所で挙行されなければならない」と定めている)
(14) 食事の形をめぐる例証はJ. H. Emminghaus, "Hausmesse", ThPrQ 117 (1969) 314-326の綿密な検討の結果しりぞけられた。彼自身は家庭ミサを支持してはいるが。
(15) B.D. Marliangelas, "Reflexions sur les messes de petites groupes". Maison-Dieu (1969, 4) 130-138

第四部第七章　注

(1) H. Fries, *Aspekte der Kirche* (Stuttgart 1963) 105
(2) sanctorum communio
(3) sancti
(4) sancta
(5) J.A. Jungmann, ZKathTheol 50 (1926) 211-213
(6) H. de Lubac, Corpus mysticum. L'Eucharistie et l'Eglise au moyen-âge ([2]Paris 1949)
(7) Philad. 4
(8) 東京,長崎,ソウル:訳注
(9) repraesentatur et efficitur
(10) communicatio spiritualis
(11) communicatio in sacris
(12) W. Becker, LexThK, Konzil v.2 (Freiburg 1967) 11-126
(13) L. Hertling, "Communio und Primat" Miscellanea hist. pont. v.7 (Rom 1943, 1-48) p.6
(14) Hertling, loc.cit. p.8-10
(15) Dial.3.31, PL 77:292
(16) W. Elert, *Eucharist and Church Fellowship in the first four centuries* (St.Louis 1966) ch.9
(17) disciplina arcani
(18) ibid.
(19) Sancta sanctis
(20) ibid. ch.9
(21) ibid. ch.13
(22) ibid. ch.14
(23) ActApS 59 (1967) 574-592
(24) その歴史についてはY.M.J. Congar, LexThK[2] 7 (1962) 1128-1137. 最近の進展については多数の雑誌に報告がある.
(25) per viam facti
(26) A. Marranzini, "L'intercommunione problema teologico ed ecumenico", Rassegna di Teologia 10 (Naples 1969) 153-173; L. Renwart, L'Intercommunion, NRTh 92 (1970) 26-55
(27) ministerium in voto
(28) Decr. de Oecum., art.8: prudenter decernat auctoritas episcopalis localis

結び注

(1) Ch. Journet, *La Messe* (Tournai 1957) 315-317
(2) ibid. 96

igung der alten Kirchen in ihren Grundzügen", Die Messe in der Glaubensverkündigung, 2.Auflage (Freiburg 1953) 55-70

(6) このような形で改造せざるをえなくなった感謝の祭儀の教話は、個別の研究対象である。H. Fischer, *Eucharistiekatechese und liturgische Erneuerung*, Rückblick und Wegweisung (Düsseldorf 1959; Innsbruck 神学部での学位論文). J.Rodriguez Medina, *Pastoral y Catequesis de la Eucharistia*, dimensiones modernas (Salamanca 1966). Hofinger, *The Good News and its Proclamation*. Post Vatican II Edition of the Art of teaching Religion (Notre Dame 1968) 182-189

(7) そういう議論の一つは,「パリ司牧典礼センター (Pariser Centre de Pastorale liturgique) 主催の学会で行われた。これについては, La Messe et sa Catechêse (Paris 1947) 154-179; 304-311 で報告されている。その中で Abt B.Capell (1961年没) は、奉納の儀を,「ミサの一部分に過ぎない, 他の部分とは無関係に成り立つもの」(acte partial mais qui serat absolu) ととるべきではなく,「それだけで全体的であり, ミサ全体に関連し依存している行為」(acte total mais relatif) と見なさなければならない, と力説した (172)。そしてこの点をほりさげ, 奉納の儀は信者の自己譲渡を象徴するものだと説明すべきではないとした。この見解は討議の中で痛烈に批判された。じゅうぶん解明するにいたらなかったおもな理由は, 教会の奉献とキリストの奉献との関係が, 明確にされていなかったことにある)

(8) Sursum Corda (とくに *Sermo*. 227, PL 38: 1100-1101 にくわしい)

(9)『十二使徒の教え』ディダケー 9・4 にすでにある

(10)『聖体祭儀指針』*Instructio de cultu myst. euch.* (1967) no.15. トリエント公会議 (第22会期第8章) がすでに指摘している規定参照

(11) praedicatio

(12) confessio

(13) Kattenbusch, F., *Das Apostolische Symbol* II (Leipzig 1900) 347-353; R. Schneider, "Die Tradierung der neutestamentlichen Heilswahrheiten in den Anaphoragebeten der Alten Kirche", Una Sancta 12 (1957) 29-36

(14) Dahl, N.A., "Anamnesis", Studia theologica (Lund 1948) 69-95

第四部第六章　注

(1) E. Bishop, "The Genius of the Roman Rite", Liturgica historica (Oxford 1918) 1-19

(2) 多数の実例は, H. Grisar, Das Missale Romanum im Lichte römischer Stadtgeschichte (Freiburg 1925)

(3) ad diversa

(4) F. Kolbe, "Eigene liturgische Feiern für Kinder und Jugendliche", LitugJb 19 (1969) 246-247の報告を参照のこと. その中でコルベは, 先にドイツ司教協議会がとりくみ, 自分も一部賛成していた提案のことを報告している. 計画はこの意味でかなり前から指導的な教理家 Kl. Tilmann, "Kindermeßfeier und Liturgische Erneuerung". Die Messe in der Glaubensverkündigung (Freiburg [2]1953; [1]1949) 329-336

(5) R. W. Houda は, それぞれの文化をもつグループごとに祭儀を創作する, という主義をとなえた (Worship 42 (1968) 333)。この主義はいずれにせよ, 無制限にミサに適用できるものではない。

(6) F. X. Weiser, *Handbook of Christian Feasts and Customs*, 4th ed. (New York 1958)

(7) CIC c.1249「祝日当日又は前日の夕刻, いずこにおいてもカトリックの儀式によって捧げられるミサにあずかる者は, ミサにあずかるべき掟を果たすことになる。」(『新教会法典』第1248条 (1))

(8) MRR I 212-215; MS I 279-283

(9) Paulinus, *Vita Ambrosii* ch.10, PL 14: 30

(10) J.M. Petersen, "House-churches in

(5) M. Kaiser, ArchKathKRecht 130 (1961) 386-387
(6) A. Franz, *Die Missae im deutschen Mittelalter* (Freiburg 1902) 15-17
(7) Benedict XIV, *De ss.Missae sacrificio* (⁷Venice 1788) 198
(8) Zimmermann, F., *Die Abendmesse in Geschichte und Gegenwart* (Wien 1914); MS I 325, 328 (MRR I 213, 248, 249)
(9) Sacram Communionem (ActApS 49 (1957) 177-178)
(10) QuestLiturgParoiss (1965) 75-76
(11) ActApS 59 (1967) 556-557
(12) annua die (*De cor.* ch.3)
(13) Symbolum
(14) *Serm.* 58. 10. 12
(15) Monachino, La cura pastorale 52-54 (Mailand), 355-356 (Rom)
(16) veritas sacramenti
(17) fraternitate omni praesente (*Ep.* 63.16; cf. Mosna, *Storia della domenica* 127)
(18) Eisenhofer HdbL 1:31
(19) Hefele-Leclerq 1:1021
(20) PG 92:989
(21) prohgiásména
(22) Raquez, O., "Liturgia praesanctificatorum", Liturgische Woordenboek, v.2 (Roermond 1965-68) 1565-1573
(23) Brightman, F., *Liturgies eastern and western* (Oxford 1896) 343-352
(24) Corciani, L., EphemLiturg 58 (1944) 186-187
(25) missa praesanctificatorum (日本の正教会では「先備聖體禮儀の典礼」という)
(26) MRR I 225 (MS I 295); King, A.A., *Liturgies of the religious orders* (London 1955) 20-22, 199-200, 297, 347
(27) quantum in ipso est, privat Trinitatem laude et gloria, angelos laetitia, peccatores venia (Opp. ed. Peltier, v.12 (Paris 1868, 281)
(28) Honoré, A., "De rites concélébrés dans la liturgie latine actuelle": Maison-Dieu 35 (1953, 56-71), 63-66. 同様の習慣上の変化は、コンクラーベ (教皇選出) の時の司教の手控えに見られる、1922年3月1日付けのピウス十一世の自発教令まで、昔からの共同司式の伝統は規則として認められていたが, その時以来, 個人挙式が組みこまれた.
(29) Reed, J.J., "The Mass server and Canon 29" ThSt 21 (1960) 256-270.
(30) Karl Rahner, "Die vielen Messen und das eine Opfer", ZKathTh 71 (1949). これは1951年にHerderから本になって出た. 改訂再版は著者の依頼でAngelus Häußlingによって1966年に出版された. 英訳タイトルは "*The Celebration of the Eucharist*" (New York 1968). トリエント公会議後の神学による異議は H. McCormack, "Eucharistic Problems", Worship 39 (1965) 35-45 に提出され, 解答されている. C. O'Neill "*New Approaches to the Eucharist*" (New York 1967) もラーナー説に反論している. R. Ledogar, Worship 43 (1969) 273-278.
(31) Rahner-Häußling, ch.5-1
(32) loco cit.ch.5.2
(33) ibid., ch.5.3,a
(34) Jungmann, J.A., *Early liturgy* (Notre Dame 1959) 97-109
(35) R. Ledogar, "The Question of Daily Mass", Worship 43 (1969) ·58-80
(36) Ordo ad synodum
(37) Paul VI., Enc., *Mysterium fidei*, ActApS 57 (1965) 761: iusta causa

第四部第五章 注

(1) A. Kirchgässner, "Ist die Liturgie die Mitte der Seelsorge?", LiturgJb 12 (1962, 86-94) 88
(2) primum in intentione
(3) ultimum in executione
(4) Yves Congar, "Religion institutionalized", in the Chicago Symposion (1966) "On the theological Task confronting the Church today".
(5) Daniélou, J., "La catéchèse eucharistique chez les Pères de l'Eglise", La Messe et sa Catéchèse (Paris 1947) 33-72; Baus, K., "Die eucharistische Glaubensverkünd-

(3) Stanks, Th.S., "The Eucharist: Christ's self communication in a revelatory event" ThST 28 (1967) 27-50がこの思想をたいへん強く力説している
(4) 『異端反駁論』 *Adv.haer*. 4. 17-18
(5) recapitulatio
(6) Hamman, A., "Eucharistie", *DictSpir* 4.15 (19-70) 参照
(7) *Instructio de cultu mysterii eucharistici* (ActaApS 59 (1967) 539-573)
(8) 3c; 49 参照
(9) oratio coram ss.sacramento, 50
(10) 3e; 6 及び『典礼憲章』10条参照
(11) H.B. Meyer, und J.Morel, *Ergebnisse und Aufgaben der Liturgiereform* (Innsbruck 1969) 34-35
(12) missa dialogata
(13) culmen
(14) fides et devotio
(15) per fidem et caritatem (ST 3a, 79.7 ad 2)
(16) ἀνεθήκαμεν
(17) B. Fraigneua-Julien, "Elements de la structure fondamentale de l'Eucharistie", Revue des Sciences rel.37 (1963) 344

第四部第二章　注

(1) ST 3a, 82.4c
(2) ligne culturelle (Ch. Journet, *La Messe* (Tournai 1957) 134-47)
(3) ligne de l'amour rédempteur
(4) Rahner, K. and Häußling, A., *The Celebration of the Eucharist* (New York 1968) ch.2.5
(5) In spiritu humilitatis...
(6) Peter Brunner, "Zur Lehre vom Gottesdienst", Liturgia 1 (1954) 258
(7) Averbeck 245, 707
(8) K. O'Shea, "Sacramental Realism", IrTheolQ 30 (1963) 133-134
(9) Jean-Jacques von Allmen, *Essai sur le Repos du Seigneur* (Neuchâtel 1966), ch.4; "Urbild des Selbstopfers der Ekklesia"
(10) N. Gihr, *The holy sacrifice of the Mass*, rev.trans. (St.Louis 1949) §49.1

第四部第三章　注

(1) R.E. McNally, "The 'tres linguae sacrae' in early Irish Bible Exegesis", ThSt 19 (1958) 395-403
(2) *Les Institutions liturgiques* v.3 (Paris 1851) 52-222, 特に pp.76, 166
(3) comme les oracles divins (ibid.70)
(4) *De Spir*. S. 27.66, PG 32 : 189
(5) *Pratum spirituale*, ch.196, PG 87 : 3081
(6) Jungmann, J.A., "Heilige Wort. Die rituelle Behandlung der Konsekrationsworte in den Liturgien", Miscellanea Liturgica in onore di S.E.il Card. G. Lercaro 1 (Rom 1966) 307-319
(7) Sauer, J., *Symbolik des Kirchengebaudes*, 2nd ed. (Freiburg 1924)
(8) Bremond, H., Histoire du Sentiment religieux en France, v.7 (Paris 1929) 385-399
(9) conscia
(10) ボット, p.59
(11) ratio moralis (*De missae sacrif*., *disp*. 73. 1. 3)
(12) ratio mystica (ibid.)
(13) Schulte, R., *Die Messe als Opfer der Kirche* (Münster 1959) 50, 112
(14) cum ea
(15) Concilium 4 (1968) 764, n.15
(16) majestas Domini
(17) Flectamus genua

第四部第四章　注

(1) *Medulla Missae* (Köln 1700) ch.23: Missas plures simul audire est maximum commodum
(2) MS Ⅰ 320[4] (MRR Ⅰ 245[4]): J.J. Guiniven, *The precept of hearing Mass* (Washington 1942) 17-22
(3) MS Ⅰ 320[5] (MRR Ⅰ 245[5])
(4) V. Monachino, *La cura pastorale a Milano, Cartagine e Roma* (Rom 1947) 54-57, 186-191, C. S. Mosna, *Storia della Domenica* dalle origini fino agli imizi del V secolo (Rom 1969) pp.257-258; 278-279; 325-329

(3) retro altare
(4) sustentatio
(5) MS Ⅰ 266[44]; MRR Ⅰ 202[44]
(6) MS Ⅰ 266f.; MRR Ⅰ 202.
(7) MS Ⅰ 273[2]; MRR Ⅰ 207[2]
(8) MS Ⅰ 273[3]; MRR Ⅰ 208[3]
(9) missa quam sacerdos pro se ipso debet canere; MS Ⅰ 290[61]; MRR Ⅰ 221[61]
(10) missa solitaria
(11) MS Ⅰ 295[89]; MRR Ⅰ 225-226
(12) missa conventualis
(13) missa privata
(14) *Caeremoniale episcoporum*
(15) circumstantes
(16) *Ritus servandus* Ⅵ, 8 (MS Ⅰ 277[19]; MRR Ⅰ 211[19])
(17) missa dialogata
(18) missa cum diacono
(19) de Puniet, P., "Concélébration liturgique": DACL Ⅲ (1914) 2470-2488 (MS Ⅰ 258[5]; MRR Ⅰ 196[5]); A.A. King, *Concelebration in the Christian Church* (London 1966)
(20) ローマで一時的に例外となっていたことが一つ、八世紀に見られる。4大祝日で司祭枢機卿が，教皇といっしょに典文を全部唱和したことである。 Andrieu Ⅱ, 131 (MS Ⅰ 258[6]; MRR Ⅰ 196[6])
(21) Andrieu, *Pont* Ⅱ, 349; Ⅲ, 370-371 (MS Ⅰ 258[6], 260[13]; MRR Ⅰ 196[6], 198[13])
(22) Bendict XⅣ., *De s. sacrificio missae* Ⅲ, 16 (MS Ⅰ 258[6]; MRR Ⅰ 196[6])
(23) ActaApS 49 (1957) 370. この教令の解説には Rahner-Häußling ch.5.3 c 参照
(24) more laicorum
(25) ActaApS 46 (1954) 668; ib.48 (1956) 716-718 (MS Ⅰ 258[6])
(26) Rahner, K., ZKathTh 77 (1955) 94-101
(27) fructus missae
(28) Rahner-Häußling, ch.5. 3. c n.23; Kilmartin, E.J., ThSt 28 (1967) 851-852; ibd.25 (1964) 660-663 (McGowan, J.C., *Concelebration* (1964) の書評)
(29) missa solemnis
(30) Häußling, A., "Stationsgottesdienst", LThK[2] Ⅸ, 1021-1022
(31) 1960年ミュンヘン聖体世界大会の報告の題は、「スタチオ・オルビス、1960年ミュンヘン聖体世界大会」という題で出ている。 Nigsch, O., "Statio Orbis in München 1960 und Bombey 1964", LiturgJb 15 (1965) 167-173

第三部第九章　注

(1) エウセビオスの『教会史』7.9
(2) MS Ⅰ 311[23]; MRR Ⅰ 237[23]
(3) vulgus indoctum
(4) MS Ⅰ 309[11]; MRR Ⅰ 236[11]
(5) Andrieu *OR* Ⅱ 102
(6) MS Ⅰ 313[29]; MRR Ⅰ 239[29]
(7) Oremus
(8) Flectamus genua
(9) Mansi 14 : 89 (MS Ⅰ 315[37])
(10) MS Ⅰ 315[40], 316[42]
(11) すでに『レオ秘跡書』には，祈願に「適度な朗詠調」を付けることとする注があるほどである。 Mohlberg, K., ed., *Sacramentarium Veronense* (Rom 1956) 77; MS Ⅰ 524[36], Ⅱ 135[40]
(12) Ordinarium
(13) MS Ⅰ 164f.; MRR Ⅰ 124
(14) Proprium
(15) Ursprung, O., *Die katholische Kirchenmusik* (Potsdam 1931)
(16) *CorpJurCan.*, *Extrav. comm.* 3, 1 (Freidberg Ⅱ, 1256).
(17) Lengeling, E.J., "Sakral - Profan. Bericht über die gegenwärtige Diskussion, LJb 18 (1968) 164-188; J.A. Jungmann, Das Heilige: ThPrQ 117 (1969) 3-10.
(18) Tu solus sanctus
(19) mundum volens piissimo suo adventu consecrare
(20) Rahner, K., und Semmelroth, O., ed., Theologische Akademie, vol.4 (Frankfurt 1967) 14-15

第四部第一章　注

(1) ActApS 39 (547)
(2) LexThK[2] 3: 1263-1266 参照

(17) consignatio
(18) mixtio
(19) MS Ⅱ 370[35]; MRR Ⅱ 299[35]
(20) MS Ⅱ 389[20]
(21) fermentum
(22) MS Ⅱ 469[31]; MRR Ⅱ 378[31]
(23) MS Ⅱ 468[30]; MRR Ⅱ 378[30]
(24) ボット p.57: Panis coelestis in Christo Jesu: MS Ⅱ 481[107]; MRR Ⅱ 388[108]
(25) MS Ⅱ 481; MRR Ⅱ 388
(26) Raes, 103-106 (MS Ⅱ 477[77]; MRR Ⅱ 384[77])
(27) ibid.106
(28) Tertullian, *De or*.18 (CSEL 20,191); signaculum orationis.
(29) *Ep*. 25. 1 (PL 20:555) MS Ⅱ 401[6]
(30) 『説教』*Serm*. 277 (PG 38:1101): Pax vobiscum (MS Ⅱ 399[1]; MRR Ⅱ 321[1])
(31) Pax Domini sit semper vobiscum
(32) deinde ceteri per ordinem et populus: MS Ⅱ 400[2], 405[23]
(33) deinde ceteris per ordinem et populis: Andrieu *OR* 2:98; MS Ⅱ 405[24]
(34) osculatorium (Pax-board): MS Ⅱ 408; MRR Ⅱ 329[42]
(35) Offerte vobis pacem
(36) Domine Jesu Christe, qui dixisti: MS Ⅱ 411[52]; MRR Ⅱ 330[53]
(37) Pax Domini
(38) Haec commixtio Corporis et Sanguinis D.n.I.C. fiat accipientibus in vitam aeternam.: MS Ⅱ 393; MRR Ⅱ 315f.
(39) Fiat commixtio et consecratio corporis et sanguinis D.n.J.C., accipientibus in vitam aeternam. Amen.: MS Ⅱ 392[30]; MRR Ⅱ 315ff.
(40)「神の子、主イエス・キリスト、あなたは父のみこころに従い、聖霊に支えられ、死を通して世にいのちをお与えになりました。この神聖なからだと血によってすべての罪と悪から解放され、あなたのことばをいつも守り，あなたから離れることのないようにしてください」(Domine Iesu Christe, Fili Dei vivi, qui ex voluntate Patris, cooperante Spiritu Sancto, per mortem tuam mundum vivificasti: libera me per hoc sacrosanctum Corpus et Sanguinem tuum ab omnibus iniquitatibus meis et universis malis: et fac me tuis semper inhaerere mandatis,et a te numquam separari permittas. MS Ⅱ 428[8]; MRR Ⅱ 345[8])。または「主イエス・キリスト、あなたのからだと血をいただくことによって裁きを受けることなく、かえってあなたのいつくしみにより心もからだも強められますように」(Perceptio Corporis et Sanguinis tui, Domine Iesu Christe, non mihi proveniat in iudicium et condemnationem: sed pro tua pietate prosit mihi ad tutamentum et ad medelam percipiendam. MS Ⅱ 429; MRR Ⅱ 345)。
(41) Domine, non sum dignus
(42) Corpus D.n.J.C. custodiat animam meam in vitam aeternam. Amen.
Corpus Christi custodiat me in vitam aeternam.
(43) sacrum silentium

第三部第七章　注
(1) oratio super populum
(2) oratio inclinationis
(3) Joannou, P, und Durig, W., Eulogie: LThK[2] Ⅲ,1180-1188 (cf. MS Ⅱ 561f.; MRR Ⅱ 452f.)
(4) Placeat
(5) Benedicat vos Dominus. vosのかわりにnos（わたしたちを）とする写本もある。
(6) MS Ⅱ 544[1], 545[3]; MRR Ⅱ 439, 443f.
(7) Benedicat vos
(8) Ite, missa est
(9) missa fieri pronuntiatur: MS Ⅱ 537[14]; MRR Ⅱ 434[14]
(10) MS Ⅱ 537[13]; MRR Ⅱ 433[13]
(11) missa, missio = dimissio; MS Ⅱ 537[12], Ⅰ 230f.; MRR Ⅱ 433[12], Ⅰ 173

第三部第八章　注
(1) Andrieu Ⅱ,65-108 (MS Ⅰ 881; MRR Ⅰ 671)
(2) Andrieu Ⅱ,327-336; 349-362; 293-305 (MS Ⅰ 87[42—44])

(6) Vere sanctus, vere benedictus Dominus noster Jesus Christus, qui...
(7) Hänggi-Pahl 124-6
(8) Te igitur
(9) Hanc igitur
(10) Quam oblationem
(11) Supplices
(12) ボット, 邦訳 p.17
(13) MS II 277[27]; MRR II 222[27]
(14) 式文はMS II 274[9]; MRR II 220[9] 参照
(15) Memores...offerimus tibi panem et calicem
(16) Panem sanctum vitae aeternae et calicem salutis perpetuae
(17) Supra quae
(18) Supplices
(19) sancta sacrificia illibata
(20) Grisbrooke, J., "Intercession at the Eucharist", Studia Liturgica 5 (1966) 20-44
(21) Te igitur
(22) Memento
(23) Memento
(24) communicantes
(25) vota
(26) Nobis quoque
(27) Incipit canon actionis
(28) Sursum corda
(29) conformatio sacramenti
(30) Jungmann, J.A., "Heiliges Wort. Die rituelle Behandlung der Konsekrationsworte in den Liturgien": Miscellanea liturgica in onore di S.E. il Cardinale G.Lercaro I (Rom 1966) 307-319
(31) accepit panem
(32) Instructio altera, AAS 59 (1967) 445, 448
(33) Per Christum Dominum nostrum, Amen
(34) MS II 353; MRR II 285
(35) Vere dignum
(36) praedicatio
(37) Hänggi-Pahl 37の原文
(38) Benedictus
(39) 『説教』73・3 Morin版 p.294
(40) Rationale divinorum officiorum, 4. 34. 10
(41) mysterium fidei
(42) Nobis quoque
(43) haec omnia
(44) Per ipsum
(45) 『聖ヒッポリュトスの使徒伝承』中の結びの栄唱, 邦訳p.16-17参照
(46) omnis honor et gloria
(47) MS II 330; MRR II 265-266: ボットとユングマンの論争についてはMS II 580f. (ドイツ語第5版) も参照。さらにJ.A. Jungmann, "Die Doxologie in der Kirchenordnung Hippolyts": ZKTh 86 (1964) 321-326.

第三部第六章 注

(1) MS II 342[6]; MRR II 276[6]
(2) *Gen. hom*. 27.8; PG 53:251 (MS II 343[7]; MRR II 276[7])
(3) MS II 343[2]; MRR II 277[2]
(4) *Ep. Reg*. 9.12; PL 77:956f. (MS II 345[9]; MRR II 278[9])
(5) oratio oblationis (MS II 345[8]; MRR II 278[8])
(6) Cyrill (Johannes), 『秘義教話』*Catech. myst*. V, 11-18
(7) Ambrosius, 『秘跡』*De sacramentis* V, 4, 24-26 (CSEL73, 68-70) : MS II 347[16]; MRR II 280[16]
(8) Augustinus, 『説教』*Serm*. 351, 3, 6 (PL 39:1541f): MS II 351[36]; MRR II 284[36]
(9) missa praesanctificatorum (正教会では「先備聖体の典礼」とよんでいる)
(10) Jungmann, J.A. "Das 'Pater noster' im Kommunionritus", ZKTh 58 (1934) 552-571 (=J., *Gewordene Liturgie*, Innsbruck 1941, 137-164: MS II 348[21]; MRR II 281[21])
(11) audemus
(12) Caesarius von Arles (540年没), *Sermo*. 73, 2 (MS II 365[10]; MRR II 295[10])
(13) 最近ようやく研究対象とされるようになった。Denis-Boulet, N.M., Martimort, A.G., ed., L'Eglise en prière (Paris 1961) 422-423: MS II 365-367; MRR II 296-298
(14) Mingana, p.246
(15) MS II 374[50]; MRR II 302[50]
(16) Agnus Dei

(4) MS I 511[29]; MRR I 399[29]
(5) Sequentia sancti evangelii
(6) MS I 514[40]; MRR I 401[40]
(7) MS I 520
(8) MS I 520[15]
(9) MS I 553
(10) MS I 543[29]; Martimort, A.G., Origine et signification de l'Alleluja de la Messe romaine, Festschrift f. Quasten (Münster 1970 im Erscheinem begriffen)
(11) MS I 512[1]; MRR I 68
(12) MS I 570[21]; MRR I 445[21]
(13) dona vitae
(14) MS I 569[17]; MRR I 445[17]
(15) Gloria tibi, Domine
(16) Laus tibi, Christe
(17) MS I 573[35]; MRR I 447[35]
(18) MS I 517[2]; MRR I 404[2]
(19) Deo gratias
(20) MS I 586[13]; MRR I 457[13]
(21) MS I 586[16]; MRR I 468[16]
(22) *Ritus servandus* VI, 6; MS I 583[1]; MRR I 456[1]
(23) おまけに すでに「と子と」(Filioque: フィリオクエ) も入っていた。
(24) MS I 601[48]; MRR I 469f.
(25) Symbolum Apostolicum
(26) Brightman, p.574
(27) Credo
(28) Credimus
(29) per Christum
(30) a cunctis canatur; MS I 442[53], 603; MRR I 343[53], 471
(31) oratio universalis
(32) MS I 617[16]; MRR I 483[16]
(33) MS I 617[17]; MRR I 483[17]
(34) MS I 622[38]; MRR I 487[38]
(35) Gy, P.M., "Signification pastorale des prières du prône", Maison-Dieu 30 (1952) 125-136 (MS I 624[42]; MRR I 488[42])
(36) Lengeling, E., Fürbitten: LThK[2] IV 461-462 (MS I 628[57]; MRR I 490[57])
(37) oratio communis
(38) De oratione communi seu fidelium

第三部第四章 注

(1) Offertorium
(2) Hanssens, *Institutiones* 3: 308-317; A. Raes, *Introductio in liturgiam orientalem*, Rom 1947, 84-85 の概要も参照
(3) sanctuarium
(4) MS I 99[16]; MRR I 79[16]
(5) MS I 406[20]; MRR I 314[20]
(6) Raes, *Introductio* 62-75
(7) MS II 47[39]; MRR II 37[41]
(8) velum
(9) 「神秘的に智天使(ケルビン)を象徴するわれら……」
(10) Mingana, p.222
(11) MS II 8[16]; MRR II 5[16]
(12) offertorium または antiphona ad offertorium
(13) Oratio super Oblata
(14) In spiritu humilitatis; Suscipe, sancta Trinitas
(15) Deus, qui humanae substantiae: MS II 78[112]; MRR II 63[112]
(16) MS II 73[87]; MRR II 58[86]
(17) MS II 96[2]; MRR II 76[2]
(18) MS II 98[13]
(19) I, 11, 11
(20) Secreta
(21) Orate, fratres
(22) Orate, fratres et sorores: (MS II 107-8; MRR II 86)
(23) Hänggi-Pahl 6-7
(24) offerimus tibi
(25) In spiritu humilitatis...
(26) MS II 63f; MRR II 51-52
(27) *De or*. 13 (CSEL 20, 188f)
(28) Oremus
(29) Suscipiat

第三部第五章 注

(1) MS II 244[2]; MRR II 195[2]
(2) tibi gratias agens benedixit deditque discipulus suis dicens
(3) quod pro vobis tradetur
(4) MS II 246[13]
(5) mysterium fidei

Ep. ad Cor. 20, O.Casel, Das Gedächtnis des Herrn in der altchristlichen Liturgie (Ecclesia Orans 2), Freiburg ed.5, 1920, 21-26: MS Ⅰ 286[4], 411[6]; MRR Ⅰ 226[4], 311[6]
(8) Hänggi-Pahl 82-95：MS Ⅰ 46-48
(9) quodammodo
(10) Schillebeecks, E., *The Word. Readings in Theology* (New York 1964) 265
(11) 同268

第三部第二章　注
(1) 95条（MS Ⅰ 342[5] MRR Ⅰ 262[5]）：この詩編読唱によく似ているのが，第二バチカン公会議以前にチロルあたりの教会でよくおこなわれていた，典礼儀式が始まる前にいっしょにロザリオを唱える習慣である。
(2) Introitus
(3) 従来の『ローマ司教典礼書』参照。*Pontificale Romanum* (1596), p.3: Ordo ad recipiendum processionaliter praelatum.
(4) J. M. Hanssens, *Institutiones liturgicae de ritibus* Ⅲ, Rom 1932, 34-36, 37: MS Ⅰ 55, 344; MRR Ⅰ 43, 263
(5) Asperges me
(6) Hanssens 86-91
(7) Brightman 148f.
(8) *Sedro poenitentiae*; Hanssens 45f.; Brightman 115f
(9) Raes, A., Un rite pénitentiel avant la Communion dans les liturgies syriennes: L'Orient syrien 10 (1965) 107-122
(10) *Didache* 14, 1: προεξομολογησάμενοι τὰ παραπτώματα ὑμῶν
(11) Jungmann, De actu poenitentiali infra Missam inserto conspectus historicus: Ephemerides Liturgicae 80 (1966) 257-64
(12) Expositio
(13) *Caeremoniale episcoporum* Ⅱ,39; Ⅱ,8, 50
(14) MS Ⅰ 633[23]
(15) Misereatur
(16) Indulgentiam
(17) *Ordo Romanus* ⅩⅦ (Andrieu Ⅲ, 179); MS Ⅰ 387[3, 4]
(18) Introibo ad altare Dei
(19) Aufer a nobis
(20) *Missale Romanum*
(21) schola cantorum
(22) *Graduale Romanum*
(23) *Graduale Simplex*
(24) Augustinus, *De civ. Dei* ⅩⅩⅡ, 8 (CSEL 40/2,611): Salutavi populum「私は会衆に向かってあいさつした」。その後で朗読が始まった。(『神の国』第22巻，第8章)。
(25) *Ordo Romanus* ⅩⅠ (Andrieu Ⅱ, 418, 446): MS Ⅰ 383f, 384[25, 27]
(26) et omnibus sanctis
(27) orare pro me
(28) dulcis ac nimium saltaris consuetudo
(29) Can.3 (Mansi Ⅷ, 727): MS Ⅰ 433[15]
(30) deprecatio Gelasii; PL 101:560f. B. Capelle, "Le Kyrie de la Messe et le pape Gélase":, Revue Bénédictine 46 (1934) 126-144: MS Ⅰ 433[18], 434[22]
(31) Andriue, *Ordines Romani* Ⅱ, 84: MS Ⅰ 439[43]
(32) *Analecta hymnica* 47, 43-216: MS Ⅰ 443[61]
(33) Deus Pater omnipotens, Domine Fili unigenite, Sancte Spiritus Dei; MS Ⅰ 449
(34) この点のもっと詳しい説明はJ.A. Jungmann, Um den Aufbau des Gloria in excelsis: LJb 20 (1970) Heft Ⅳ.
(35) Collecta
(36) Johannes Cassian, Inst. Ⅱ, 7 (CSEL 17, 23f): precem colligere.
(37) Willis, G.G., *Further Essays in Early Roman Liturgy* (London 1968) 108-12
(38) Flectamus genua
(39) MS Ⅰ 472
(40) parumper
(41) Deus qui...
(42) manibus extensis

第三部第三章　注
(1) passio
(2) lectio continua
(3) Vogel, C., Introduction aux sources de l'histoire du culte chrétien au Myone Age (Spoleto 1966) 252-254

(18) ex opere operato
(19) Journet, *La Messe* 165
(20) Suarez, *De Euch. disp*. 79.1
(21) de la Taille, M., *Mysterium fidei* [3] (Paris 1931); [1]1921) 319-322
(22) opus operatum
(23) pragmatica impetratio
(24) de la Taille, loc.cit.321. 著者はここでまた，スアレス（Suarez, *De Euch. disp*. 79. 2. 6-7）が持ちだした嘆願（impetratio）と祈りとの区別をやめている。それによると嘆願は，前に示した意味で，間違いなく，すなわち必ず聞き入れられるのだが，奉献に結ばれて力を出す祈りには，この確かな保証がないことになる。ミサは，あがないの奉献と見なされるならば，ただの願いにすぎない。A.Michell はド・ラ・タイユの説を受けついで，ミサのことを「行為による祈り」（priére en acte）とよぶことを提唱した（DTC Ⅹ. 1301）。またこういう見方から出てくる実際的な結論については McCormack, H., "The Act of Christ in the Mass", Worship 37（1963）30-39参照
(25) Rahner-Häußling, *The Celebration of the Eucharist* ch.4. 1
(26) placari（ibid. nota 5）
(27) specialissime
(28) generalissime
(29) specialiter（*Quodlib*. 20：3-4）
(30) fructus specialis
(31) fides et devotio
(32) Rahner-Häußling, *The Celebration of the Eucharist*, ch.4
(33) Rahner, K., Thesen über das Gebet "im Namen der Kirche", ZkathTh 83（1961, 307-324 = *Theological Investigations* 5（1966）419-438
(34) Πρόσφερε ὑπὲρ εμοῦ（*Adv. haer*. 30.6 PG 41：413）
(35) Jungmann, MRR Ⅱ 23-26; MS Ⅱ 30-34
(36) offerens（de la Taille, Esquisse du Mystère de la Foi（Paris 1921）111-251, 279-281; Mörsdorf, K., "Meßstipendium" LexThK[2] 6（1962）354-355
(37) DS.2630（Rahner-Häußling ch.3. 3 n.27）
(38) Schmaus, *Katholische Dogmatik*, 4. 16：383.
(39) ジャン・ジャック・フォン・アルメン『聖餐論』（日本基督教団出版局）p.163; Allmen, J. J., *Le Repas du Seigneur*（Neuchâtel 1966）103
(40) E. Fincke, "Katholische Reformation"（Stuttgart 1958）154-155; Averbeck 763
(41) Averbeck 787-805
(42) Bieritz, K. H., "Oblatio Ecclesiae. Bemerkungen zu den neuen eucharistischen Hochgebeten der römischen Liturgie", ThLitz 94（1969）241-252.「宗教改革者に由来する神学」とキリスト論にとって，カトリック典礼はあい変わらず対照的なものであり，その対照は「いよいよはっきり鮮明にさえなって」きているのである。

第三部第一章　注

(1) oratio
(2) さらに詳しくはユングマン著『ローマ典礼のミサ』*Missarum Solemnia*（英訳 *The Mass of the Roman Rite*）Ⅰ, 341f.：今後述べていくミサ典礼の典拠はこの本に探すこと。個々の場合にのみ，その都度MS（英訳はMRR）と略記して明示する
(3) 『教会史』5：24
(4) 小アジアの教会ではヨハンネスの伝統に従い復活祭をユダヤ教徒と同じ日，すなわちニサンの月の第14月齢日に祝っていた（訳注）。
(5) ベッツは元来感謝の祭儀の部分だった祈りを愛餐で使うようにしたものが，ディダケーに載っていると考えている。Die Eucharistie in der Didache, ALW 11（1969）10-39
(6) Hänggi-Pahl 375-380. この奉献文の元の形を復元しようといろいろ試みられてきた。Ratcliff, E.C., The Original Form of the Anaphora of Addai and Mari（JThSt 1928-29）23-32; Hänggi-Pahl 375; Bouyer, L., *Eucharistie*（Tournai 1966）147-158参照。
(7) 『第一護教論』13章。Clemens Romanus,

(DS.1321)
(49) ἐπιφήνη
(50) ἁγιάσαι καὶ ἀναδείξαι
(51) ποίησον, μεταβαλών
(52) ποιῇ
(53) Brightman 328; Hänggi-Pahl 226
(54) ἐκφώνως
(55) O. Heiming 編集の八世紀の断片 OrChrPer 16 (1950) 195. 同様の強調は700年ごろのシリア・ヤコブ派典礼のアナフォラに見られる ed., Rücker, A. (LiturgQuellForsch 4, Münster 1923)
(56) ἀντίτυπα; προθέντες τὰ ἀντίτυπα τοῦ ἁγίου σώματος καί αἵματος (Hänggi-Pahl 236)
(57) τύπος, σύμβολον, ὁμοίωμα, εἰκών (Betz, *Die Eucharistie* 1. 1 : 217-39)
(58) Johannes Damascenus,『正統信仰論』*De fide orthod*. 4. 13 PG 94 : 1152-53
(59) Salaville, S., Epiclèse: DTC 5: 194-300, bes.248-261. 現代の正教会の立場については Kern, C., "En marge de l'Epiclèse", Irénikon 24 (1951) 166-194参照, Kernは, 制定句は授けられた権限に基づいて役務者によってキリストの代理で (in persona Christi) 唱えられるものだとする西方教会の解釈に対して, 教会の代理で (in persona Ecclesiae) 唱えられるエピクレシスを強調する。
(60) διηγεματικῶς ; Brightman 386
(61) 式文の概要は Lietzmann, *Messe und Herrenmahl* 93-113
(62) transformatio, transmutatio
(63) sanctificare, benedicare
(64) 多くの研究結果の要約は Jong, J. P., Epiklese: LexThK [2] 3 (1959) : 935-937; 他の文献もこの中にある。

第二部第六章　注

(1) pars pro toto
(2) Christum ad manducandam dari (sess. 22, can.1)
(3) Rahner-Häußling, *The Celebration of the Eucharist* ch.2. 2 (=germ. 28-32)
(4) Schillebeecks, E., "Revelation in Word and Deed", *The Word* (New York 1964, 255-272) 267-268
(5) この点で Crehan,J.H., ThSt 27 (1966) 89が指摘したことは間違ってはいない
(6) sess.21, can.1-3

第二部第七章　注

(1) applicatio
(2) specialiter pro suis parochianis (Qodl. 20.16)
(3) Thomas, ST 2a 2ae 80-86; Bauer, G. L., "Das heilige Meßopfer im Lichte der Grundsätze des heiligen Thomas", DivThomF 28 (1950, 5-31) 11.
(4) crimina et peccata etiam ingentia
(5) Formula Concordiae
(6) quod pro peccatis vivorum et mortuorum offertur (Die Bekenntnisschriften der evang.=lutherischen Kirche (Göttingen 1959) 801; cf.1010)
(7) Ortenburger 1950; Averbeck 493参照
(8) 一流の典礼学者 P.Brunnerが, 有名なフランス語の著書のドイツ語版に書いた序文 (Thurian, M., *Eucharistie* (Mainz 1963) S.XXXVII)
(9) そういった批判の例 (Averbeck 141, 493, 519, 782)
(10) Warnach, V., "Das Meßopfer als ökumenisches Anliegen", Die Kirche und der heutige Mensch (Maria Laach 1955, 65-90) 88
(11) *Pontificare Romano -Germanicum*
(12) Accipe potestatem offerre sacrificium Deo, Missamque celebrare tam pro vivis quam pro defunctis, in nomine Domini (Kleinheyer, Br., Die Priesterweihe im römischen Ritus (Trier 1962) 160
(13) Accipe oblationem plebis sanctae Deo offerendam
(14) offerentes
(15) Berger, R., *Die Wendung* "offerre pro" in der römischen Liturgie (Münster 1965) 136-240
(16) ST 3a.79-7c
(17) sacrificium propitiatorium

Offerer of the Mass". IrTheloQ 25 (1958, 1-13) 13. Mitchell は ここで Jungmann, MRR Ⅰ, 190の詳しい解説に賛同して引用している。この見解, すなわち教会が「聖別する」ということは, 古くからの伝統になかったものではない。リヨンのフロールス参照 (*De actione Missae*, PL 119 : 53)「教会は主の神聖な体と血の神秘を, 伝統から受けとったこれらのことばで聖別する」 Ecclesia ex traditione in his verbis consecrans mysterium sacri corporis. Schulte 167; ibd. 57参照

(33) そうした懸念については Journet, *La Messe* 130 参照

(34) ActApS 39 (1949) 555

第二部第五章　注

(1) DS.794

(2) 第22総会, 第2条 DS.1752

(3) sacrificium eucharisticum in persona Christi conficit

(4) nomine totius populi Deo offert

(5) oblationem

(6) in persona (Christi)

(7) nomine (populi)

(8) Marliangeas, B.D., "In persona Christi - in persona Ecclesiae", La liturgie aprés Vatican Ⅱ (Paris 1967) 283-258

(9) ἱερεῖς

(10) πρεσβύτερος

(11) 『コリント教会への書簡』44・4

(12) προεστώς (『第一護教論』65章3)

(13) sacerdotale officium (*De virg. vel*. 9.2)

(14) sanctus minister (*De exh. cast*. 10)

(15) vice Christi vere fungitur (*Ep*. 63. 14)

(16) *Ep*. 77. 3

(17) Augustinus, *Serm*. 272 (PL 38 : 1247) u.6

(18) Lecuyer, J., Le sacrifice de la Nouvelle Alliance (Le Puy=Lyon 1962) 223-224

(19) nec rata sunt sacerdotia, nec vera sacrificia (『コンスタンティノポリス総主教アナトリオスへの書簡』*Ep*. 80. 2 PL 54 : 914B) この時代からsacerdociumの複数形では, 司祭だけでなく, 司教のことも含めて表現するようになった (訳注)。

(20) *Decretum Gratiani* Ⅱ. 1. 1. c.68 Friedberg 382

(21) *Sent*. 4. 13. 1; Lecuyer 224

(22) Holböck, F., *Der eucharistishe und der mystische Leib Christi* (Rom 1941) 236参照

(23) ST 3a 82. 7

(24) integre

(25) c.Parmen. 13

(26) recte

(27) in persona Christi

(28) in persona Ecclesiae

(29) idem nunc offerens sacerdotum ministerio; 第22会期第2章, DS.1743

(30) Plachter (1955). Averbeck 221 による

(31) Berger, *Die Wendung* "offerre pro" 244 も参照

(32) ἄρτος

(33) panem infermentatum (*De inst. cler*. 1. 31 PL 107:318 D)

(34) fermentum

(35) ἄζυμα, ἄψυχα (Geiselmann, J., Die Abendmahlslehre an der Wende der christlichen Spätantike (München 1933) 42

(36) vinum de vite

(37) ποτήριον

(38) エレミアス『イエスの聖餐のことば』第1章 第4節 9, 邦訳 p.75

(39) forma sacramenti

(40) Perler, O., DivThomF 18 (1940) 296-304

(41) Hänggi-Pahl 374-80

(42) ibid. 401-402

(43) Raes, A., "Le recit de l'institution eucharistique dans l'anaphora chaldéenne et malabare des Apôstres: OrChrP 10 (1944) 216-226

(44) 『秘跡』De sacramentis 4. 4. 14, 21-22

(45) consecratio

(46) Quibus verbis est et cuius sermonibus?

(47) Domini Jesu

(48) Forma huius sacramenti sunt verba Salvatoris quibus hos confecit sacramentum

(30) tà thQ èpikl hsev Q rhmata (*De Spiritu Sancto* 66 PG 32 : 188)
(31) 『弁明論』Apol. 66
(32) Betz, *Die Eucharistie* I/1, 158-160
(33) *Matth. hom.* 25, 3 PG 57, 331
(34) eỳxàrist oQ
(35) to thank
(36) to think about
(37) eỳxarist hsaQ
(38) Gratias agamus
(39) Betz, Die Prosphora, loc.cit.
(40) Offerimus
(41) Ekfers, H., *Die Kirchenordnung Hippolyts von Rom* (Paderborn 1938) 209-210, 230-232
(42) Rahner-Häußling, *The Celebration of the Eucharist....*; Baumgartner, Ch., RechScRel 44 (1958) 28. ミサは十字架上の奉献を表わすもので,「教会が自分自身とキリストと世界とを神にささげるという, 供えものの本質をなす礼拝儀式」("l'expression cultuelle constitutiva du don que l'Eglise doit faire du Christ, d'elle = même et du monde à Dieu")なのである
(43) sacrificium crucis
(44) この意味で Petrus Lombardus, supra p. I, ch.6 参照
(45) Betz, *Die Prosphora* 115
(46) 前掲書

第二部第四章　注

(1) Michel, A., DTC 10 (1928) 1284-86
(2) Schulte, R., *Die Messe als Opfer der Kirche*, die Lehre frühmittelalterlicher Autoren über das Eucharistische Opfer (Münster 1959)
(3) *Katholische Dogmatik* IV/1 ([6]München 1964) 382
(4) auctoritas Ecclesiae
(5) mater Ecclesiae
(6) Congar, Y.M.J., "L'Ecclesia' ou communauté chrétienne sujet intégral de l'action liturgique". La liturgie aprés Vatican II (Unam Sanctam 66, Paris 1967) 241-282
(7) Schulte 36
(8) De eccl. off. 2.26.2 PL 83 : 780; Schulte 40
(9) tota fidelium unitate; *De exordiis et incrementis* ch.17; Schulte 144
(10) Quod enim adimpletur proprie ministerio sacerdotum, hoc generaliter agitur fide et devotione cunctorum (*De actione missarum* PL 119, 47; Schulte 162)
(11) Celebrabat omni die missarum sollemnia (vita ch.26) それ以上の実例は, Jungmann, *The Mass of the Roman Rite* I 197[7] 参照
(12) nos servi tui sed et plebs tua sancta
(13) ST 3a, q.63, ad1
(14) Congar, loc.cit. 254-260
(15) McGarry, C., "The Eucharistic Celebration as the true Manifestation of the Church". IrTheolQ 32 (1965) 325-337. エウカリスチア在る所, 教会も在り, 逆もまた真也, といって教会とエウカリスチアを同一視する, ロシア正教会のある神学者(アファナーシエフ, 他)にことさら同意するまでもない (Schulte, B., "Eucharistie und Kirche in der russischen Theologie der Gegenwart", ZKathTh 77 (1955) 257-300)
(16) Schulteの前掲書のこの観点での批判は Baumgartner, Ch., RechScRel 50 (1962) 275-276 参照
(17) Rahner-Häußling, p.37f.
(18) vere adest
(19) circumstantes
(20) oblatio cunctae familiae tuae
(21) Oremus; Gratias agamus
(22) ecclesia tua, populus tuus
(23) Satiasti familiam tuam muneribus sacris
(24) Orate fratres
(25) meum ac vestrum sacrificium
(26) Offerimus
(27) servi tui sed et plebs tua sancta
(28) nomine totius plebis sanctae et omnium circumstantium
(29) deputatus
(30) nomine Ecclesiae
(31) vere adest
(32) Mitchell, G.C., "Theologians and the

Ch., "Bulletin d'histoire et de théologie sacramentaire", RechScRel 44 (1956, 266-297) 295-297; Lachenschmid, R., "Heilswerk Christi und Liturgie", Theologie und Philosophie 41 (1966) 211-227

(27) Cody, A., *Heavenly Sanctuary and Liturgy in the Epistle to the Hebrews* (St. Meinrad 1960); Schildenberger, J., "Der Gedächtnischarakter des alt- und neutestamentlichen Pascha", loc. cit. (supra.....) 89-94

(28) Averbeck 672-685, 736-738 と注の箇所

(29) Brilioth, Y., *Eucharistic Faith and Practice* (London 1930) 283; Thurian, M., L'Euchaistie, memorial du Seigneur, sacrifice d'action de grace et d'intercession (Neuchâtel-Paris 1959); Allchin, A.M., "The Eucharistic Offering", Studia Liturgica 1 (1962) 101-114; von Allmen, J. J., Essai sur le Repas du Seigneur (Neuchâtel 1966) ch.Ⅳ)

(30) Koch, O., Gegenwart oder Vergegenwärtigung Christi im Abendmahl (München 1965); Averbeck 676-685と対比せよ

(31) εὐχαριστήσας

(32) εἰς τὴν ἐμὴν ἀνάμνησιν

(33) Betz Ⅰ.1, 260-300

第二部第三章　注

(1) offerimus

(2) Averbeck 219-221 (K. Plachte, 1955), 400-404 (H. Sasse, 1901)

(3) Brunner, P., *Zur Lehre vom Gottesdienst* (supra-) 358 の意見を参照。Seeman, M., *Heilsgeschehen und Gottesdienst bei Pater Brunner in katholischer Sicht* (Paderborn 1966) と比較。ブルンナーはこの本の序文で，神人の行動は被造物の行為と混同されたりしてはいけない，という自分の見解を再確認している（XⅣ-XⅤ)。

(4) ἐφάπαξ

(5) εὐχαριστήσας

(6) ad te, Deum Patrem suum omnipotentem

(7) Meyer, H.B., *Luther und die Messe* (Paderborn 1965) 256-259

(8) Averbeck 540-542; 545-554; 552-554; 558-562

(9) Averbeck 553; 561-562

(10) offerre

(11) praesentare

(12) Eucharistie à Taizé (Taizé 1963) 49: nous te presentons ..... les signes du sacrifice éternel du Christ (「わたしたちはあなたに……キリストの永遠の奉献のしるしをさしあげます」)

(13) de tuis donis ac datis

(14) vice Christi; *Ep*. 63, 14

(15) a vero pontifice offertur Christo Jesu (*Ep*. 42); Schulte, R., *Die Messe als Opfer der Kirche* (Münster 1959) 81 参照

(16) corpus Christi (*Quaestiones in Vetus Testamentum* PL 83: 394D); Schulte 36

(17) gerit imaginem Christi, in cujus persona et virtute

(18) quodammodo; ST 3a, 83.1 ad 3

(19) idem nunc offerens sacerdotum ministerio; Sess.22. ch.2

(20) principalis offerens

(21) Pius XⅡ の1954年11月 2 日のあいさつ ActApS 46 (1954) 316; Rahner, K., ZKathTh 77 (1955) 94-101 参照

(22) この問題をめぐる議論は，de Aldama, J.A., "De sacramento unitatis christianae seu ss.Eucharistia", S. theologiae Summa 4a (Madrid 1956) 329-331を参照

(23) ratio offerendi diversa

(24) Schmaus Ⅳ/1, 412-417

(25) Betz, J., "Die Prosphora in der patristishen Theologie", Neunheuser, B., ed., *Opfer Christi und Opfer der Kirche* (Düsseldorf 1960, 99-116) 114f.

(26) Betz, *Die Prosphora* 113

(27) Unde et memores

(28) Casel, O., "Neue Beiträge zur Epiklese-Frage", JbLiturgwiss 4 (1924) 169-178

(29) τὴν ἔκκλησιν τοῦ θεοῦ (『異端駁論』*Haer*.4, 18, 5)

(47) ad pristinam sanctorum Patrum normam
(48) prex eucharistica

第二部第一章　注

(1) ἐλύθρωτε
(2) Delling, G., *Der Gottesdienst im Neuen Testament* (Berlin 1952) 22
(3) Dellingが新約聖書では「儀礼用語がまったく構成しなおされている」と述べているのは正しい (ibid. 20)
(4) このことをアヴァベックはヘブライ人への手紙 (10・5－10) の趣旨にそって述べている (Averbeck 779)
(5) こういう説明の例として, Averbeck 789-790
(6) Averbeck 776-805; Rahner, K., "Chalcedon, Ende oder Anfang?"; Grillmeier, A., Bacht, H., ed., *Das Konzil von Chalcedon*, v.3 (Würzburg 1954, 3-49) 7-9 参照
(7) imago quaedam repraesentativa passionis Christi (ST 3a, 83.1)
(8) Goetz, K.G., *Das Abendmahl - eine Diatheke Jesu oder sein letztes Gleichnis?* (Leipzig 1920)『晩餐はイエズスの遺言か, 最後のたとえか』という本の表題を参照

第二部第二章　注

(1) Thurian, M., *L'Eucharistie Memorial du Seigneur* (Neuchâtel 1959) Part Ⅰ
(2) あるいは『タルムード』の教え (訳者注：ペサヒーム10-(5),『原典新約時代史』p.524 参照) (Hänggi-Pahl 24)
(3) とりわけBrunner, P., "Zur Lehre vom Gottesdienst der in Jesus Christus versammelten Gemeinde": Leiturgia 1 (1954, 83-364) 210-212, 229-232
(4) Schildenberger, J., "Der Gedächtnischarakter des alt - und neutestamentlichen Pascha", Neunheuser, B., ed., *Opfer Christi und Opfer der Kirche* (Düsseldorf 1960, 75-97) 83
(5) σύμβολον, εἰκών, ὁμοίωμα
(6) ST 3a, 83.1
(7) repraesentaretur
(8) perpetuaret
(9) virtute
(10) actu
(11) Christus passus
(12) passio
(13) opus nostrae redemptionis exercetur
(14) 1966年のローマ神学大会での二つの会議 "De praesentia Domini in communitate cultus" von B. Neunheuser (evolutio historica et difficultas specifica) und von K. Rahner (synthesis theologica) を比較参照。Acta Congressus internationalis de theologia Concilii Vaticani Ⅱ (Rom 1968) 316-338. Warnach, V., "Symbolwirklichkeit der Eucharistie", Concilium 4 (Dez. 1968) も参照。
(15) Filthaut, Th., Die Kontroverse über die Mysterienlehre (Warendorf 1947); Betz Ⅰ.1 (1955) 197-201; 242-259; Warnach, V., Mysterientheologie, $LexThK^2$ 7:724-727
(16) Betz Ⅰ.1, 242-251; M. Schmaus (*Katholische Dogmatik* Ⅳ. 16, 398)
(17) Söhngen, G., 'Tut das zu meinem Gedächtnis': Wesen und Form der Eucharistiefeier als Stiftung Jesu, in Rudolf, K. (ed.), *Pascha Domini*: Fragen zur Liturgie und Seelsorge (Vienna 1959) 64-90.
(18) AAS 39 (1947) 528
(19) ジュルネーは　これと　同じ意味の présence opérative という名称を用いている; Journet, La Messe 82-86
(20) cf. Neunheuser, loc.cit.
(21) minister principalis
(22) *Missale Mixtum*; PL 85:550; Brilioth, Y., *Eucharistic faith and Practice* (London 1961) 63-64
(23) Betz Ⅰ.1, 140-342; id., $LexThK^2$ 3, 1154-55; 記念による現存との関連で今まで論じてきたものこそ, 主要な行為的現存だとベッツは言う
(24) Christus passus et resuscitatus
(25) causa quasiformalis
(26) Monden, L., Het misoffer als mysterie (Roermond 1948) 114-118; Baumgartner,

(100) *The Book of Common Prayer*; Dix, *The Shape of the Liturgy* 640-669; Dugmore, C.W., *The Mass and the English Reformers* (London 1958) 157-171

第一部第八章　注

(1) Halmer, N.M., Die Meßopfer Spekulation von Kardinal Cajetan und Ruard Stapper, DivThhomF 21 (1943) 187-212
(2) Gregory Dix, *The Shape of the Liturgy* 626
(3) immolatio-mactatio
(4) verum sacrificium
(5) Lepin 297-326
(6) repraesentaretur
(7) vere propitiatorium
(8) cruente
(9) incruente
(10) nunc offerens sacerdotum ministerio
(11) Denz. 1738-59
(12) Neunheuser, B., "Eucharistie in Mittelalter und Neuzeit", *Handbuch der Dogmengeschichte* Ⅳ.4b, Herder (Freiburg 1963) 58
(13) *Missale Romanum*
(14) offerimus
(15) DTC Ⅹ, 1143-1316. もっと年代順に見た概要については, Lepin, L'idée du sacrifice 335-720
(16) nuda commemoratio (Denz 1753)
(17) Clark, *Eucharistic Sacrifice and the Reformation* 394-409
(18) Ⅲ.p.s.Thomae disp. 220, 2, 15
(19) ibid. 220, 3, 20-24
(20) mactatio mystica
(21) sacrificium absolutum
(22) sacrificium commemorativum (relativum)
(23) Ⅲ.p.s.Thomae disp. 220,3; 223,4,37
(24) vi verbum (*De perfectionibus moribusque divinis* 12, 13, 95-97)
(25) mactatio virtualis
(26) repraesentatio mortis
(27) ST 3a, 83, 1; Opp. ed. Vives 21, 648-650
(28) immutatio
(29) statum decliviorem (*De ven. Eucharistiae sacramento* 19, 5, 65-67)
(30) Lepin, op.cit. 730-758
(31) *Mysterium fidei* ([3]Paris 1931)
(32) Ecclesiastical Review 33 (1905)
(33) Die Geschichte des Meßopferbegriffes, 2 v. (Dillingen 1902) 2, 200-203
(34) Montcheuil, Y. de, Mélanges théologiques (Paris 1946) 23-48
(35) Romano Guardini, *Besinnung vor der Feier der heiligen Messe* (Mainz 1939) 2, 76
(36) J. Pascher, *Eucharistia, Gestalt und Vollzug* (2nd rev. ed., Freiburg 1953) 28-30
(37) Vonier, A., *A Key to the Doctorine of the Eucharist*
(38) Christus passus
(39) ibid. ch.12
(40) *Die Liturgie als Mysterienfeier*, 1.Auflage 1922
(41) Boclens, W.L., *Die Arnoldshainer Abendmahlsthesen* (Assen 1964); Averbeck 381-452, 特に 436-438.
(42) Bouyer, L., *Eucharistie* (Tournai 1966) 404-426参照。ドイツの福音教会における同様の進展については, Averbeck 527-574を参照。
(43) 大まかな記述については, Grail, A., und Roguet, A.M., "Eucharistie", Initiation théologique (Paris 1952) ch. Ⅸ; Piolanti, A., ed., *Eucharistia* (Rom = Paris 1957); Betz, J., "Eucharistie", Handbuch theologischer Grundbegriffe 1 (München 1962) 336-355 参照。
(44) mysterium fidei
(45) Journet, Ch., La Messe présence du sacrifice de la croix (Brügge 1957)
(46) Schmaus, M., *Kath. Dogmatik* Ⅳ/1 (München 1964); 1.Auflage Ⅲ/2 (1941); Scheffczyk, L., "Die Zuordnung von Sakrament und Opfer in der Eucharistie", Pro mundi vita (München 1960) 203-222 参照

(37) specialissime
(38) generalissime
(39) specialiter
(40) ex opere operato
(41) virtute generalis meriti Ecclesiae; *Quodl.* 20
(42) Gaudel 1068-1069
(43) *Canonis missae expositio* ; 批判版 Oberman, H. & Courtenay, W., (Wiesbaden 1963-1967)全4巻
(44) signum memoriale
(45) repraesentatio
(46) lect. 52 P
(47) spirituale nutrimentum; lect. 52 J
(48) lect. 53 X
(49) lect. 26 H
(50) lect. 85 J
(51) lect. 26 J
(52) lect. 85 J
(53) Meyer, H.B., *Luther und die Messe* (Paderborn 1965) 153-155
(54) lect. 16 E
(55) specialis, specialissima, generalissima: lect. 26 K
(56) Boehmer, H., ed., *Analekten zur Geschichte des Franz von Assisi* (Tübingen 1930) 40
(57) Non medioriter; de Cons. D. 5 c.24 Friedberg 1, 1418
(58) Iserloh, E., *Der Wert der Messe in der Diskussion der Theologen vom Mittelalter bis zum* 16.*Jahrhundert*, ZKathTh 83 (1961, 44-79) 45-48
(59) Iserloh 48-50
(60) per modum satisfactionis; Iserloh 58-68
(61) ibid. 68-70
(62) Franz, A., *Die Messe im deutschen Mittelalter* (Freiburg 1902)
(63) canon minor; MRR Ⅱ 97[2]
(64) Franz, *Die Messe* 26-27
(65) *De mysterio missae*
(66) Browe, P., *Die Vereherung der Eucharistie in Mittelalter* (München 1933)
(67) Simmons, T.F., ed., *The Lay-Folks Mass=Book* (London 1879) 131-132; 366-371; Franz, *Die Messe* 36-51
(68) Clark, F., *Eucharistic Sacrifice and the Reformation* (London 1960) 73-98
(69) *Vocabularius theologiae*; Gaudel, DTC Ⅹ, 1060-1064 参照
(70) Faber, J. (Paris 1514 = Frankfurt 1962) 2,64r
(71) Franz, *Die Messe* 308
(72) ex opere operato
(73) M. Luther, *Werke*, WA (= Weimarer Ausgabe) 6,357...
(74) ibid. 369
(75) ibid. 371
(76) WA 6,516-517
(77) ibid. 621-622
(78) *De abroganda missa privata* ; WA 8, 411-476
(79) Formula missae et communionis
(80) *Deutsche Messe*
(81) 個々の点の立証は Meyer, H. B., *Luther und die Messe* (Paderborn 1965)
(82) Iserloh, E., *Der Kampf um die Messe in den ersten Jahren der Auseinandersetzung mit Luther* (Münster 1952)
(83) memoriale sacrificium
(84) *Apologia* (Ingolstadt 1542) ol. 5-51
(85) Iserloh 43
(86) immolaticio modo
(87) in persona Christi
(88) *Opuscula omnia* (Lyon 1558) 341; cf. Iserloh, E., ZKathTh 83 (1961) 71-76
(89) Iserloh, *Der Kampf um die Messe*, 57
(90) sola fide
(91) verbum visibile
(92) cf. Averbeck 137.151
(93) WA 302, 611; Meyer, loc.cit. 161-6
(94) cf. Averbeck 27.207.493
(95) *Confessio Augustana*
(96) WA 50, 204
(97) sacrificium eucharisticum
(98) Averbeck 34-41
(99) Clark, F., *Eucharistic Sacrifice and the Reformation* (London 1960) 102-3; 111-112; 159-168; 380-409

(21) *De Corp. et Sang. Dom.* Ⅳ, 1 PL 120: 1277-1278
(22) Geiselmann, J., *Die Eucharistielehre der Vorscholastik* (Paderborn 1926) 134-141; 221-222
(23) Geiselmann 218f.
(24) figura rei existentis commonefactoria; *De sacra coena*, Geiselmann 349
(25) figura, veritas
(26) *De Corp. et Sang. Dom.* Ⅳ, 1 PL 120: 1277-1278
(27) iterum patitur; 同書 Ⅸ, 11 PL 120: 1302
(28) immolatio
(29) mactatio
(30) iteratur; Gaudel, DTC Ⅹ, 1009-1013
(31) 同書 ⅩⅡ, PL 120: 1318-1319; 同上
(32) Lepin, M., L'idée du sacrifice de la Messe (Paris 1926) 98-112
(33) ut duplicis substantiae totum cibaret hominem キリストの聖体の祭日の讃歌
(34) Lepin 112-118
(35) Lepin 118-121
(36) *Expositio* PL 101: 1262f.
(37) *Epist. de off. missae* PL 194: 1889-1896
(38) hac enim voce totum sacrificium immolatur et sacrificiatur; *Expositio in Levit.* ch.8 PL 164: 407
(39) Lepin 130-32
(40) 中世初期に引用された当該文献一覧には Lepin, L'idée du sacrifice 37-81参照
(41) *Contra Petrobrus.* PL 189: 791
(42) ibid. 797
(43) ibid. 812-813
(44) quod offertur et consecratur a sacerdote
(45) memoria et representatio veri sacrificii et sanctae immolationis; *Sent. lib.* Ⅳ, 12, 7 PL 192: 866
(46) Lepin 148-153 の詳細な議論を参照
(47) 上記引用文中12, 6 PL 192: 866
(48) Lepin 154-56
(49) *De sacro altaris mysterio* Ⅴ, 2 PL 217: 888

第一部第七章　注

(1) Gaudel, DTC Ⅹ 1052-1056
(2) Prolegomena zu Alexander Halensis, *Summa theologiae*, v.4 (Quaracchi 1948) lxxx参照
(3) *De sacr. euch.* 1, 3
(4) rei immolatae oblatio; 4 sent. 11, 23; Borgnet 29; 370f.
(5) *De sacr. euch.* 4, 1, 6
(6) Lepin 178
(7) 4 sent. 12, 23f. Borgnet 29, 370ff.
(8) 4 sent. 12, 2 ad2 Opp. Quaracchi 4, 299
(9) offertur ut sacrificium et consecratur et sumitur ut sacramentum
(10) ST 3a, 83. 4 c
(11) aliquid fit; ST 2a 2ae, 85.3 ad 3
(12) Lepin 192-95
(13) ST 3a 83.4
(14) verum sacrificium; ST 3a, 73.4
(15) vera immolatio
(16) imago quaedam repraesentativa; ibid. 83.1
(17) repraesentatur
(18) ratio sacrificii habet; ibid. 79.7
(19) repraesentatio
(20) ibid. 83.5
(21) ST 3a, 80.12 ad 3; 76.2 ad 1; Gaudelの補遺引用文献 1058
(22) in persona et virtute; ST 3a, 83.1
(23) quodammodo sacerdos; ibid. ad 3
(24) ibid. 82.7 ad 7
(25) ibid. 83.1
(26) secundum quantitatem suae devotionis; ibid. 79.5 et 7
(27) Iserloh, E., ZKathTh 83 (1961) 51-52
(28) offerens immediate
(29) sacrificium Ecclesiae
(30) repraesentans
(31) obsecrans; *Quodlibetum* 20, n.22
(32) ibid. 21
(33) in persona Ecclesiae
(34) Ecclesiae
(35) Ecclesia generalis; ibid. n.22
(36) 4 sent. 13.2.5

(46) *Vitae Patrum* 1. 5, 18-3; PL 73:979
(47) praefatio communis
(48) illatio（奉献）, contestatio（嘆願）, immolatio（犠牲化）
(49) Post Sanctus, Post Pridie（Post Secreta）, Ante orationem dominicam（Hänggi-Pahl）461-513
(50) passio
(51) recolimus, credimus, facimus, haec facientes
(52) illatio
(53) immolatio
(54) Gratias agamus
(55) Offeramus Domino nostro sacrosancta munera spiritualia（Gamber, Kl., *Codices liturgici Latini antiquiores*（Freiburg Schw. 1963）19）
(56) Nomina offerentium
(57) Post nomina
(58) Pax
(59) offerentes
(60) Hanc igitur
(61) memores-offerimus
(62)「わたしたち―奉仕者と聖なる民―も」〔Unde et memores〕,「このささげものをいつくしみ深く顧み」〔suprae quae〕,「全能の神よ，つつしんでお願いいたします」〔supplices te rogamus〕
(63) *Ordines Romani*
(64) *Ordo Romanus* I
(65) Statio
(66) missa votiva という表現は，トレドのエウゲニウスの書簡3〔PL 87:412〕に初めて登場する
(67) *Sacramentarium Gelasianum*（Vat. Reg. 316）
(68) *Ep.* I, 6 MGAuct. Ant. I, 423
(69) Nußbaum, O., *Kloster, Priestermonch und Privatmesse*（Bonn 1961）70-81
(70) 同書 137-52
(71) missa solitaria（*Ordo Rom*.XV Andrieu *OR* III, 120
(72) Jungmann, MS I 294f.
(73) missa
(74) Jungmann, J.A., "Von der eucharistia zur missa", ZKathZ 89（1967）29-40, Mohrmann, Chr., "Missa", Vig.Chr 12（1958）67-92
(75) Missa pro...
(76) bona gratia
(77) sacra missa, missarum solemnia
(78) Can. 10; Mansi IX, 913
(79) vota（Can. 17; Mansi 14:1005）
(80) pro unius homuncionis utilitate（*Contra inscitiam et incuriam clericorum* cap.2 PL 145:501）
(81) quanto rarius tanto religiosius（*Collationes* II, 28 PL 133:572）

第一部第六章　注

(1) *Sacramentarium Gregorianum*
(2) capitulare evangeliorum
(3) lectionare
(4) antiphonale
(5) *Ordines Romani* ローマ典礼儀式のための儀式書
(6) ad recordationem faciendam moris ejus（*Hebr*. X, 1 PL 100:1077）
(7) PL 101, 445-461; cf. Ellard, G., *Master Alcuin liturgist*（Chicago 1956）144-173
(8) qui tibi offerunt hoc sacrificium laudis
(9) pro quibus tibi offerimus vel
(10) conformatio sacramenti
(11) *Expositiones Missae*
(12) Quotiens contra se（PL 96:1481-1502）
(13) ἄλλα ἀγορεύειν　寓話
(14) recordatio
(15) PL 119:15-72
(16) mysterium suae mortis
(17) Kopling, A., "Amalar von Metz und Florus von Lyon, Zeigen eines Wandels im liturgischen Mysterienverständnis", ZKathTh 73（1951）424-464
(18) ministerio sacerdotum
(19) generaliter; ch.52 PL 119:47f.; Schulte, R., *Die Messe als Opfer der Kirche*（Münster 1959）159-168
(20) Christi virtute et verbis; Florus, *Expositio* ch.60 PL 119:52

Vromheid and het monophysisme", Bijdragen 15 (1952) 278-305 ; Lanne, E., "La priére de la grande Entrée dans la liturgie bizantine", Miscellanea Lercaro II (Rome 1967) 303-312)

(60) Betz I/1, 121-139

(61) Jungmann, loc. cit. 239-263

(62) Schulz, H. J., *Die byzantinische Liturgie. Vom Werden ihrer Symbolgestalt* (Freiburg 1964)

(63) Mingana 106-7

第一部第五章　注

(1) mortis dominicae sacramanta (*De fide* IV, 10; PL 16:641 ; CSEL 78:201)

(2) immolatur (Lc 1:28 ; CSEL 32:28)

(3) ipse offerre manifestatur in nobis, cujus sermo sanctificat sacrificium (In Ps. 38: 25 ; CSEL 64:204)

(4) ipse sacerdos, ipse sacrificium (*Sermo* 374:3 ; PL 39:1668)

(5) in se ipso (*Ep*. 98:9 ; CSEL 34:530-31)

(6) in sacramento omni die populis immolatu (同)

(7) per acti ejusdem sacrificii memoriam celebrant sacrosancta oblatione et participatione corporis at sanguinis Christi (*Contra Faustum* 20:18 ; CSEL 25:559)

(8) orationes

(9) benedicitur et sanctificatur et ad distribuendum comminuitur (*Ep*. 149:16 ; CSEL 44:362)

(10) sacrificium mediatoris (*Enchiridion* 110; PL 40:283)

(11) ヴァレンティニアーヌス皇帝が任命した西ローマ帝国総督

(12) sacrificium corporis Christi (*De civ. Dei* 22:8 ; CSEL 40:2, 602)

(13) X, 5f., 19f ; CSEL 40:1, 452-56, 479-81

(14) sacrificium ergo visibile invisibilis sacrificii sacramentum, id est sacrum signum est (第5章)

(15) verum sacrificium est omne opus quod agitur ut sancta societate inhaereamus Deo (第6章)

(16) universale sacrificium (同)

(17) ipse offerens, ipse et oblatio (第20章)

(18) sacramentum cottidianum (同)

(19) se ipsam per ipsum discit offerre (同)

(20) Ryan, L., Patristic teaching on the priesthood of the Faithful, IrTheolQ 29 (1962, 25-51) 36

(21) victimae carnales

(22) gratiarum actio et commemoratio carnis Christi quam pro nobis obtulit (*De fide* I: 60 ; PL 65:699)

(23) a gratiarum actione

(24) Christum non dandum sed datum nobis (*Ep*. 14:44 ; PL 65:432)

(25) in orationibus sacerdotum

(26) per sacerdotem aeternum Filium tuum Dominum nostrum Jesum Christum

(27) *Ep*. 14:36-37 ; PL 65:424-26

(28) *Ad. Monimum* II: 6 (10) ; PL 65:184 (188)

(29) missarum solemnia

(30) hostiam salutarem immolare

(31) offerre sacrificium victimae salutaris

(32) passionem illius reparamus; *In evang. hom*. II: 37.7 ; PL 76:1279

(33) victima

(34) mortem Unigeniti per mysterium reparat passionem Unigeniti Filii semper imitatur (*Dialogue* IV: 58; PL 77:425)

(35) in ora fidelium (同)

(36) 同 425f.

(37) imitari quod agimus

(38) 同 IV: 59 ; PL 76:428

(39) 同 IV: 55 ; PL 77:416-21

(40) sacrificium dictum quasi sacrum factum, quia prece mystica consecratur (*Etymologies* VI: 19, 38; PL 83:255)

(41) prex mystica

(42) oratio sexta

(43) conformatio (*De ecclesiasticis officiis* I: 15:3; PL 83:73)

(44) bona gratia

(45) van der Mensbrugghe, A., TU 80 (Berlin 1962) 172-184

第一部第四章　注

(1) προσφορά, θυσία
(2) μνήμη (*Demonstratio Evangelica* 1:10 ; PG 22:88)
(3) θυσιαστήρια
(4) *De Laudibus Constantini* 16 ; PG 20:1425-6
(5) λογικὴ θυσία (理にかなった奉献)
(6) Casel, O., Die λογικὴ θυσία der antiken Mystik in christlichliturgischer Undeutung, JLitugw 4 (1924) 37-47
(7) ἀνάμνησιν
(8) *Hebr. Hom.* 17:4 ; PG 63:131
(9) *Heb.* 9 ; PG 82:736
(10) *Proditione Judae hom.* 1:6 ; PG 49:380
(11) Betz, *Die Eucharistie* I/1, 131
(12) *Matthew Hom.* 50:3 ; PG 58:507. ビザンティン典礼でこれに当たる祈りも参照. Brightman 341
(13) τεθυμένον
(14) *De sacerdotio* III 4 ; PG 47:642
(15) M. Jugie, DTC X, 1319f.
(16) *Christi resurr. serm.* I ; PG 46:612
(17) *Ep.* 171 ; PG 37:281
(18) 日本の正教会で聖体礼儀という (訳注)
(19) εὐχὴ προσφόρου (Hänggi-Pahl 128-33)
(20) τὰ πρόσφορα καί τὰς εὐχαριστίας
(21) VIII. 12・6-49 ; Hänggi-Pahl, 82-95
(22) Μεμνημένοι τοίνυν....προσφέρομέν σοι
(23) ἀναφορά ; II. 59:4
(24) θυσίας ἀναφορά καὶ τροφῆς ἱερᾶς δωρεά
(25) ἀναφέρειν
(26) Hänggi-Pahl 101-23
(27) 同 244-61
(28) 同 347-57
(29) 同 265-68
(30) 同 374-80
(31) super oblationem hanc
(32) Gratias agamus
(33) Oblatio Deo omnium Domino offertur
(34) Dignum et justum est
(35) μεμνὴμένοι προσφέρομεν
(36) 1 *Cor. hom.* 24, 2 PG 61:200
(37) *De pascha* c.3 ; PG 86:2396
(38) (σῶμα) κλώμενον
(39) Lipsius-Bonnet, *Acta apost. apocr.* II, 1p. 13f.
(40) ἀμνός
(41) 日本の正教会で宝座とよばれる聖卓(訳注)
(42) ἀναφέρειν 運び上げる, 献上する, ささげる (訳注)
(43) Mingana, A., ed., *Commentary of Theodore of Mopsvestia* (Cambridge 1933) 85
(44) O. Nußbaum, *Der Standort des Liturgen am christlichen Altar vor dem Jahre* 1000, 2 Bde. (Theophaneia 18, Bonn 1965). さらに Jungmann, ZKathTh 88 (1966) 445-452
(45) *De praescript.* 41
(46) VIII. 6-9
(47) Brightman 375
(48) arcanum
(49) E.Palli-Lucchesi, Bilderwand, $LexThK^2$ II, 467f.
(50) ἐκτήνη
(51) φρικτά, φρικωδέστατα
(52) E. Bishop, "Fear and awe attaching to the Eucharistic service"; Connolly, R.H., *The liturgical homilies of Narsai* (Oxford 1909) 92-97; Quasten, J., "Mysterium tremendum", Vom christlichen Mysterium (Düsseldorf 1951) 66-75; "The liturgical Mysticism of Theodore of Mopsvestia", ThSt 15 (1954) 431-439; Fittkau, G., *Der Begriff des Mysteriums bei Johannes Chrysostomus* (Bonn 1953) 122-127.
(53) Jungmann, J.A., *The place of Christ in liturgical prayer* (London 1965) 172-238
(54) Hänggi-Pahl 271
(55) *Testamentum Domini*
(56) Hänggi-Pahl 221
(57) 同 360-73
(58) οὐδεις ἄξιος
(59) σὺ γὰρ εἶ ὁ προσφέρων καὶ προσφερόμενος καί προσδεχόμενος καὶ διαδιδόμενος Χριστὲ ὁ θεὸς ἡμῶν (Brightman 318, 378 ; Raes, A., "De byzantijnse

(7) sacrificium

(8) Dekkers, E., *Tertullianus en de geshiedenes der liturgie* (Bruxelles 1947) 49f. の一覧表を参照

(9) ad aram Dei (*De oratione* 19)

(10) sanctus minister (*De exhortatione castitatis* 10)

(11) per sacerdotem (同書11)

(12) praesidentes

(13) eucharistiae sacramentum (*De corona militum* 3) ここに出てくる sacramentum が，ギリシア語のミュステーリオンのラテン語訳として，歴史上の文献の中に最初に登場するものである（訳者注)。

(14) *De oratione* 28; Ryan,L., "Patristic Teaching on the Priesthood of the faithful", IrTheolQu.29 (1962, 25-51) 32f.

(15) antelucanis coetibus (*De corona militum* 3)

(16) inter dominica solemnia (*De anima* 9)

(17) *De oratione* 19

(18) *De corona milium* 3; *De monogamia* 10

(19) *De oratione* 19

(20) *De resurrectione carnis* 8

(21) ante omnem cibum (*Ad uxorem* 2 : 5)

(22) *De corona militum* 3

(23) docere

(24) tingere

(25) *De virginibus velandis* 9・2

(26) *De corona militum* 3

(27) pro qua oblationes annuas reddis

(28) Offeres pro duabus et commendabis illas duas per sacerdotem ? (*De exhortatione castitatis* 11)

(29) テルトゥリアーヌスの語法のくわしい研究は，Berger, R., Die Wendung "offerre pro" in der römishen Liturgie (Münster 1965) 42-60参照

(30) pars pro toto

(31) Apologeticum

(32) pura prece

(33) oratio

(34) Berger 51

(35) sacrificiorum orationibus interveniendum (*De oratione* 19)

(36) rursus illi mactabitur Christus (*De prudicitia* 9)

(37) in sanguinis sui memoriam (*De anima* 17)

(38) consecravit

(39) apud ecclesiam per Christum Jesum catholicum Patris sacerdotem (*Adv. Marc.* Ⅳ,9)

(40) Berger 63f.

(41) obtulit hoc idem quod Melchisedech obtulerat, id est panem et vinum, suum scilicet corpus et sanguinem (CSELの数え方で Ep. 63 : 4)

(42) sacrificium dominicum

(43) sacrificium Dei Patris et Christi (*Ep.* 63 : 9)

(44) *Ep.* 5

(45) sumus sacerdos Dei Patris (*Ep.* 14)

(46) sacerdos

(47) presbyter (*Ep.* 15 : 1)

(48) vice Christi (*Ep.* 63 : 14)

(49) *De unitate Ecclesiae Catholicae* 8

(50) sacrificium Dominicum

(51) dominicum

(52) passio est enim Domini sacrificium quod offerimus (*Ep.* 63 : 17)

(53) ad ipsum dominicae passionis et nostrae redemptionis sacramentum (63 : 14)

(54) *Ep.* 63 : 13

(55) lapsi (*Ep.* 16 al. 9,3)

(56) partem de sacrificio quod pauper obtulit (*De Opere et Eleemosynis* 15)

(57) *Ep.* 62 : 5

(58) pro eo, pro dormitione ejus (*Ep.* 1 al. 66,12)

(59) P. Graff, bei Averbeck 353

(60) communicando cum lapsis et offerendo oblationes eorum (*Ep.* 34 : 1)

(61) ed. Connolly, R.H., Oxford 1929

(62) 同書 86

(63) 同書 124

(64) 同書 252

(65) 同書 122

(66) 同書 13

(8) δεῖπνον
(9) *Ep. ad Caecilium* 63 : 16
(10) stato die ante lucem
(11) *Ep. ad Traianum* 10 : 96
(12) Schürmann, H., Die Gestalt der urchristlichen Eucharistiefeier, MünchThZ 6 (1955; 107-131) 125
(13) Riedmatten, H., Angelicum 36 (1959) 410-429; Hamman, A., La priére II (Tournai 1963) 28f.; Decroos, M., BijdragenTijdFilTh, 28 (1967) 376-398
(14) θυσία
(15) πνευματικὰς θυσίας
(16) θυσιαστήριον
(17) 肯定的な答えをまとめたものとして, Betz II/1, 144-166; その反論に, Schröger, F., Der Gottesdienst der Hebräerbriefgemeinde: MünchThZ 19 (1968) 169-181
(18) προσενεγκόντας τὰ δῶρα
(19) τὸν ἀρχιερέα τῶν προσφορῶν ἡμῶν
(20) βεβαία
(21) θυσιαστήριον
(22) *Prima Apologia*
(23) Strack-Billerbeck IV, 211-220
(24) κρᾶμα
(25) Strack-Billerbeck IV, 613f.; 61f. 72参照
(26) εὐχαί
(27) θυσία
(28) *Adversus Haeresis*, 180-90年頃
(29) τὴν ἐπίκλησιν τοῦ θεοῦ
(30) παρεχώρησεν
(31) Hänggi-Pahl 74-79
(32) εὐχαριστοῦμέν σοι
(33) σφραγίς
(34) εὐχαριστοῦσιν
(35) προσφορά
(36) Harnack, A., "Brot und Wasser" (TU7,2; Leipzig 1891; A. Scheiwiler, "Die Elemente der Eucharistie in den ersten drei Jahrhunderten" (Forschungen zur christlichen Literatur- und Dogmengeschichte III, 4; Mainz 1903) 138-175
(37) Betz I/1, 29-34; II/2, 219f.
(38) Kilmartin, E.J., "The Eucharistic Cup in the Primitive Liturgy", CathBiblQuart 24 (1962) 32-43
(39) ignoranter vel simpliciter
(40) Lietzmann, H., "Messe und Herrenmahl" (Bonn 1926) 238-49
(41) Averbeck 126, n.289
(42) Ruch, DTC X, 918-925
(43) *Contra Celsum*
(44) Lietzmann, H., *Das Herrenmahl* (Bonn 1926) 181
(45) εὐχάριστος
(46) Schermann, Th., "εὐχαριστία und εὐχαριστεῖν in ihrem Bedeutungswandel bis 200 nach Christus", Philologus 69 (1910) 375-410, 特に383-386
(47) λογικῶς
(48) Goodspeed 版のp.4
(49) ἄθεοι
(50) *Supplicatio* ; Goodspeed, Die ältesten Apologeten, Göttingen 1914, 327-8
(51) delubra et altaria non habemus
(52) hostias et victimas
(53) アルノビウスの『異教の民に』(Arnobius, *Adversus Nationes* VI , 1-3) や、その弟子ラクタンティウスの『神聖な教理の概要』(Lactantius, *Epitome divinarum institutionum*, 53) 参照
(54) *Acta Apollonii* c.8 (ed. Klette, TU XV, 2,98
(55) ἀνθρωποποίητον
(56) προσφορά
(57) θυσία
(58) Wieland, Fr., Der vorirenäische Opferbegriff (München 1909)
(59) Averbeck 509f.; 252, 417, 493f., 750
(60) DTC X, 963

第一部第三章　注

(1) gratiarum actiones『マルキオン駁論』*Adv. Marc.* 1・23
(2) oratio et gratiarum
(3) εὐχαί καί εὐχαριστίαι
(4) 前掲書4・9
(5) offere
(6) oblatio

第一部第一章　注

(1) Joachim Jeremias
(2) παρέλαβον
(3) Heinz Schürmann, *Das Paschamahlbericht Lk* 22, (7-14), 15-18 (Münster 1953) 73
(4) Strack-Billerbeck 4・41–76参照
(5) έκχυννόμενον
(6) διαθήκη
(7) καινὴ διατήθη
(8) ὅτε τὸ πάσχα ἔθυον
(9) ἐκχυννόμενον
(10) Lécuyer, *Le Sacrifice de la Nouvell Alliance*, p.179[4] gegen Kruse, H., Verbum Domini 37 (1959) 328
(11) πολλοί「多くの」とは，すべて，全民衆のこと。J. Jeremias[2] 108-111 の多数の典拠。
(12) ベッツ『聖体論』Betz, *Die Eucharistie* I/1, 28-33; II/1, 219f.
(13) διδόμενον
(14) Cooke, B., "Synoptic Presentation of the Eucharist as Covenant Sacrifice", TS (1960) 1-44
(15) δέδωκε
(16) σῶμα
(17) αἷμα
(18) σὰρξ
(19) κλὼμενον あるいは θρυπτὸμενον
(20) ミシュナー，ベラコット 6:1
(21) εὐχαριστήσας
(22) εὐλογήσας
(23) Ligier, L., "Textus liturgiae Judaeorum", Hänggi-Pahl, ed., *Prex eucharistica*, Fribourg/S. (1968) 8-10
(24) εὐλογεῖν
(25) εὐχαριστεῖν
(26) それに関しては，Ledogar, R. J., *Acknowledgement. Praise—verbs in the early greek Anaphora* (Rome 1968) 121-124参照。Ledogar は，さまざまな出版物でキリスト時代の文学類型を立証しようという J.P.Audetに反論する。とくに Esquisse historique du genre littéraire de la bénédiction juive et de l'eucharistie chrétienne, RB65 (1958) 371- 399参照
(27) Calicem salutaris accipiam
(28) θῦσον καὶ φάγε!
(29) Sint, J., "Schlachten und Opfern", ZKathT 78 (1956) 194-205
(30) λαβών, ἔλαβε
(31) Jeremias[4] 169
(32) Ligier, Hänngi-Pahl 5-7
(33) λαβών
(34) λαβὼν ἄρτον ἐπὶ τῶν....χειρῶν καὶ ἀναδείξας σοί
(35) Jungmann, J.A., "Accepit panem": ZKathTh 67 (1943) 162-185 (=*Pastoral Liturgy* (London 1962) 277-284
(36) K.G. Götz, 1944年没
(37) Averbeck, *Der Opfercharakter* 90-114. この説は1952年に A. Rehbach が新たに取り上げている．彼は感謝の祭儀における食事の奉献を，そこに現在する十字架の奉献といっしょにしている．Averbeck 115f.
(38) カトリックがわでは P. Neuenzeit
(39) Sabourin, L., Rédemption sacrificielle (Desclée 1961)
(40) ἀνάμνησις
(41) J. Betz, *Die Eucharistie* II/1, 213f.参照
(42) καταγγέλλετε
(43) Neuenzeit,P. *Das Herrenmahl*. Studien zur paulinischen Eucharistieauffassung., pp.135f., Münich 1960

第一部第二章　注

(1) τὰ περὶ τῆς βασιλείας τοῦ θεοῦ
(2) Lyonnet, St., "La nature du culte chrétien dans le Nouveau Testament", La liturgie aprés Vatican II (Paris 1967) 357-384
(3) Audet, J.P., La Didaché, 403f. エレミアスもこの点はまず確かだと考えている。Jeremias, *The Eucharistic Words of Jesus*.
(4) *Epistola Apostolorum*, Duensing 版 pp.13-14
(5) Hamman, A., *Vie liturgique et vie sociale* (1968) 161f.
(6) *Traditio Apostolica*
(7) Dix, *The Shape of the Liturgy* 48-50; 78-82

注

【や～よ】

【ら】

【り～る】

【れ】

【そ】

【た】

【せ】

【す】

【く】

索　引

訳者あとがき

　このたびユングマン神父の訳書を出版することができるようになったことは大きな喜びです。訳者が神学生のころ、本屋で見つけたこの本と、とうとう十三年間もつきあうことになってしまいました。日本の教会のために役に立つにちがいないと思い、浅学非才も顧みず、翻訳を思い立ち、最初は英語版で始め、一応全文の翻訳を終えました。しかしドイツ語原文が手元にないため、最終的な判断が下せないところがあり、難渋していました。そうこうするうちに、土屋師がインスブルックのユングマン文庫とでもいうところで、著者自身によるタイプ原稿を発見してまいりました。ユングマンの直接の後継者であるH・B・マイヤー教授も、その存在に改めて気づいたそうです。そのおかげで、全文の翻訳をやりなおす羽目になりました。すでに学校で物理を教える身ではありましたが、時間を工面してようやく完成にこぎつけることができました。

　著者のドイツ語版は、本文の第三部を除いて、いまだに出版されていません。したがって全文の訳としては、本書は英訳に次ぐもので、著者の序文を含めると最初のものになります。もちろん訳者は著者に会ったことはありませんが、原文からは落ちついた、バランスのよくとれ、控えめなユーモアのある人柄がしのばれます。客観的な事実に裏づけされ、思弁に流されず、いつも現実を見つめながら、しかも希望を失わない、勇気を感じます。

翻訳の完成にいたるまで、おおぜいの方にお世話になりました。終始指導をいただいた土屋師、英訳からの訳文を読んで多くの示唆に富むご指摘をいただいたネメシェギ師、出版のチャンスをくださったオリエンス宗教研究所の所長M・クリスチャン師、編集の労をとられた大見寿夫氏、校正を手伝ってくださった宮越俊光氏、休みの時にこもって翻訳する場所と時間をくださった修道会、そのほか現代典礼研究会の多くの方に感謝申しあげます。おかげで本書がようやく日の目を見ることができます。日本の教会のなかで、著者の好きな「ミサのすばらしさ」(ミサールム・ソレムニア)が理解され、キリストとともに祝う喜びを感じとれるようになるために、お役に立つことを願っております。

一九九二年十月

福地幹男 SJ

教会出版認可
1992年10月14日　東京大司教　白柳誠一（Prot. n. 18/92）

福地幹男（ふくち　みきお）
1946年生まれ
上智大学大学院修了　神学・物理学専攻
カトリック司祭・イエズス会
訳書　V. ワルナッハ『キリスト秘義と救いの歴史』
（共訳，あかし書房，1984年）

ミ　サ

1992年11月22日　初 版 発 行
2005年 2 月10日　第 3 刷発行

著　者　J. A. ユングマン
訳　者　福地幹男
発行者　オリエンス宗教研究所
代　表　M・マタタ
156-0043　東京都世田谷区松原2-28-5
☎ 03-3322-7601　Fax 03-3325-5322
http://www.oriens.or.jp
印刷者　東光印刷

ISBN4-87232-014-X　Printed in Japan